成都下同仁路

——佛教造像坑及城市生活遗址发掘报告

成都文物考古研究院　编著

文物出版社

北京·2017

图书在版编目(CIP)数据

成都下同仁路：佛教造像坑及城市生活遗址发掘报告／成都文物考古研究院编著．—北京：文物出版社，2017.10

ISBN 978 – 7 – 5010 – 5262 – 2

Ⅰ.①成…　Ⅱ.①成…　Ⅲ.①佛像 – 石刻造像 – 考古发掘 – 发掘报告 – 成都　Ⅳ.①K879.35

中国版本图书馆 CIP 数据核字(2017)第 241683 号

成都下同仁路——佛教造像坑及城市生活遗址发掘报告

编　　著：成都文物考古研究院

责任编辑：刘　昶
封面设计：程星涛
责任印制：张　丽
责任校对：安艳娇

出版发行：文物出版社
社　　址：北京市东直门内北小街 2 号楼
邮　　编：100007
网　　址：http://www.wenwu.com
邮　　箱：web@wenwu.com
经　　销：新华书店
印　　刷：中国铁道出版社印刷厂
开　　本：889mm×1194mm　1/16
印　　张：19　插页：1
版　　次：2017 年 10 月第 1 版
印　　次：2017 年 10 月第 1 次印刷
书　　号：ISBN 978 – 7 – 5010 – 5262 – 2
定　　价：360.00 元

Xiatongren Road Site in Chengdu:

The Excavation Report of Buddhist Statue Pits and Urban Life Remains

by

Chengdu Institute of Cultural Relics and Archaeology

Cultural Relics Press

Beijing · 2017

目　录

插图目录

彩版目录

第一章　绪　言

第一节　地理位置与自然环境

　　成都市位于四川省中部,地处四川盆地西部的成都平原腹地,地理坐标介于东经 102°54′~104°53′、北纬 30°05′~31°26′。东与德阳市、资阳市毗邻,西与雅安市、眉山市和阿坝藏族羌族自治州接壤,距离东海 1852 千米,距离南海 1090 千米。成都现为四川省省会、副省级城市,是我国中西部重要的中心城市,是我国西南地区物流、商贸、金融、科技、文化、教育中心及交通、通信枢纽,国家统筹城乡综合配套改革试验区。

　　成都市全境东西长 192 千米,南北宽 166 千米,土地总面积 12390 平方千米,目前下辖有 9 个市辖区、4 个县级市和 6 个县、123 个街道办事处。市辖区分别为锦江区、青羊区、成华区、金牛区、武侯区、龙泉驿区、青白江区、新都区和温江区;县级市分别为彭州市、都江堰市、邛崃市和崇州市;县分别为双流县、新津县、蒲江县、大邑县、金堂县和郫县。

　　成都市区海拔 500 余米,锦江、府河、沙河从城区穿流而过。成都境内的地形较为复杂,东部为龙泉山脉和盆中丘陵,中部为成都平原,西部为邛崃山脉。境内海拔最高处是位于大邑县境内西岭雪山的大雪塘(又名苗基岭),海拔 5353 米;海拔最低处是位于金堂县东南的云合镇河谷,海拔 378 米。东部丘陵区主要属于龙泉山脉,海拔 600~1000 米,以东北—西南走向穿过成都市东部的龙泉驿区和金堂县,该山脉为成都平原和盆中丘陵的分界线,龙泉山脉以东浅丘连绵起伏。成都市域内只有金堂县的部分地区位于该山脉以东的丘陵区。中部平原区属于成都平原,介于龙泉山脉与邛崃山脉之间,面积约占成都市总面积的 50%,海拔 450~720 米,是由岷江、沱江及其支流冲积而成的扇形平原。成都平原得益于都江堰水利工程,河网密布,同时由于土地肥沃,是国内最重要的粮食产区之一。平原上也零星分布着一些浅丘,比如成都近郊的凤凰山、磨盘山等。西部山地区属于邛崃山脉,是横段山脉最东缘的山系,以东北—西南走向穿过成都市西部的彭州市、都江堰市、大邑县、崇州市和邛崃市,许多山峰海拔在 4000 米以上。该地区海拔落差巨大,地貌丰富,拥有丰富绮丽的自然景观。

　　成都位于川西北高原向四川盆地过渡的交接地带,具有自己特有的气候资源:一是东、西两部分之间气候不同。由于成都市东、西高低悬殊,热量随海拔高度急增而锐减,所以出现东暖西凉两种气候类型并存的格局,而且,在西部盆周山地,山上山下同一时间的气温可以相差好几度,甚至由下而上呈现出暖温带、温带、寒温带、亚寒带、寒带等多种气候类型。这种热量的垂直变化,为成都市发展农业特别是多种经营创造了有利条件;二是冬湿冷、春早、无霜期较长,四季分明,热量丰富。年平均气温在 16℃ 左右, ≥10℃ 的年平均活动积温为4700℃~5300℃，全年无霜期为278天，初霜期一般出现在11月底，终霜期一般在2月下旬，冬季最冷月（1月）平均气温为5℃左右，最低气温在0℃以下的天气集中出现在12月中下旬和1月上旬，少部分出现在1月中下旬，平均气温比同纬度的长江中下游地区高1℃~2℃，提前半个月入春；三是冬春少雨，夏秋多雨，雨量充沛，年平均降水量为900~1300毫米，而且降水的年际变化不大，最大年降水量与最小年降水量的比值为2∶1左右。四是光、热、水基本同季，气候资源的组合合理，很有利于生物繁衍；五是风速小，广大平原、丘陵地区风速为1~1.5米/秒；晴天少，日照率为24%~32%，年平均日照时数为1042~1412小时，年平均太阳辐射总量为83.0~94.9千米/平方厘米。成都极端最低气温为-5.9℃，大部分区市县出现在12月，少部分出现在1月。成都市属中亚热带湿润季风气候区，常年最多风向是静风；次多风向：6、7、8月为北风，其余各月为东北偏北风。

成都地处亚热带湿润地区，地形地貌复杂，自然生态环境多样，生物资源丰富。据初步统计，仅动、植物资源就有11纲、200科、764属、3000余种。其中，种子植物2682种，特有和珍稀植物有银杏、珙桐、黄心树、香果树等；主要脊椎动物237种，国家重点保护的珍稀动物有大熊猫、小熊猫、金丝猴、牛羚等；中药材860多种，川芎、川郁金、乌梅、黄连等蜚声中外。矿产资源主要集中在西部边沿山区的彭州市、都江堰市、崇州市和大邑县；天然气探明储量16.77亿立方米，远景储量为42.21亿立方米，主要集中于蒲江县、邛崃市、大邑县、都江堰市和金堂县一带；钙芒硝储量全国第一，高达98.62亿吨，主要集中于新津县和双流县，多种金属矿产资源则相对集中于彭州市。

第二节　历史沿革

成都是我国首批24个国家级历史文化名城之一，有着悠久的历史文化积淀和灿烂辉煌的城市发展史。

考古发掘表明，在距今4500~3700年，成都平原就已活跃着一支发达的新石器文化——宝墩文化，并且陆续出现了一批带有夯土城墙的早期大型聚落，如新津宝墩古城、郫县三道堰古城、温江鱼凫古城、都江堰芒城、崇州双河古城和紫竹古城、大邑盐店古城和高山古城。在这些大型聚落周围分布着众多的小型村落，表明此时聚落已经出现分化，开始出现一些早期文明因素。在相当于中原地区的夏商周时期，以成都平原为中心，古蜀人建立了一个早期国家，史称"蜀国"。三星堆遗址发现的夏商时期的环壕城址是古蜀国当时的都城所在。在商周时期，古蜀国的都邑几度迁徙，文献记载，或"移治郫邑，或治瞿上"[①]，或称"本治广都樊乡"[②]。成都金沙遗址的发掘，反映出商代晚期至西周时期，成都市西郊的金沙村一带是古蜀国的都城所在，是继三星堆古蜀国都城之后的又一个古蜀国政治中心。到了春秋战国时期，据《华阳国志·蜀志》载："开明王自梦郭移，乃徙治成都。"[③]

周慎靓王五年（公元前316年）秋，秦大夫张仪、司马错、都尉墨等从石牛道伐蜀，蜀

---

① （晋）常璩撰，刘琳校注：《华阳国志校注》（修订版）卷三，成都时代出版社，2007年，第92页。
② （北宋）欧阳忞：《舆地广记》卷二十九，四川大学出版社，2003年，第833页。
③ （晋）常璩撰，刘琳校注：《华阳国志校注》（修订版）卷三，成都时代出版社，2007年，第94页。

王败走至武阳，为秦军所害，开明氏遂亡，凡王蜀十二世，蜀地至此并入秦国。此后，秦王三立三废蜀侯，终置蜀郡，郡治即设于古蜀国都——成都。周赧王四年（公元前311年），秦国蜀郡郡守张仪按首都咸阳建制营建成都城，成都从此成为我国有确切史料记载的最长时间城址不变的城市。周赧王五十九年（公元前256年），秦昭王任命李冰为蜀郡郡守，任内他主持修建了举世闻名的都江堰水利工程。成都平原从此沃野千里，"水旱从人，不知饥馑，时无荒年，谓之天府"①。经过数十年经营，成都在秦末便取代关中平原获"天府之国"之称，而这一美誉一直延续至今。

汉承秦制，继续推行郡县制。武帝元封五年（公元前106年），在全国设置刺史部作为中央政府委派到地方的监督机构，益州刺史部分管蜀郡、巴郡、广汉郡、犍为郡、汉中郡、武都郡、牂柯郡、越嶲郡、益州郡、永昌郡，范围大致为今四川、重庆、云南、贵州大部、陕西南部的汉中地区以及湖北、甘肃最东南部一隅，刺史部初设于广汉郡雒县（今四川广汉），成都为蜀郡治所。至武帝时期，成都因经济发达，贸易繁荣，市场兴盛，得以与洛阳、邯郸、临淄、宛并列"五都"，成为全国最重要的商业都会之一。新莽天凤四年（17年），绿林赤眉起义爆发，公孙述趁机在成都建立"成家"政权，改益州刺史部为司隶校尉，以蜀郡为成都尹。东汉建武十二年（36年），光武帝刘秀命大司马吴汉讨伐公孙述，最终攻陷成都，"成家"政权灭亡，中央政府在成都重新设置益州刺史部。灵帝中平五年（188年），因朝廷想尽快镇压"黄巾之乱"，朝廷接受刘焉的建议，改各中央政府委派到地方的州刺史部为拥有实际财政权和兵权的州牧，刘焉得领益州牧，设治所于广汉郡绵竹县。献帝初平五年（194年），益州牧迁驻成都。

魏黄初二年（蜀汉章武元年，221年），汉中王刘备在诸葛亮等人的辅佐下，于成都武担山之阳称帝，宣称继承汉统，沿定国号为汉（史称蜀汉，亦简称蜀），成都成为国都所在。这一时期，形成了曹魏、蜀汉、吴三国割据鼎立的局面，成都的农业、盐业和织锦业在这一时期得到较大恢复发展，成为蜀汉政权的政治、经济、军事、文化中心。魏景元四年（蜀汉景耀六年，263年），魏将邓艾、钟会、诸葛绪率军进攻蜀汉，兵临成都城下，蜀后主刘禅出降，蜀汉政权灭亡。

西晋时，益州分为益、梁二州，成都继续为益州治所。武帝立皇子颖为成都王，"以蜀郡、广汉、犍为、汶山十万户为王国"②。永安元年（304年），氐人李雄攻陷成都，自称成都王。光熙元年（306年），李雄在成都建立割据政权，自立为帝，国号大成，定都成都。东晋咸康四年（338年），李寿改国号为"汉"，史称成汉。永和三年（347年），成汉为东晋桓温所攻灭，成都归入建康政权版图，建立益州。东晋宁康元年（前秦建元九年，373年），前秦攻取梁、益二州，成都并入前秦疆土。淝水之战后，前秦瓦解，东晋将领桓冲趁势于太元十年（385年）收复益州。东晋义熙元年（405年），参军谯纵叛乱，占据巴蜀之地，自称成都王，而后又向后秦称藩，被封为蜀王。义熙九年（413年），东晋太尉刘裕以朱龄石为帅征伐谯纵，攻克成都。

---

① （晋）常璩撰，刘琳校注：《华阳国志校注》（修订版）卷三，成都时代出版社，2007年，第103页。
② （晋）常璩撰，刘琳校注：《华阳国志校注》（修订版），成都时代出版社，2007年，第333页。

　　进入南朝后，成都仍属建康政权版图，一直是地区政治、经济、文化中心。萧齐时期以始兴王萧鉴为益州刺史，主张德化，放弃以往镇压前朝宗室的政策，成都恢复安定，成为"西方之一都焉"①。萧梁时期，邓元起、萧纪等先后出任益州刺史，成都一带"内修耕桑盐铁之政，外通商贾远方之利"②。侯景之乱后，西魏军攻入成都，益州并入西魏疆土。西魏恭帝三年（556 年），宇文觉接受禅位，于次年正式建立北周政权，益州为周所领。

　　隋开皇元年（581 年），隋朝建立，结束全国分裂局面，一度改郡为州，不久又改州为郡，成都为蜀郡、成都县两级治所。唐初为益州，武德初年（618 年），置总管府。武德三年（620 年），改西南道行台。武德九年（626 年），又改都督府。龙朔二年（662 年），升大都督府。天宝初年（742 年），复为蜀郡。至德二年（757 年），玄宗幸蜀驻跸，升成都府，作为南京，改成都守为尹。时又分剑南为东西两川，成都为西川节度使的治地。上元初年（760 年），罢京，而成都府依然不变。隋唐时期，成都经济发达，文化繁荣，是当时全国最大的城市之一，人口规模仅次于长安和洛阳。唐代后期，又与扬州并列为全国最繁华的两大商业都会，"号为天下繁侈，故称扬、益"③。

　　唐哀帝天祐四年（后梁开平元年、前蜀天复元年，907 年），西川节度使王建自立为帝，定都成都，建立割据政权，国号蜀，史称前蜀。后唐同光三年（前蜀咸康元年，925 年），前蜀最终被后唐攻灭。后唐应顺元年（后蜀明德元年，934 年），西川节度使孟知祥自立为帝，建都成都，再次建立割据政权，国号亦为蜀，史称后蜀。在这段动荡的时间里，成都再次成为短暂的国都。

　　北宋初期，朝廷在成都设立成都府，为川陕四路（利州路、成都府路、梓州路、夔州路）的成都府路治所。北宋淳化四年（993 年），王小波、李顺在成都附近发动起义，遂克成都，建立"大蜀"政权。当年五月，宋军攻陷成都，起义失败，成都府被降为益州，成都府路改为益州路，成都仍为治所。宋徽宗重和元年（1118 年），再升格为成都府，益州路再改成都府路，治所照旧。宋理宗端平元年（1234 年），因"端平入洛"导致宋蒙（元）战争爆发。南宋灭亡后，分川蜀为四道，以成都等路为四川西道。元世祖至元二十三年（1286 年），中央政府分秦蜀为二省，正式设置四川等处行中书省，简称"四川省"，治所一度迁往重庆，后复移至成都。元顺帝至正十九年（1359 年），明玉珍所部攻取成都，后建立大夏政权，定都重庆。

　　明洪武四年（1371 年），明军攻灭大夏政权，取成都，先后设成都卫和四川都指挥使司，又设四川承宣布政使司，其中成都为首府。洪武十一年（1378 年），明太祖封第十一子朱椿为蜀王，王府设在成都。洪武二十三年（1390 年），蜀王府建成，朱椿至成都就藩，今人称其为"皇城"。明崇祯十七年（1644 年），张献忠率军攻陷成都，自立为帝，国号大西，称成都为西京。

　　清顺治三年（1646 年），成都全城被张献忠焚毁于战火之中，导致人口大量减员，因此当时四川布政使司的治所曾迁往保宁府阆中。顺治十五年（1658 年）之后，清廷下令实施"湖广填四川"大移民，成都逐渐恢复生机，省会又迁回成都。清沿明制，设四川布政使司于成都。康熙年间，皇帝另派四川总督、成都将军驻成都。

---

① 《南齐书》卷十五，中华书局，1974 年，第 1 册，第 298 页。
② 《资治通鉴》卷一百六十四，中华书局，1976 年，第 5084 页。
③ （北宋）乐史撰，王文楚等点校：《太平寰宇记》卷一百二十三《淮南道》，中华书局，2007 年，第 2442 页。

1912 年，成都之大汉军政府与重庆之蜀军政府合并为四川军政府，军政府驻成都。1914 年，北洋政府通令在成都设置西川道，领成都、华阳等 31 县。后废道复省，成都仍为四川省会。1928 年，正式改市政公所为市政府，国民政府遂置成都市为省辖市，并继续为四川省省会。

中华人民共和国成立后，四川省被分为东、南、西、北四个行署，成都成为川西行署的驻地。1952 年，中央人民政府撤销各行署，恢复四川省建制，成都市为四川省省会至今。

第三节　发掘概况

2014 年 8 月，成都文旅集团将要在位于成都市青羊区下同仁路 126 号的原成都市水表厂厂区实施商业地产开发。为配合此项工程的建设，同时报经国家文物局批准，成都文物考古研究院对该工地区域开展了正式的考古发掘工作。

该发掘区位于成都旧城西部，现属青羊区少城街道宽巷子社区，西临西郊河、东临下同仁路，北临实业街，东南方向距离成都市三大历史文化保护区之一的"宽窄巷子"仅 200 余米（图一）。

整个发掘区平面近似 T 字形，总占地面积约 8000 平方米，其偏东位置地表保留有一段南北走向的城墙，现存墙体南北长 45.5、最宽处 23.5、高约 6.7 米。城墙顶部覆盖有大量植被，周围地表被停车场所占用，因构建近现代防空洞、砖瓦窑、厂房和民居等建筑，对墙体已经造成严重破坏。这段城墙于 2012 年开展了发掘工作，发现有唐代、宋代和明清时期的墙体①。

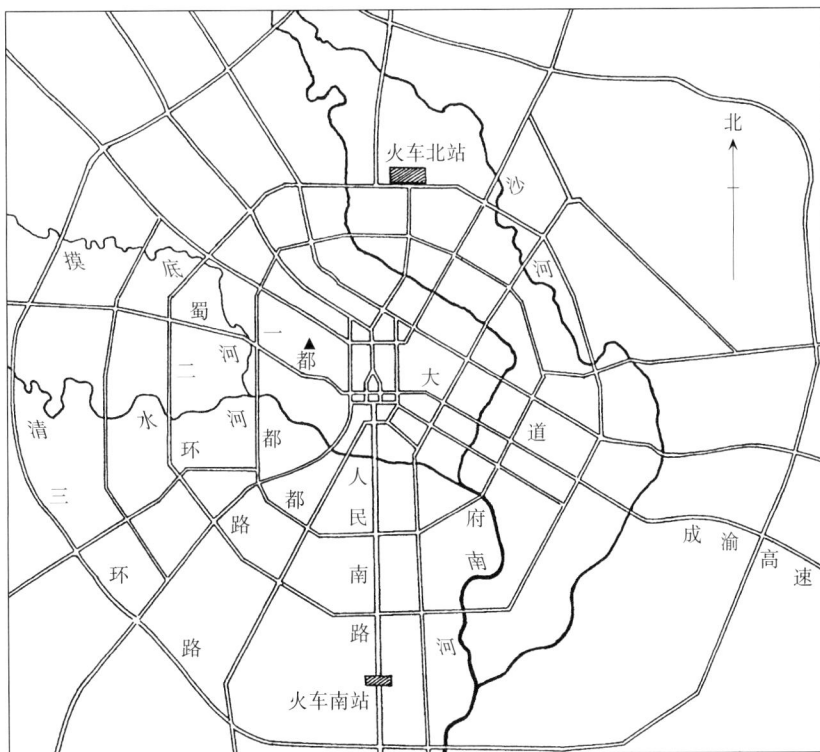

图一（A）　下同仁路遗址位置示意图

---

① 成都文物考古研究所：《成都市下同仁路城墙遗址发掘简报》，《成都考古发现》（2012），科学出版社，2014 年，第 492 ~ 506 页。另见本报告附录一。

图一（B）　下同仁路遗址位置示意图

　　其往北与中同仁路红旗纸箱厂地点①、国税局办公大楼地点②、上同仁路泸天化地点③、通锦桥西城角边街芙华工地④等几处城墙连为一体，同属于唐末剑南西川节度使高骈扩筑罗城以来的成都城西墙之局部。

　　根据以往成都城市考古工作中所积累的经验，城墙内外侧的地层堆积存在着明显差异。因此，我们以城墙为界将整个工地划分为东、西两部分，其中西部为勘探区，东部为重点发掘区。加之成都城区的地层堆积往往包含有大量的碎石瓦砾，难以采取钻探方式对地下文物的埋藏状况进行有效探测，于是我们在西部区域采用了探沟法，东部则直接布设探方（图二；彩版一，1、2；彩版二，1）。

　　9月上旬，西部区域的勘探工作基本结束，勘探结果表明这一带属于历史上西郊河（即西墙护城河）屡次改道和位移后形成的河床，地层堆积很薄，且被现代建筑基础破坏殆尽，我们的工作重点遂转向东部区域。东部区域的发掘工作从9月中旬开始，至12月底基本结束，历时3个半月。共布10米×10米探方6个，编号T1～T6（图三；彩版二，2；彩版三，1、2；彩版四，1、2），方向约10度，T2东南角和T5北部因场地受限未能发掘，实际揭露面积约450平方米，共清理灰坑16个、井2个，出土了一大批佛像、瓷器、陶器、铜器、建筑构

---

　　①　成都文物考古研究所：《成都市中同仁路城墙遗址发掘简报》，《成都考古发现》（2002年），科学出版社，2004年，第266～276页；成都文物考古研究所：《成都市中同仁路城墙遗址第二次发掘简报》，《成都考古发现》（2003），科学出版社，2005年，第418～425页。
　　②　成都市文物考古队：《1996年成都田野考古概述》，《成都文物》1997年1期。
　　③　雷玉华：《唐宋明清时期的成都城垣考》，《四川文物》1998年1期。
　　④　雷玉华：《唐宋明清时期的成都城垣考》，《四川文物》1998年1期。

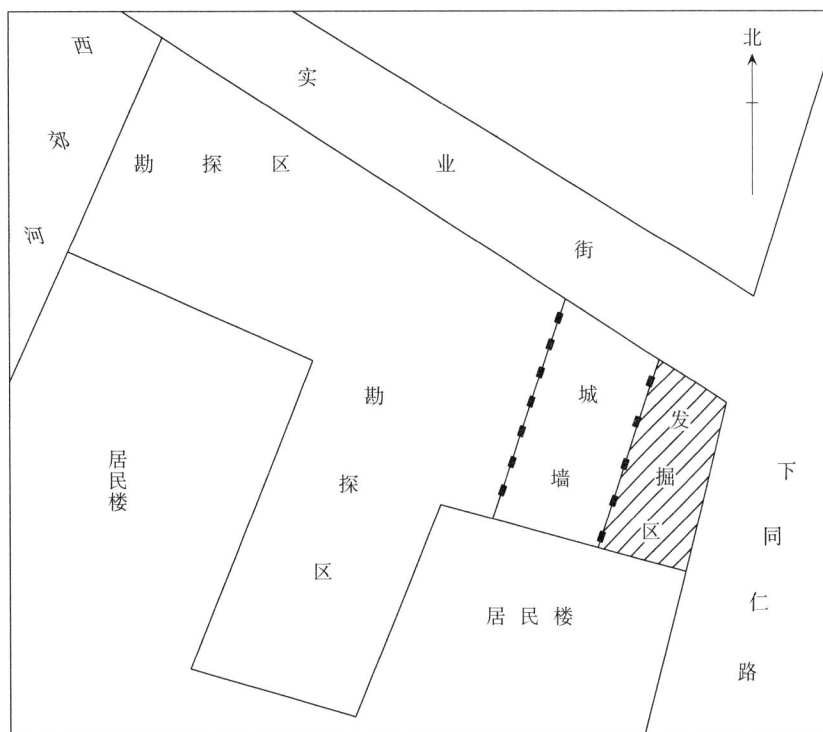

图二 发掘区位置示意图

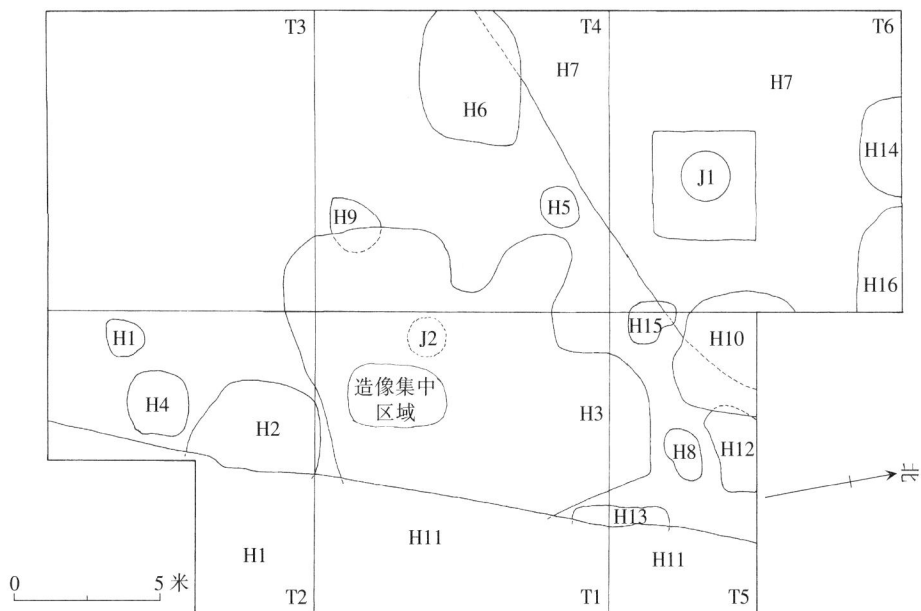

图三 发掘区总平面图

件等遗物，其中又以编号 H3 和 H6 的两个造像坑的发现最为重要。

　　此次发掘的领队为张雪芬，参与发掘的人员有张雪芬、易立、江滔、高潘、李平、李继超、杨盛等。

　　2015 年 1 月，考古发掘资料的整理工作正式启动，整理工作由易立、张雪芬、江滔主持，参与整理的人员还有王瑾、杨盛、杨颖东、寇小石、卢引科、李福秀、李平、严彬、戴福尧、党国松、何祖平等。至 2015 年 12 月，考古报告的文字、绘图、照相、拓片工作基本完成。

第二章 地层堆积与遗迹单位

第一节 地层堆积

整个工地以下同仁路罗城城墙为界可分为东、西两部分。其中工地西部位于城墙外侧，属于历史上西郊河屡次改道和位移后形成的河床，前期勘探结果表明这一区域的地层堆积很薄，且被现代建筑基础破坏严重；工地东部位于城墙内侧，属于此次考古工作的发掘区，地层堆积的保存情况较好。现以 T3 东壁剖面（图四）为例说明：

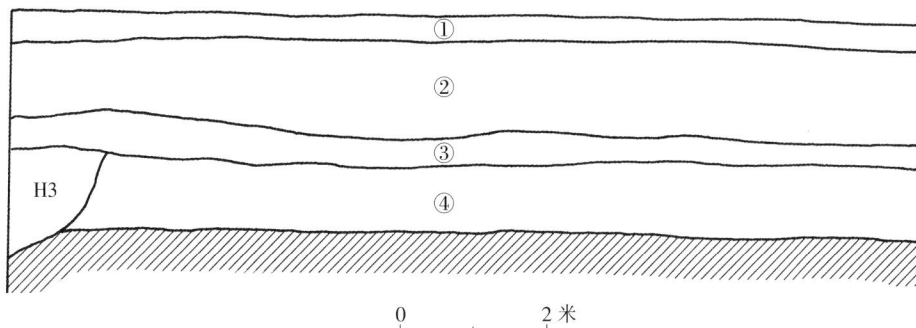

图四 T3 东壁剖面图

第 1 层：现代建筑垃圾，包含少量的黑灰色土，厚 0.3~0.35 米。

第 2 层：黑褐色土，堆积较松软，包含砖瓦碎块、卵石、石灰颗粒和青花瓷片，厚 0.7~1 米。

第 3 层：青褐色土，堆积较紧密，包含砖瓦碎块、卵石和青釉、酱釉、白釉、绿釉瓷片，厚 0.2~0.5 米。H3 叠压于此层下。

第 4 层：褐色土，堆积较紧密，土质较纯净，包含少量夹砂陶和泥质陶片，厚 0.45~0.75 米。以下为生土。

第二节 遗迹单位

发掘区内发现并清理的遗迹单位数量较少，且类别显得较为单一，只见有灰坑和井两类。现按类别对这些遗迹单位进行介绍。

一 灰坑

16 个，均属于掩埋废弃物形成的遗物坑。按坑内主要出土遗物的不同可分为两类，一类为佛教造像坑，另一类为普通的生活遗物坑。

1. 佛教造像坑

坑内出土物以残损的佛像为主，间杂有数量较多的生活日用器物。共 2 座，编号 H3、H6。

H3　位于发掘区中部，分布于 T1～T5 内。叠压于第 3 层下，打破 J2、第 4 层和生土，被 H11 打破。揭露部分平面形状不规则，长 14.1、宽 11.5、深 1～1.2 米，斜壁，底部凹凸不平。坑内填土呈灰褐色，带黏性，堆积较紧密，夹杂灰烬、瓦砾、卵石和烧土颗粒等。遗物以石刻造像为主，主要出土于坑体中部偏南，造像共计 70 件，类型有单体佛、菩萨、力士、天王及背屏式组合像等。除造像外，还出土了大量的瓷器和陶器残片，瓷器以青、酱、黄、绿等釉色为主，可辨碗、盘、盏、罐、壶、炉、盒、钵、盆、供果、器盖等。陶器以泥质灰陶为主，可辨钵、杯、盆、罐、瓮、纺轮等。另有少量的瓦当、琉璃瓦等建筑构件和钱币（图五、六；彩版五，1、2）。

H6　位于 T4 西部居中，局部往西延伸至发掘区外。叠压于第 3 层下，打破 H7，揭露部分平面形状不规则，长 4.45、宽 3.32、深 1.3 米，斜壁，底部不平整。坑内填土呈黑褐色，夹细沙，包含少量的草木灰烬和烧土颗粒。出土物以石刻造像为主，造像共计 57 件，类型多

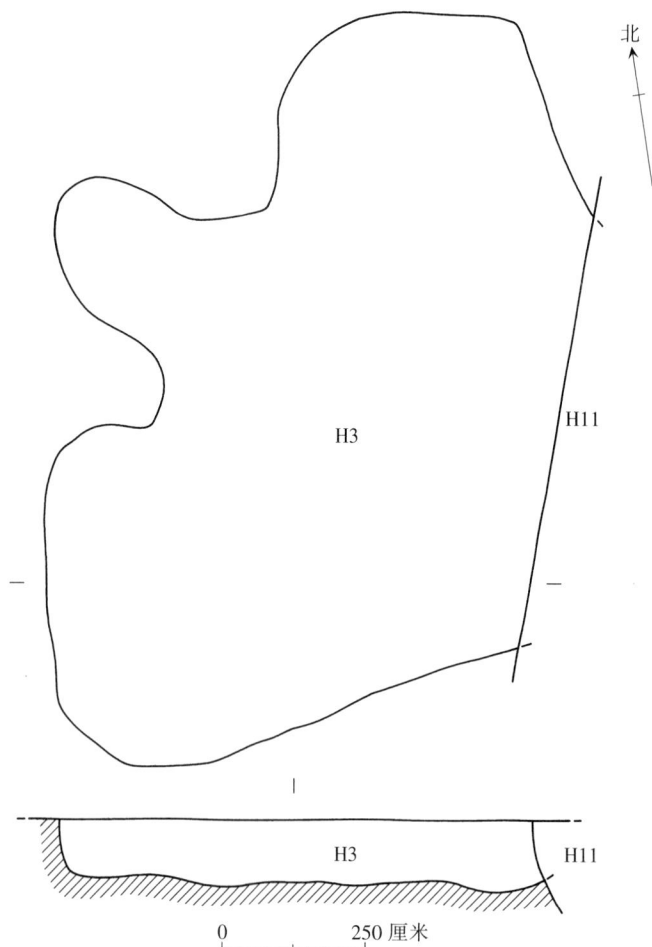

图五　H3 平、剖面图

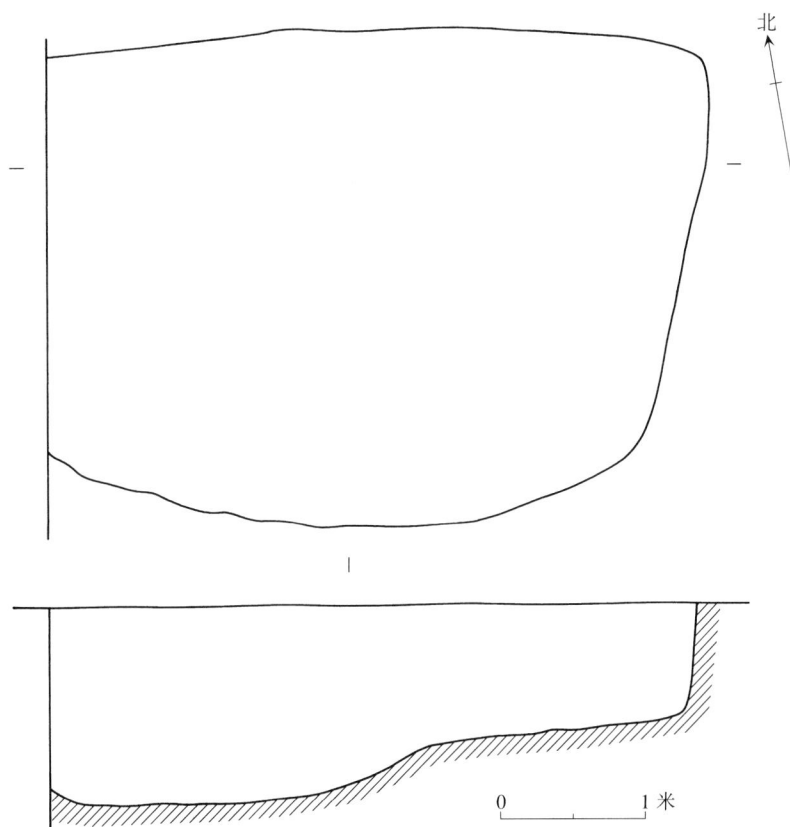

图七 H6 平、剖面图

为罗汉、菩萨和单体佛，还有部分华盖、基座的残件。除造像外，还出土了大量的瓷器残片，以青、酱、黄、绿等釉色为主，可辨碗、盘、罐、盆、壶、砚台、炉、盒、器盖等。另有少量的瓦当等建筑构件和钱币（图七）。

2. 生活遗物坑

坑内出土物以日常生活使用的陶、瓷器残片为主，间杂较多的以建筑构件为主的碎瓦砾，未见有造像。共 14 座，分别编号 H1、H2、H4、H5、H7、H8、H9、H10、H11、H12、H13、H14、H15、H16。择要介绍如下。

H1 位于 T2 西南部。叠压于第 4 层下，打破生土。平面形状不规则，长 1.54、宽 1.3、深 0.52 米，东部坑壁较斜直内收，西部坑壁略带弧度，底部较平整。坑内填土呈灰黑色，土质较松软，夹杂少量的细碎卵石、草木灰烬和烧土颗粒，出土物以泥质灰陶器残片为主，器形可辨钵、盆、瓦当等（图八；彩版六，1）。

H2 位于 T2 北部居中。局部往东延伸至ⅡT7 内，叠压于第 3 层下，打破第 4 层和生土，被 H11 打破。揭露部分平面呈半圆形，长 4.38、宽 2.98、深 0.78 米，坑东壁上部较垂直，下壁斜直内收，底部较平整。坑内填土呈灰褐色，土质较松软，夹杂少量的细碎卵石、草木灰烬和烧土颗粒，出土物以泥质灰、红陶器残片为主，器形可辨罐、盆、钵、豆、器盖、器柄、瓦当等（图九；彩版六，2）。

H4 位于 T2 中部偏西。叠压于第 4 层下，打破生土平面呈圆形，直径 2.14 ~ 2.24、深

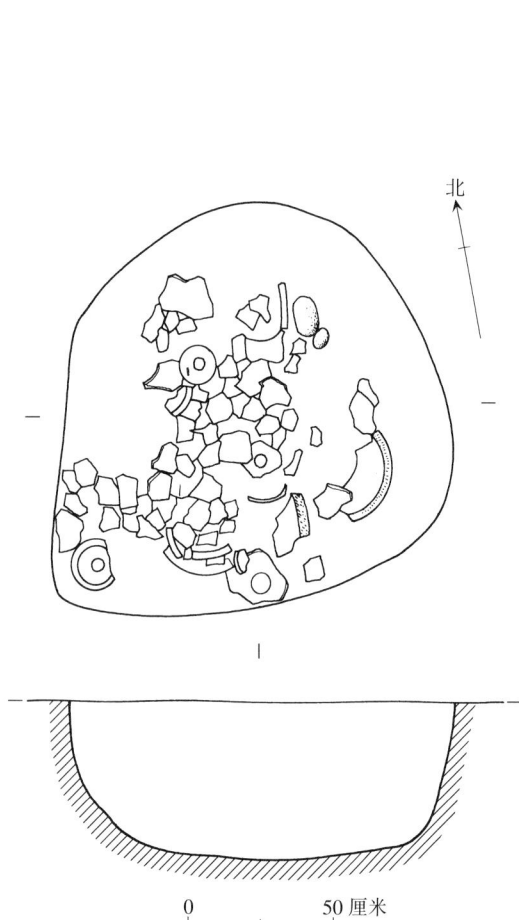

图八　H1 平、剖面图

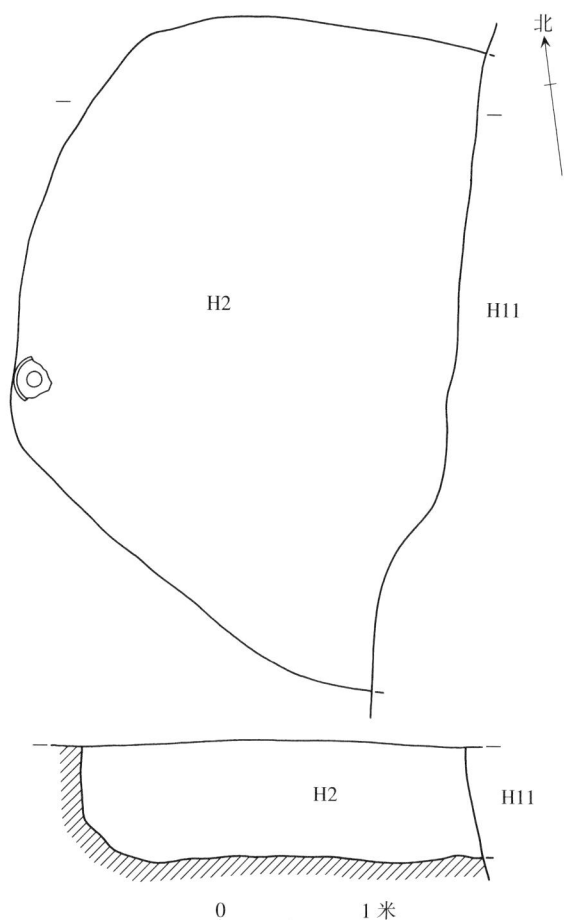

图九　H2 平、剖面图

1.32 米，坑东壁凹凸不平，西壁斜内收略带弧度，圜底。坑内填土呈灰褐色，土质较松软，夹杂少量草木灰烬和烧土颗粒，出土物以泥质灰、红陶器残片为主，器形可辨盆、釜、钵、器圈足、瓦当等（图一〇）。

　　H5　位于 T4 东北部。叠压于第 3 层下，打破第 4 层和生土。平面呈圆形，直径 1.3 ～ 1.32、深 0.68 米。坑东半部形成二层台，台面较平整，宽 0.7、高 0.26 米。坑壁斜直内收，坑底部略呈圜底状。坑内填土呈灰褐色，土质较松软，含细沙，夹杂少量草木灰烬和烧土颗粒，出土物以泥质灰、褐陶器残片为主，器形可辨钵、罐、盆、釜、器柄等（图一一）。

　　H7　位于发掘区西北部，分布于 T4、T5 和 T6 内，往西南、西北两个方向延伸至发掘区外。叠压于第 3 层下，打破第 4 层和生土，被 H6、H10、H15、H16、H17 和 J1 打破。揭露部分平面呈扇形，长 13.4、宽 7.16、深 2.78 米，坑壁斜直较平缓，圜底。坑内填土自上而下可分作 9 层。

　　第 1 层：青黄色土，土质较紧密，夹杂零星的烧土颗粒。该层在坑内呈水平堆积，厚 0.16 ～ 0.72 米；

　　第 2 层：灰黄色土，土质较紧密，夹杂较多的烧土颗粒和零星草木灰烬。该层在坑内堆积略呈倾斜状，厚 0.12 ～ 0.58 米；

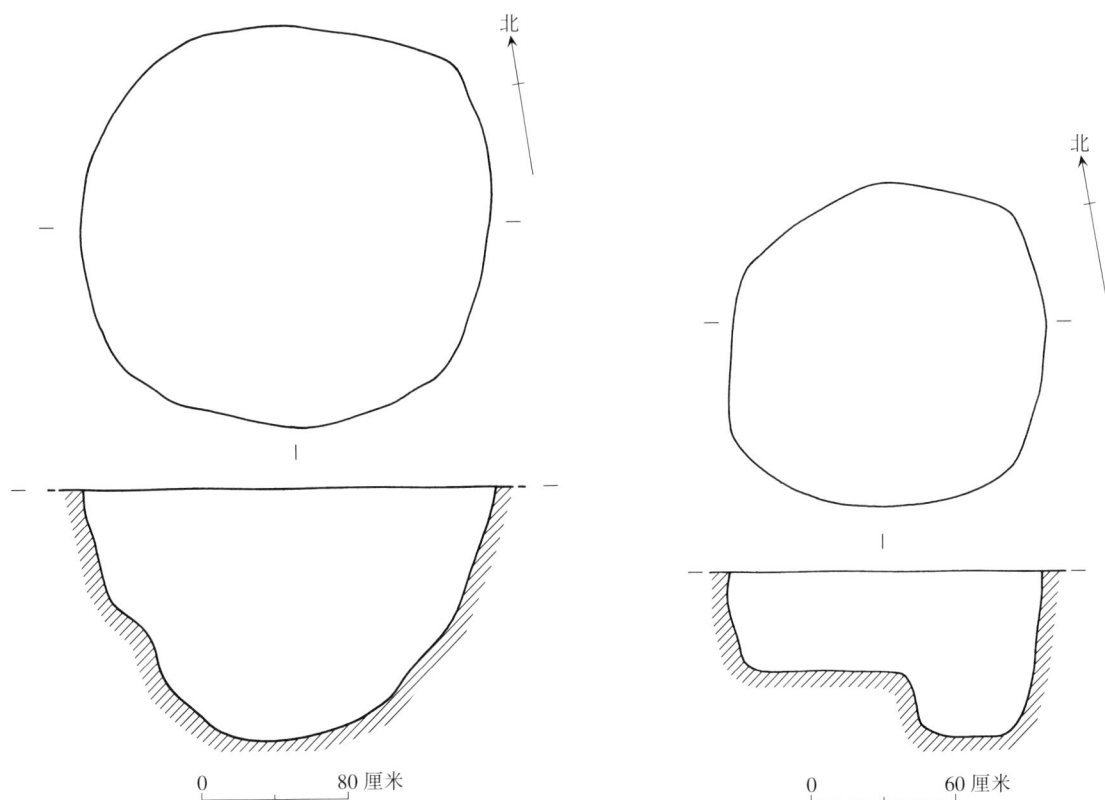

图一〇　H4平、剖面图

图一一　H5平、剖面图

第3层：黑色土，土质较疏松，夹杂较多的烧土颗粒和草木灰烬。该层在坑内呈倾斜堆积，厚0~1.32米；

第4层：灰黑色土，土质较紧密，夹杂少量的烧土颗粒和草木灰烬。该层在坑内呈倾斜堆积，厚0~1.06米；

第5层：红褐色土，土质较紧密，为夹杂大量烧土颗粒和块状物的堆积。该层在坑内呈倾斜堆积，厚0~0.56米；

第6层：黑色土，土质较紧密，夹杂较多的烧土颗粒和草木灰烬。该层在坑内呈倾斜堆积，厚0~0.36米；

第7层：灰黄色土，土质较紧密，夹杂较多的草木灰烬和少量烧土颗粒。该层在坑内呈倾斜堆积，厚0~0.58米；

第8层：灰黑色土，土质较疏松，夹杂少量的烧土颗粒和草木灰烬。该层在坑内呈倾斜堆积，厚0~0.78米；

第9层：灰黄色土，土质较疏松带沙，夹杂少量的烧土颗粒和草木灰烬。该层在坑内呈倾斜堆积，厚0~0.48米；

坑内出土物以陶器残片占绝对数量，夹砂陶的比重高于泥质陶，器形可辨罐、豆、盘、盉、瓶、钵、盆、器柄、器足、动物模型等，另有一定数量的玉石器，如璧、凿、盘状器等（图一二；彩版七，1、2；彩版八，1、2）。

H8　位于T5南部居中。叠压于第3层下，打破第4层和生土。揭露部分平面形状不规

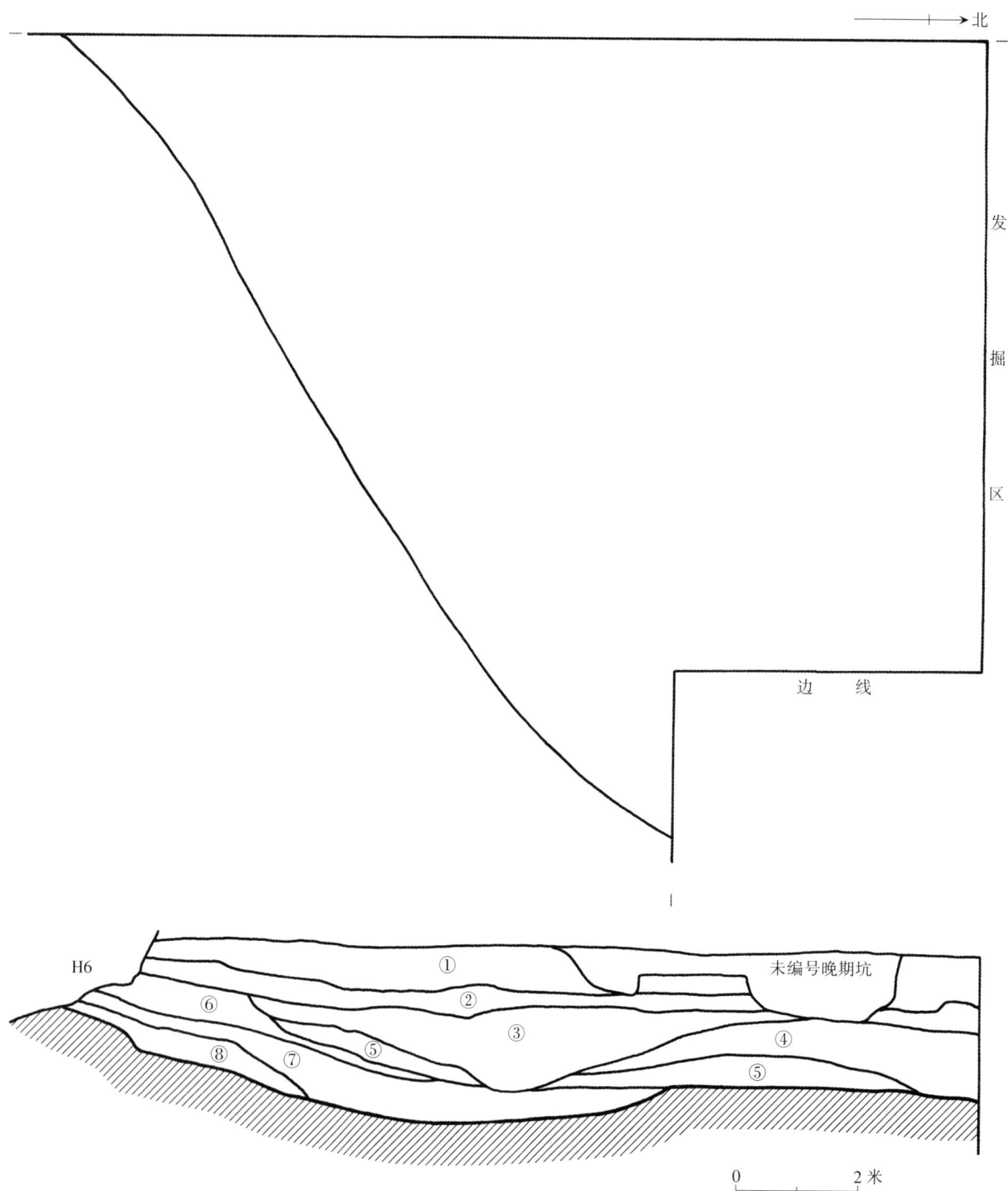

图一二　H7 平、剖面图

则，长 1.96、宽 1.24、深 0.62 米，坑壁较斜直，底部较平整。坑内填土呈灰褐色，土质较紧密，夹杂少量的烧土颗粒，包含较多的陶器残片，有夹砂陶和泥质陶两种，器形可辨钵、盆、罐、豆、器足、器盖等，玉石器有凿、盘状器等（图一三）。

H10　位于 T5 西南部，局部往北延伸至发掘区外。叠压于第 3 层下，打破第 4 层和 H7、

0　　　　60厘米

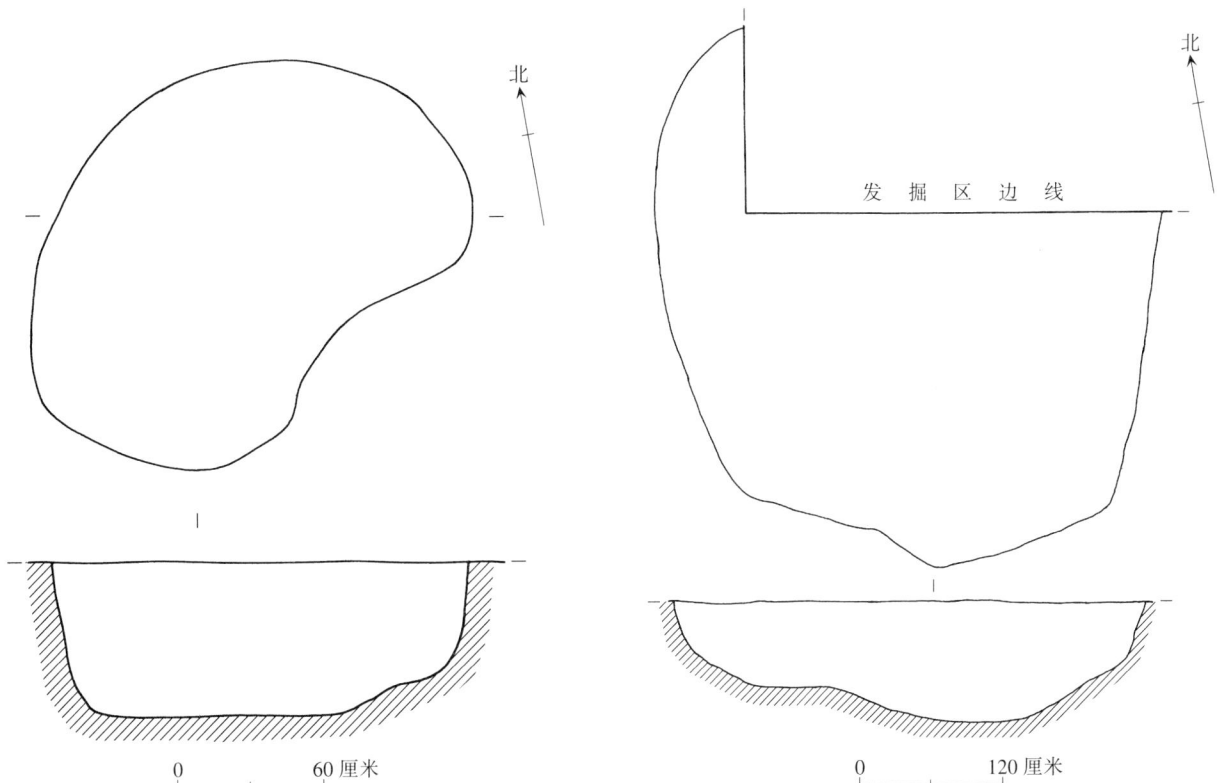

图一三　H8 平、剖面图

发 掘 区 边 线

0　　　　120厘米

图一四　H10 平、剖面图

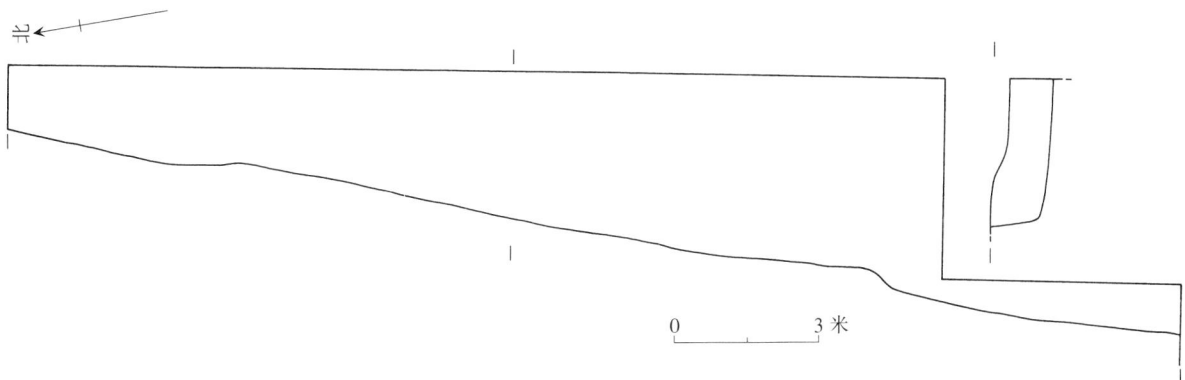

0　　　　3米

图一五　H11 平、剖面图

H10。揭露部分平面形状不规则，长 4.2、宽 2.26、深 0.98 米，坑东壁斜内收略带弧度，圜底。坑内填土呈灰黑色，土质较疏松，夹杂零星的草木灰烬和烧土颗粒，包含大量砖石瓦砾，出土物以瓷器为主，釉色可辨青、酱、黄、青白等，器形见有碗、盏、盘、壶、罐、炉、瓶等，还有一定数量的建筑构件和支钉等窑具残片（图一四）。

H11　位于发掘区东部，分布于 T1、T2 和 T5 内，局部往北、南、东三个方向延伸至发掘区外。坑口被近现代坑打破，叠压情况不明，打破 H2、H3 和 H13。揭露部分平面略呈长条形，长 21.4、最宽处 4.3、深 0.9～1.1 米，坑壁斜直较陡，底部较为平整呈倾斜状。坑内填土呈灰褐色，土质较疏松，夹杂少量的烧土颗粒，包含较多的砖石瓦砾，出土物以青釉、酱釉瓷器为主，器形可辨碗、盏、杯等（图一五）。

H12　位于 T5 中部，局部往北延伸至发掘区外。叠压于第 3 层下，打破 H8，被 H10 打破。揭露部分平面形状不规则，长 2.86、宽 1.74、深 0.8 米，坑壁斜直较陡，底部平整。坑内填土呈灰褐色，土质较疏松，夹杂细卵石和零星的草木灰烬和烧土颗粒，出土物以泥质陶器残片为主，还有少量青瓷器残片，器形可辨碗、钵、罐、灯、盆、器盖等（图一六）。

H13　位于 T1 和 T5 交接部偏东。叠压于第 3 层下，打破第 4 层和生土，被 H11 打破。平面残存部分呈长条形，长 3.44、宽 0.54~0.72、深 1.28 米，坑壁斜直较陡，底部平整。坑内填土呈灰黑色，土质较疏松，包含较多的砖石瓦砾和动物骨骼，出土物以泥质陶器残片为主，器形可辨钵、罐、盏、瓮等，另见有零星的青瓷器残片（图一七）。

H14　位于 T6 北部居中，局部往北延伸至发掘区外。叠压于第 3 层下，打破第 4 层和生土。揭露部分平面呈半圆形，直径 3.34、深 0.66~1.1 米，坑壁斜直较陡，底部平整。坑内填土呈灰褐色，土质较紧密，夹杂较多的草木灰烬和烧土颗粒，出土物以泥质陶器残片为主，器形可辨钵、盆、罐、瓮、釜、俑等（图一八）。

H15　位于 T5 西南角，局部延伸至 T1、T4 和 T6 内。叠压于第 3 层下，打破 H7、第 4 层和生土。揭露部分平面形状不规则，长 1.95、宽 2.15、深 1.45 米，坑东壁形成二层台面，上部坑壁斜收带弧度，下部坑壁斜直较陡，底部平整。坑内填土呈灰黑色，土质较疏松，夹杂少量的烧土颗粒，包含较多的砖石瓦砾，出土物以泥质陶器残片为主，器形可辨钵、盆、器盖等（图一九）。

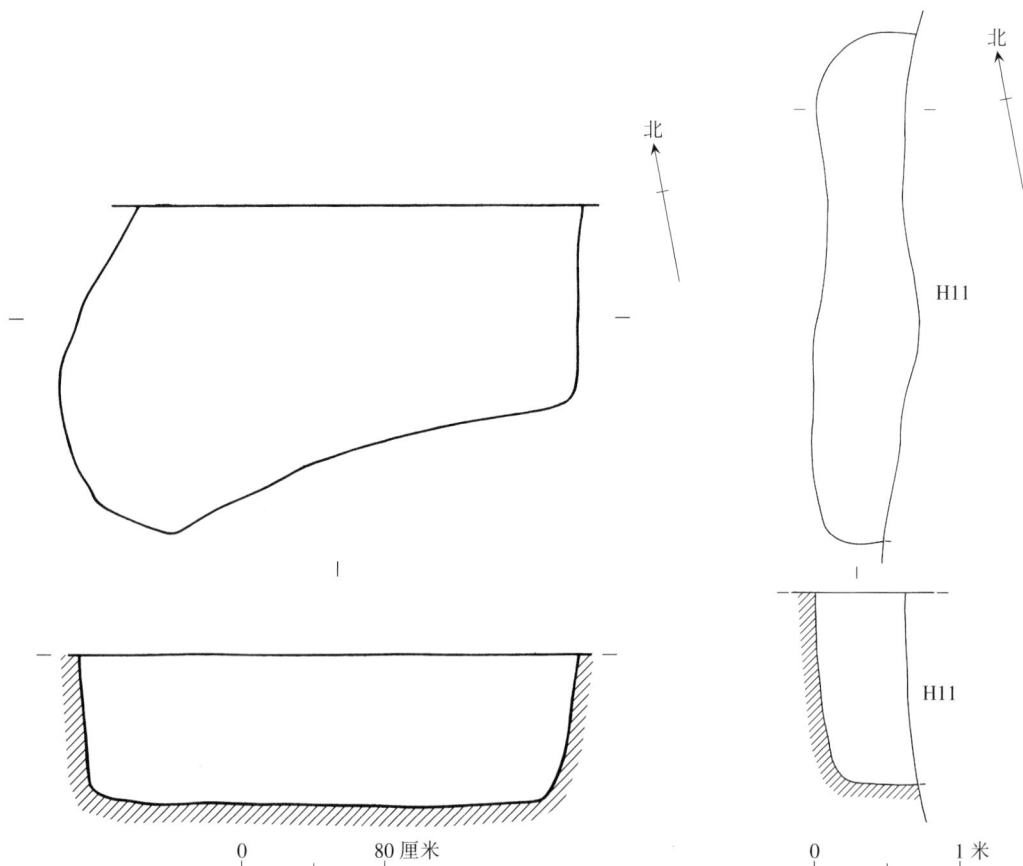

0　　　80 厘米

图一六　H12 平、剖面图

0　　　1 米

图一七　H13 平、剖面图

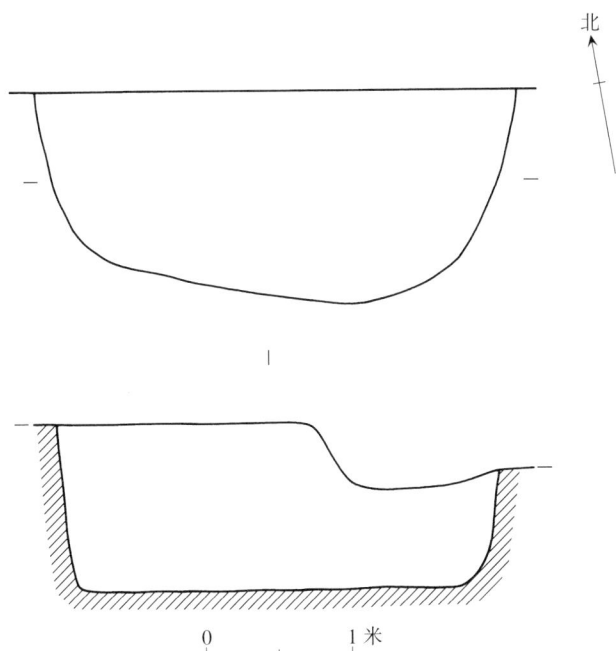

图一八　H14平、剖面图

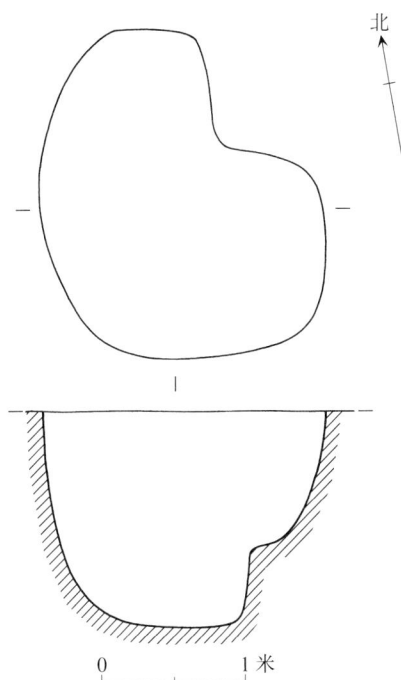

图一九　H15平、剖面图

H16　位于T6东北角，局部往东、往北延伸至发掘区外。叠压于第3层下，打破第4层和生土。揭露部分平面形状不规则，长2.52、宽1.51、深1.24米，坑壁斜直较陡，圜底。坑内填土呈灰黑色，土质较疏松，夹杂较多的烧土颗粒，包含大量砖石瓦砾等建筑构件，出土物有陶器、瓷器和钱币，器形可辨碗、钵、盆、罐、盏、瓮、器柄、豆等（图二〇）。

二　井

2座，编号J1和J2。

J1　位于T6南部偏东，叠压于第3层下，打破H7、第4层和生土。为土圹砖井，由井圹和井圈两部分组成。井圹平面近方形，边长3.1～3.46、深3.76米，填土呈灰黄色，堆积较紧密，土质较纯净带黏性。井圈为砖砌，平面近圆形，口部直径0.97、底部直径0.94、深3.74米，井圈残存的砖体部分自上而下可分为20层：第1～11层为平砖铺砌，第12～19层为一平一丁，第20层为丁砖铺砌。井砖规格有两种：第1～11层砖体较残破，长度不一，宽17、厚4厘米；第12～20层砖体较完整，长35、宽40、厚7厘米。井底部在砂石

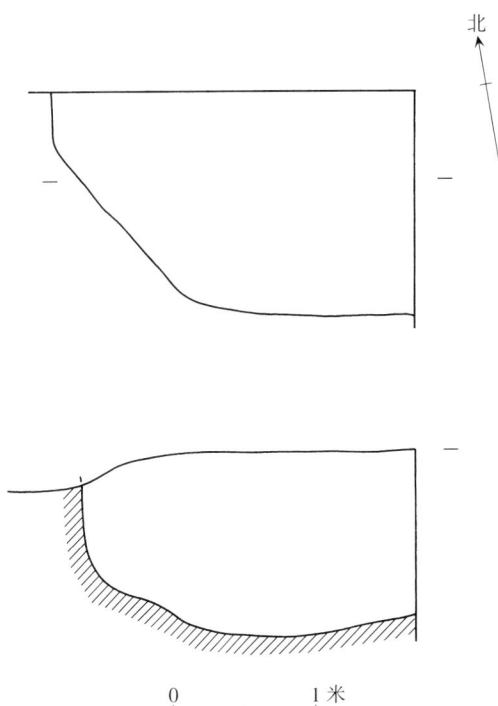

图二〇　H16平、剖面图

层上开挖有一个锅底状坑，深 0.2 米。井圈内填土为灰黑色土，堆积较疏松，黏性较重，包含较多的青灰砖块和红砂石块。出土物较丰富，以瓷器为主，釉色有青釉、酱釉、绿釉、白釉等，还见有少量的陶器、建筑构件和钱币，器形可辨碗、盏、瓶、壶、器盖、弹珠、支钉、滴水等（图二一；彩版九，1）。

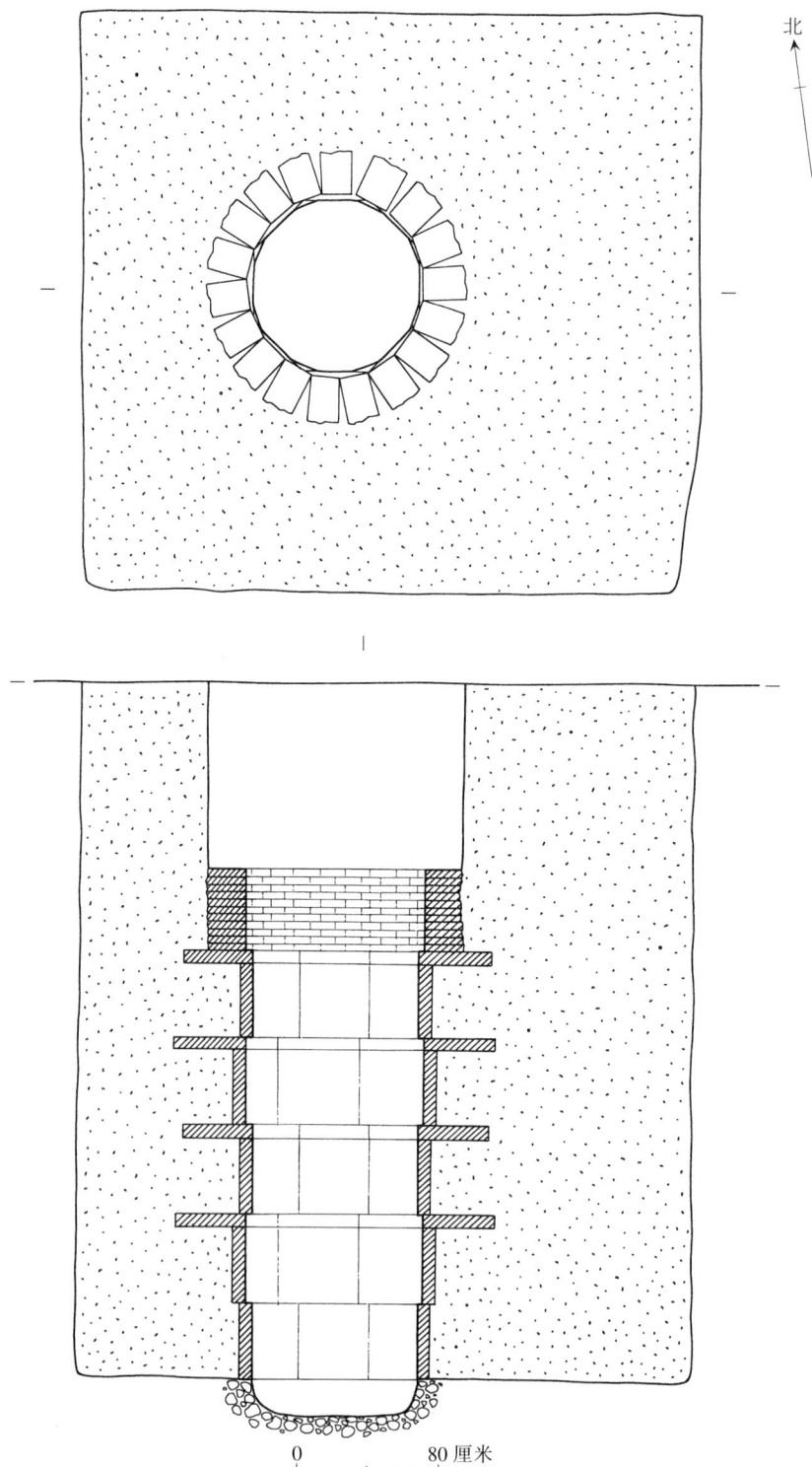

图二一　J1 平、剖面图

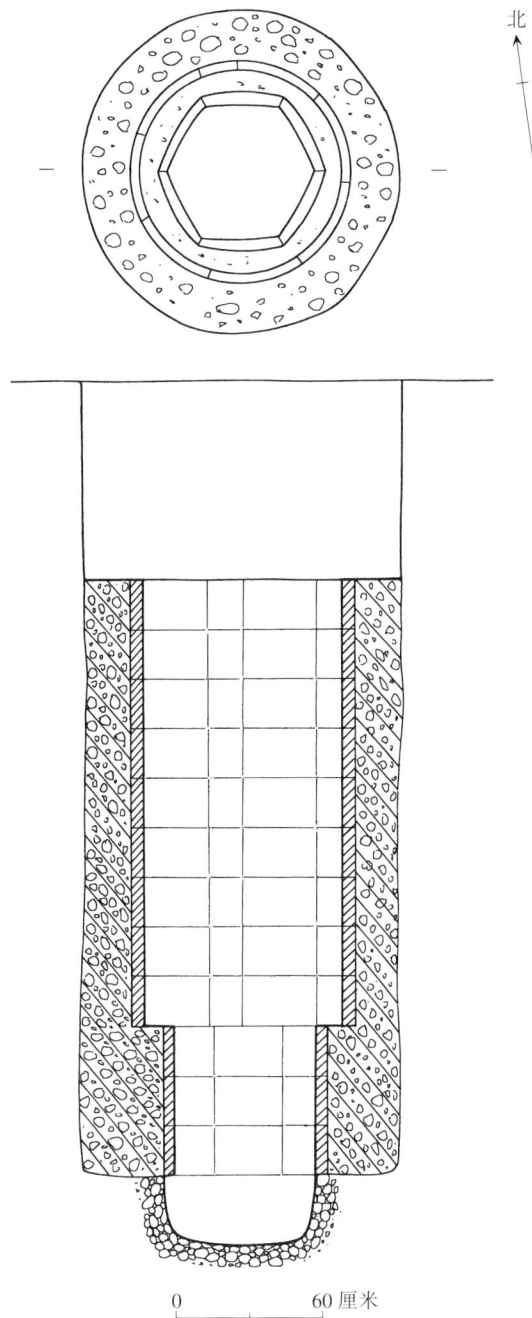

图二二 J2平、剖面图

J2 位于 T1 西南部，叠压于 H3 下，打破生土。为土圹砖井，由井圹和井圈两部分组成。井圹平面近方圆形，直径 1.28～1.3、深 3.2 米，填土呈灰色，夹杂细卵石，堆积较紧密，土质较纯净带黏性。井圈为砖砌，平面近圆形，可分作上、下两部分，上部直径 0.82 米，残存 9 层丁砌砖体；下部直径 0.58 米，残存 3 层丁砌砖体。井砖规格为长 35、宽 20、厚 5 厘米。井底部在砂石层上开挖有一个锅底状坑，深 0.28 米。井圈内填土为灰黑色，堆积较疏松，土质带黏性，出土物以泥质陶器为主，可辨钵、罐、瓮、釜、纺轮等，另有少量的铜器和钱币（图二二；彩版九，2）。

第三章 出土遗物

出土遗物可分为造像、陶瓷器、石制品、窑具、建筑构件、金属器（含钱币）等几大类。

第一节 造像

造像集中出土于 H3 和 H6 两个灰坑中，其中 H3 内造像计 70 件，另有少量残损严重、无法辨认造型的碎块，H6 内造像计 57 件，造像残损较为严重，其中罗汉头、菩萨头以及建筑构件残块占多数，另有少量残损严重的碎块。从类别上看，两个坑内造像主要包括佛像、菩萨像、天王像、阿育王像、背屏式组合造像及各类造像残块和佛教建筑构件残块等。

一 佛像

25 件。

（一） 坐佛

7 件。

标本 H3：21 坐佛，红砂石质，表面局部有白膏泥。佛像内着袒右僧祇支，外着双领下垂式袈裟，右侧衣摆向上撩起搭在左臂上[1]。右臂屈肘上举，结跏趺坐于长方形台座上，袈裟垂覆台座前。台座下有长方形矮基，两端各有一只狮子蹲坐，双狮外侧前臂上举。佛像胸口断面有近方形榫孔。台座背面刻有造像题记。造像残高 6 厘米，座高 5.9 厘米，矮基长 18.1、宽 9 厘米（图二三；彩版一〇，1、2）。

造像题记（图二四）为：

"梁普通／五年岁次乙／巳海安寺／释□□奉／为亡□母／及现在敬／造此释迦／文像愿存亡／获福"。

标本 H3：75 坐佛，红砂石质，内着袒右僧祇支，胸下系带，带端垂于外层袈裟内；外着双领下垂式袈裟，右侧衣摆向上撩起搭在左臂上。双臂屈肘，右臂似上举胸侧；结跏趺坐于长方形台座上，露右足，袈裟覆于台座前。台座下有长方形矮基，矮基两端各蹲坐一只狮子。造像胸部断面中部有长方形小榫孔。像残高 9 厘米，座残高 5.2 厘米，矮基长 15.8、宽 7.6 厘米（图二五；彩版一〇，3）。

标本 H3：34 坐佛，青砂石质，头颈残失，右胸残，着通肩袈裟，胸前衣纹呈同心圆状，袈裟贴体，袈裟衣角搭覆左肩及左臂，双臂屈肘，左手于腹前托钵，右手残损，似上举。结跏

_____

[1] 本文中以"左右"描述造像时，均指被描述对象之左右。

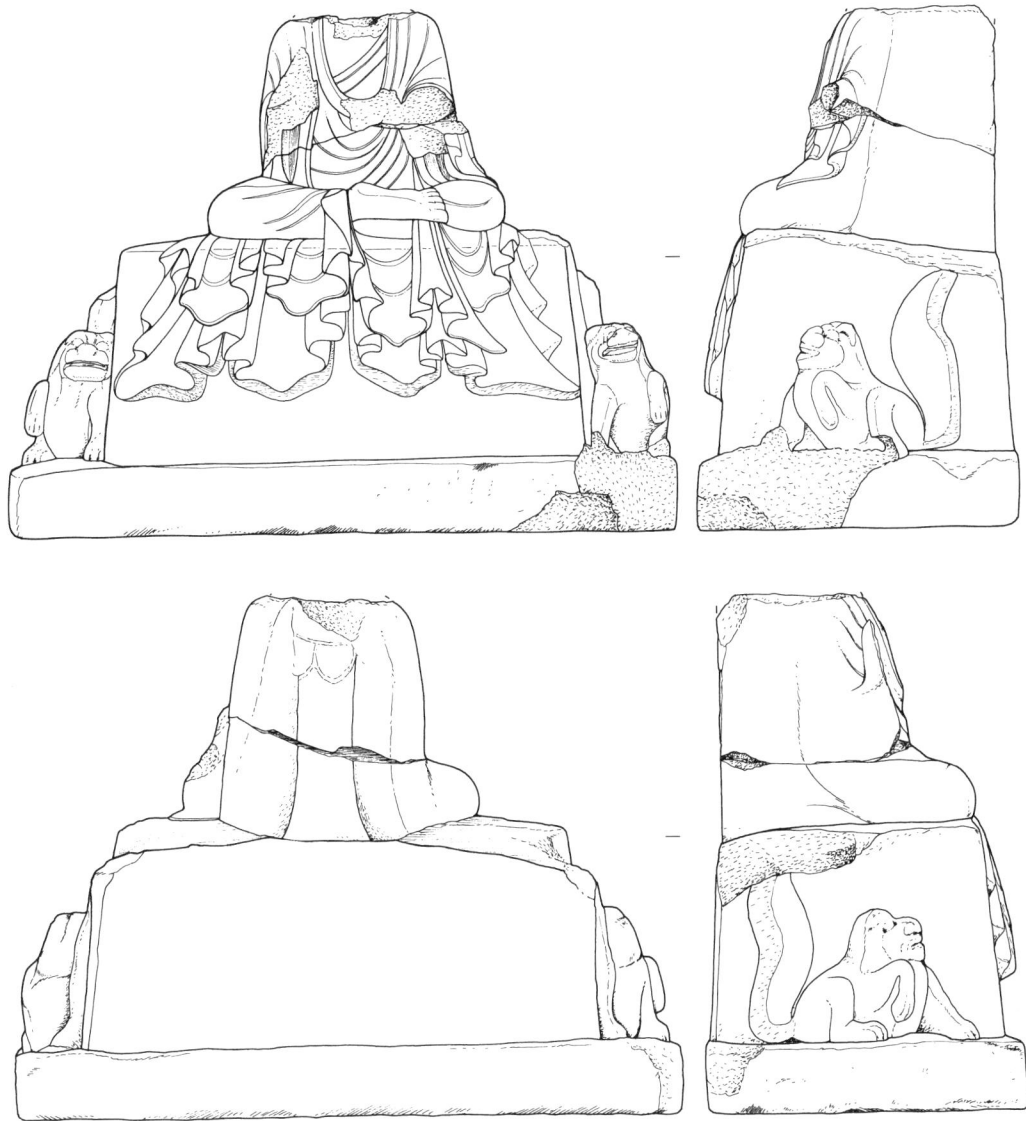

0　　　　　　4厘米

图二三　坐佛（H3：21）

0　　　　　　4厘米

图二四　造像题记拓片（H3：21）

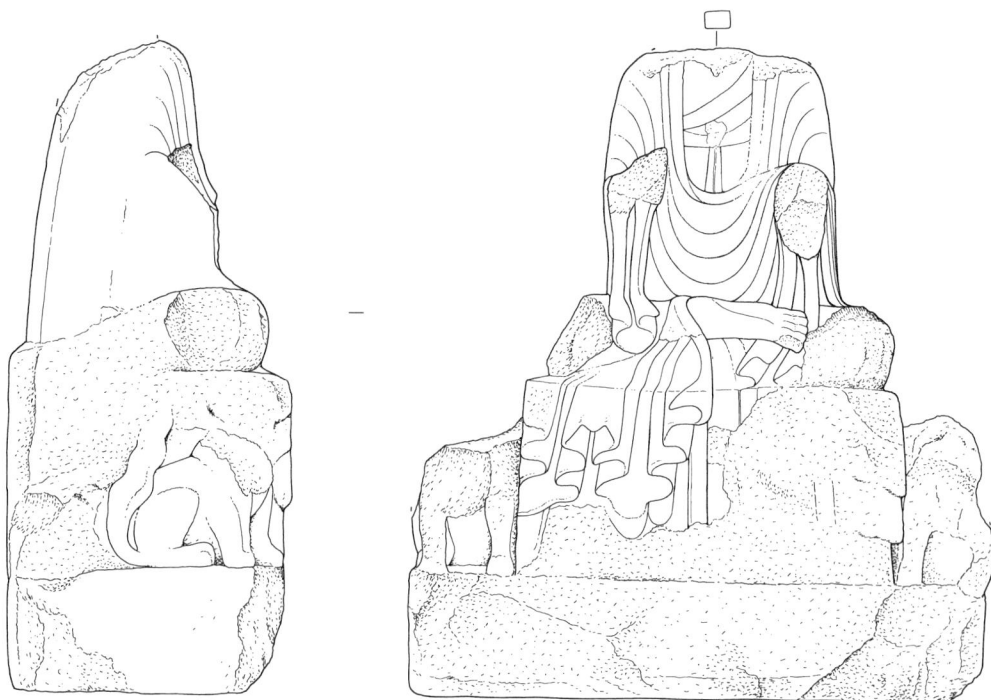

0 　　　　　4 厘米

图二五　坐佛（H3∶75）

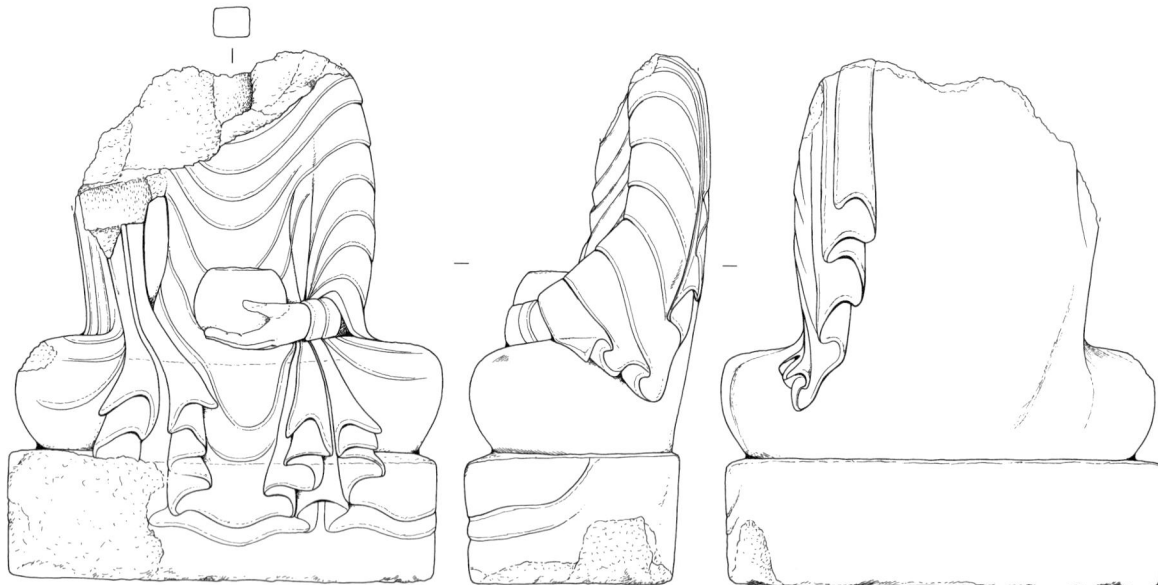

0 　　　　　6 厘米

图二六　坐佛（H3∶34）

跌坐于长方形台座上，不露双足。袈裟下摆垂覆台座前。颈部断面有长方形榫孔，衣纹处局部残留有米黄色膏状物。通高 21 厘米，台座长 17.9、宽 8.9、高 5 厘米（图二六；彩版一一，1、2、3）。

　　标本 H3∶31　坐佛，红砂石质，头颈残损，内着袒右僧祇支，右胸前有中衣下垂，外层

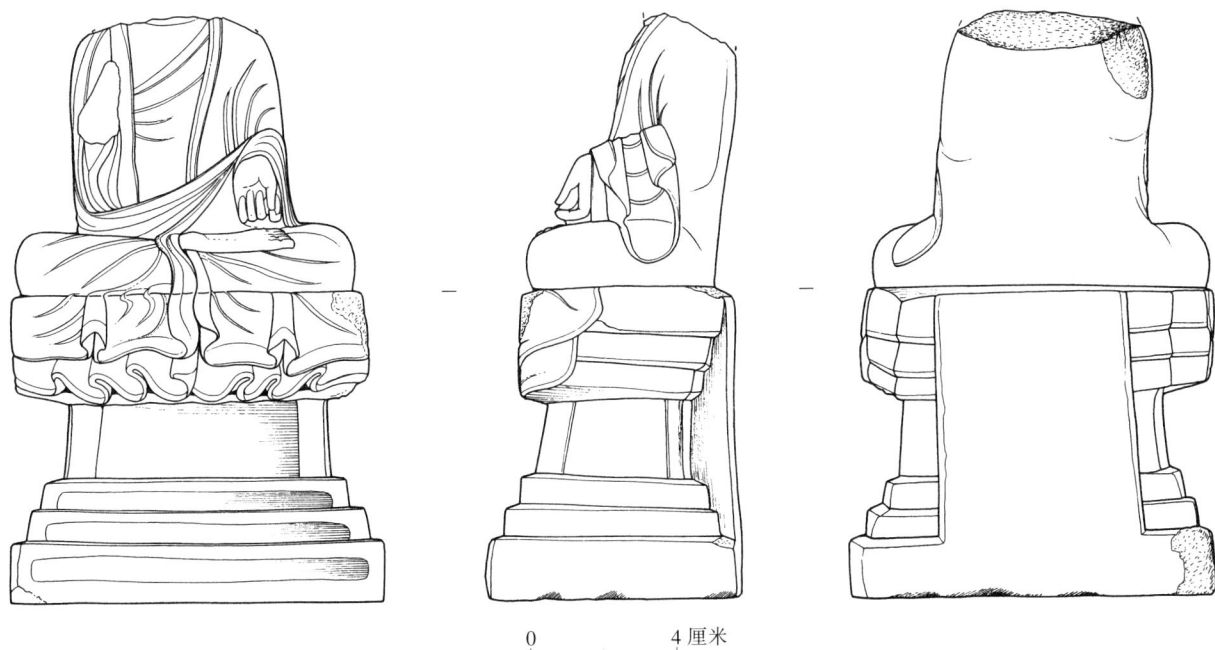

图二七 坐佛（H3∶31）

袈裟覆左肩，经后背覆右肩、右臂外侧后绕至腹前并搭于左臂上，袈裟一角垂于左臂外侧。双臂屈肘，左手于腹侧下伸，掌心向外，屈指，右手举于胸前，残损，结跏趺坐于台座上，右脚足心向上。袈裟下摆垂覆方座前，底端衣褶略稠密。长方形台座下有三层叠涩，每层正面装饰长方形壶门。造像表面局部残留有米黄色膏状物，台座背面有阴刻题记，已风化殆尽。通高15.5厘米，座宽10.3、高8.3厘米（图二七；彩版一二，1、2）。

标本 H3∶28 坐佛，红砂石质，馒头状螺髻较高，头光残损，内周饰莲瓣及两道弦纹。坐佛面相方圆，双耳饰耳挡，宽额，直鼻，双目细长，眼眶饱满微凸，嘴角上翘，两颊略宽，下颌丰满。直颈有三道蚕节纹，双肩较厚，着低胸通肩袈裟，左背后垂下一角。胸前衣纹呈同心圆状，双手于腹前持禅定印，结跏趺坐长方形束腰台座。袈裟下摆分两层垂覆于台座前及两侧，衣褶稠密。台座束腰处有长方形壶门装饰，壶门内各饰一颗宝珠；台座下有长方形矮基，底部略内凹。造像胸腹之间断裂，两断面均有一个近方形榫孔。通高39厘米，台座长19、宽15、高18.2厘米（图二八；彩版一四，1、2；彩版一五，1、2、3）。

标本 H3∶93 鎏金小坐佛，木质，头残，着圆领通肩袈裟，双手笼于袖中，置于腹前，结跏趺坐于仰莲台上，不露足。通高2.3厘米（图二九；彩版一三，1）。

标本 H3∶67 坐佛，黄砂岩石质，头颈残损，颈部有蚕节纹，外着低胸通肩袈裟，一角搭覆左肩、臂，双臂屈肘举于胸前，双手持转法轮印；造像结跏趺坐于椭圆形束腰仰覆莲台上，不露双足。外层袈裟垂覆台面上，内层袈裟垂于台座前及两侧。台座莲瓣较扁平且略宽，身光残损，未见雕饰。莲台下有椭圆形矮基，底部有圆形榫槽，槽内凿痕粗糙，身光背面有长条形榫槽。通高26.5厘米，台座高15.1、座径13.1～14.7厘米（图三○；彩版一三，2、3）。

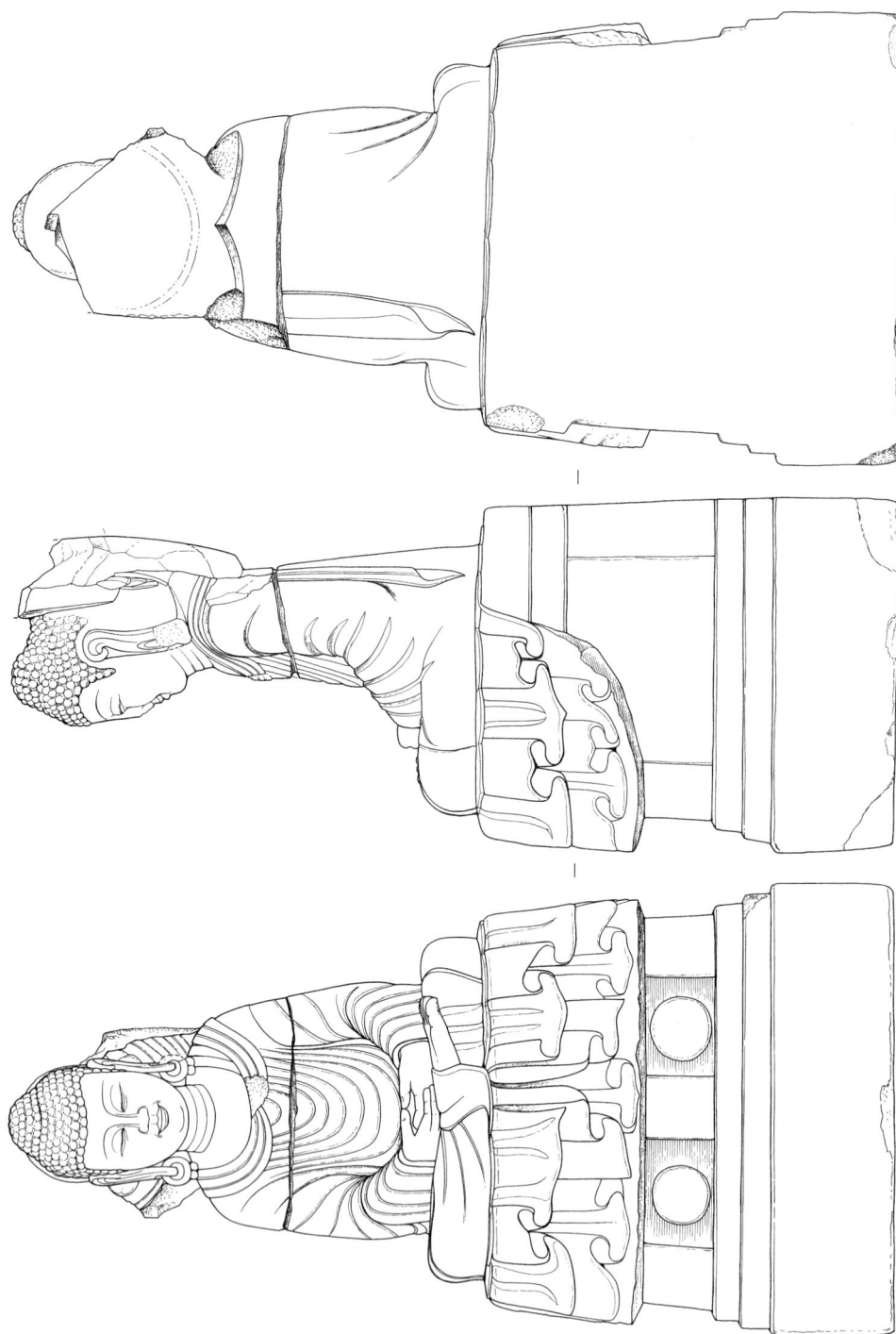

图二八 坐佛 （H3∶28）

图二九　鎏金小坐佛（H3∶93）

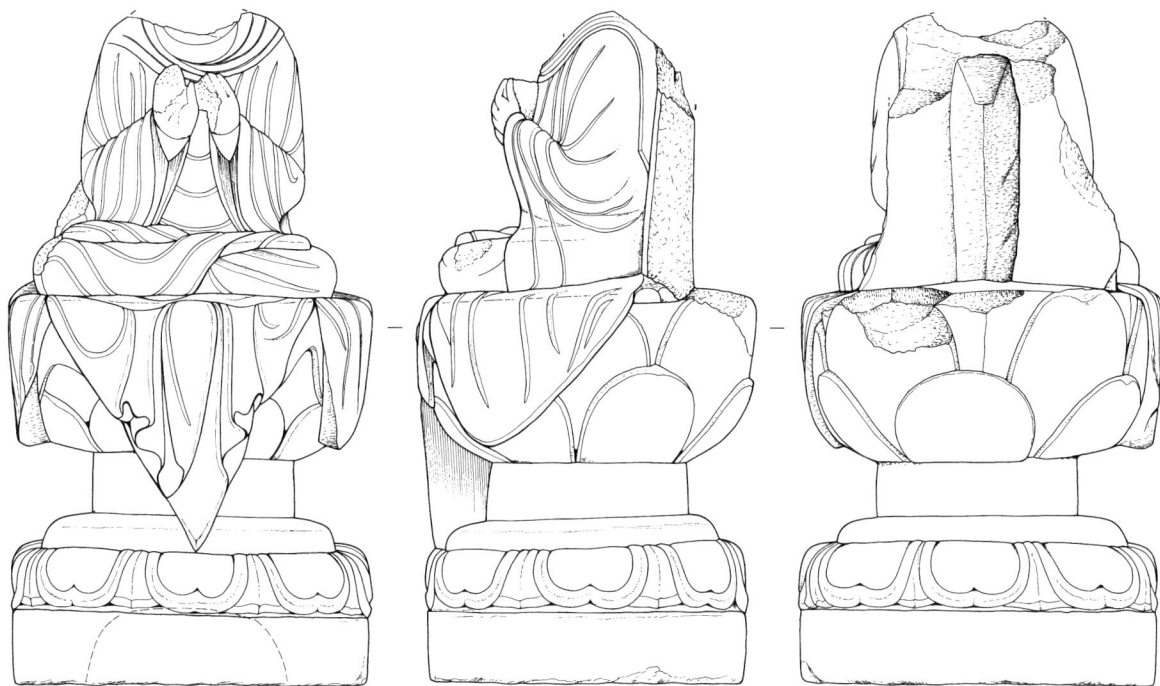

图三〇　坐佛（H3∶67）

（二）立佛

4 件。

标本 H3∶66　立佛，红砂石质，头颈残损，双肩宽厚，内着袒右僧祇支，胸下系带打结，外着双领下垂式袈裟，一角搭左臂，衣纹厚重。外层袈裟下摆垂及小腿。双臂屈肘，均残断，断面有方形小榫孔。造像肩部残为上下两段，断面平整，上下断面存留有修复粘接材料，中部有长方形榫孔。造像背面磨光，像身衣纹局部残留米黄色膏状物及红彩痕迹，胸前无衣饰处有鎏金痕迹。残高 34 厘米（图三一；彩版一六，1、2、3）。

标本 H3∶38　立佛，红砂石质，头颈残失，内着袒右僧祇支，胸下系带，外着低胸通肩袈裟，胸前衣纹呈同心圆状，袈裟贴体，略显厚重。袈裟一角搭覆左肩。双臂于体侧屈肘，均残断。小腿以下残损，断面较平。双臂断面各有一个方形榫孔。造像表面残留有米黄色膏状物。残高 25.6 厘米（图三二；彩版一七，1、2）。

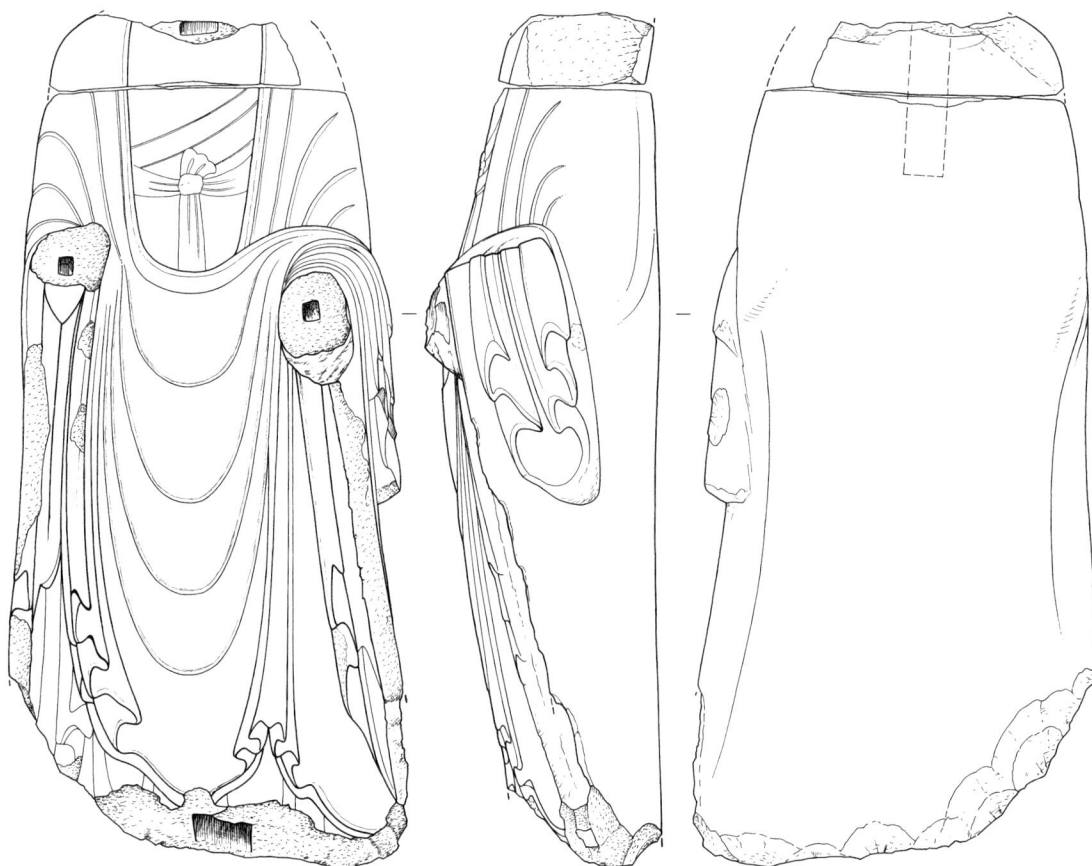

0 _____ 6 厘米

图三一　立佛（H3∶66）

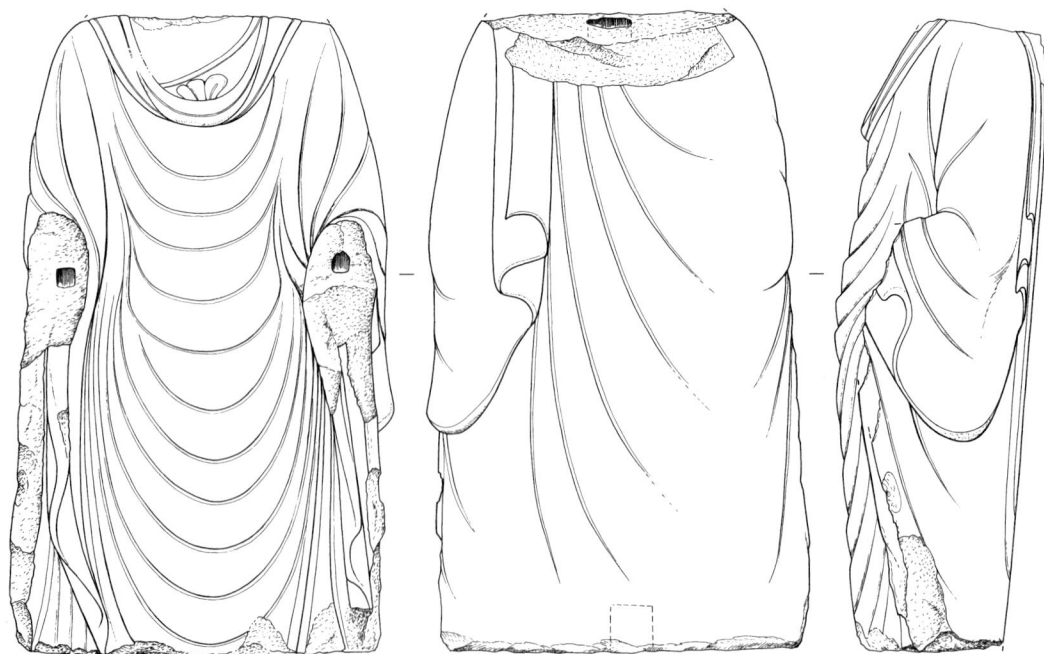

0 _____ 6 厘米

图三二　立佛（H3∶38）

标本 H3：86 立佛，红砂石质，头颈残损，胸腹略鼓，外着低胸通肩袈裟，身前左侧衣纹向下，右侧衣纹及身后衣纹呈同心圆状。袈裟贴体轻薄，身体轮廓清晰。双臂屈肘，均残损。立像似微屈左膝，双臂残断处有方形榫孔，外层袈裟下摆垂至小腿处，小腿以下残损不存。造像表面局部残留米黄色膏状物及红彩痕迹。造像背面下方有长方形碑面，表面磨光。残高 33.4 厘米（图三三；彩版一八，1、2）。

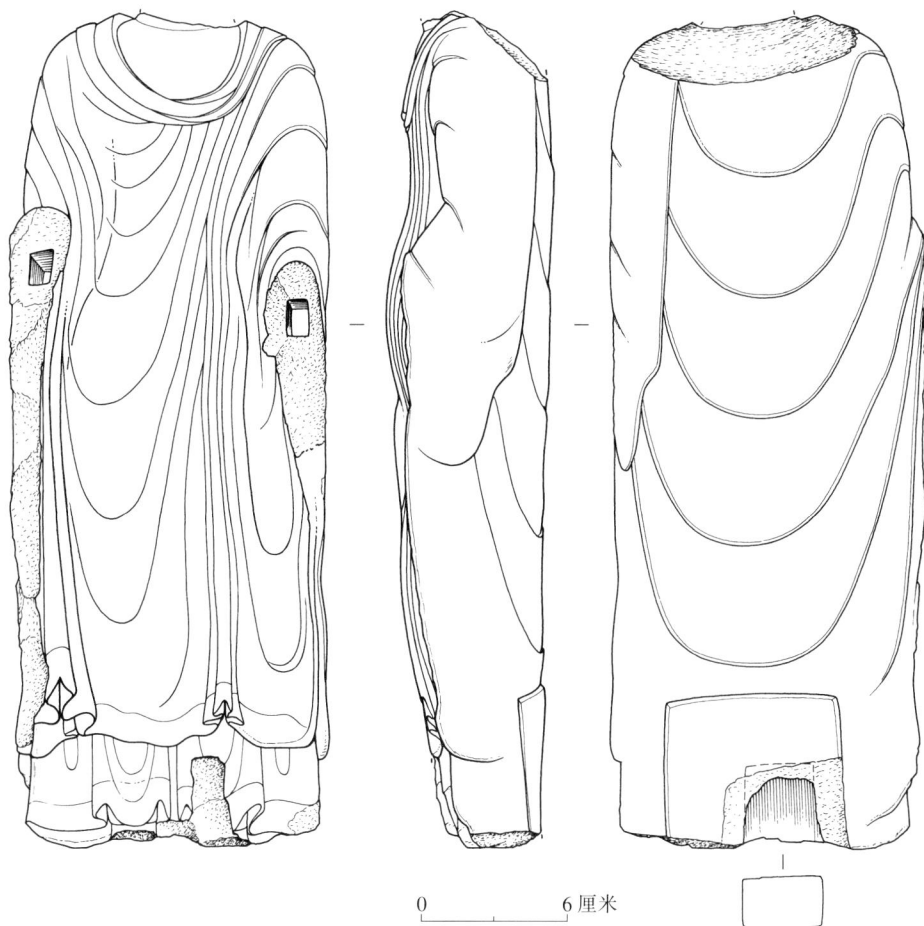

图三三 立佛（H3：86）

标本 H3：69 立佛，红砂石质，头颈残损，着通肩袈裟，一角搭左肩后，胸前袈裟边缘折成 V 字形，上身窄，胯部宽，造型古朴，双臂于体侧屈肘，腹部以下衣纹呈同心圆状，衣纹密集。外层袈裟下摆垂至小腿中部，小腿以下残断。颈部断面有正方形榫孔，腿部断面不平整，有长方形榫孔。造像局部残留米白色膏状物，后背上部有头光残痕，背面减地阴刻衣纹，下部有凸出的长方形磨光碑面。通高 30 厘米，碑面残高 5、宽 10 厘米（图三四；彩版一九，1、2）。

（三）佛头及佛像残块

14 件。

标本 H3：76 佛头，红砂石质，馒头状螺髻低矮，头光残损较多，内周饰莲瓣。残高 15

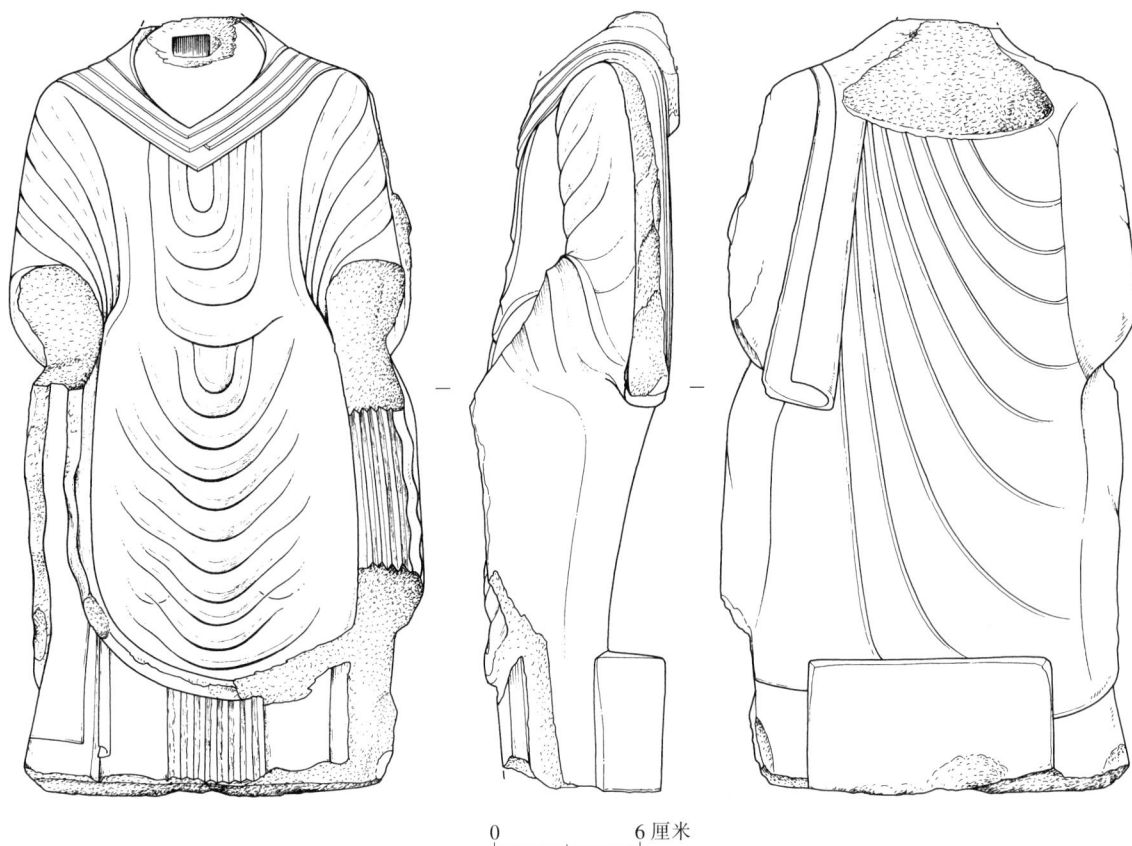

0 　　　 6 厘米

图三四　立佛（H3：69）

厘米（图三五，1；彩版二○，1、2）。

　　标本 H3：61　佛头，红砂石质，馒头状素面肉髻，面部残损较多。残高 2.6 厘米（图三五，2；彩版二一，4）。

　　标本 H3：30　佛头，红砂石质，馒头状螺髻，有下颌线，颈部有蚕节纹，表面局部有白膏泥。残高 9.5、宽 6.2 厘米（图三五，3；彩版二○，3、4）。

　　标本 H3：47　佛头，黄砂石质，高肉髻。造像表面局部有米黄色膏泥。残高 10.6 厘米（图三五，4；彩版二一，1）。

　　标本 H3：58　佛头，红砂石质，素面磨光馒头状肉髻略低平，双耳饰耳珰，头光外层为桃形，内层为椭圆形。颈部断面有近方形榫孔，造像表面局部残留有白膏泥。残高 9、宽 9.5 厘米（图三五，5；彩版二一，2）。

　　标本 H6：32　佛头，红砂石质，表面残存金箔较多。桃形头光略残，馒头状磨光肉髻，颈部有蚕节纹，双耳垂肩，头右侧有锡杖，杖端套环。高 8.6、宽 7.6 厘米（图三五，6；彩版二一，3）。

　　标本 H3：79　佛像残段，红砂石质，外着双领下垂式袈裟，内着袒右僧祇支，胸下系带打结。颈部断面有方形榫孔及黑色大漆类黏结剂，造像表面局部残留有米黄色膏状物。残高 13.5 厘米（图三六，1；彩版二二，1）。

　　标本 H3：65　佛像残段，红砂石质，佛像着通肩袈裟，左臂屈肘平举，右臂屈肘上举体

图三五 佛头
1. H3∶76 2. H3∶61 3. H3∶30 4. H3∶47 5. H3∶58 6. H6∶32

前侧。残高9.3、宽11.3厘米（图三六，2；彩版二三，1）。

标本 H6∶66 佛像残段，红砂石质，内着交领僧祇支，外着双领下垂袈裟，袈裟一角搭左肩垂于后背。残高6.9厘米（图三六，3；彩版二二，2、3）。

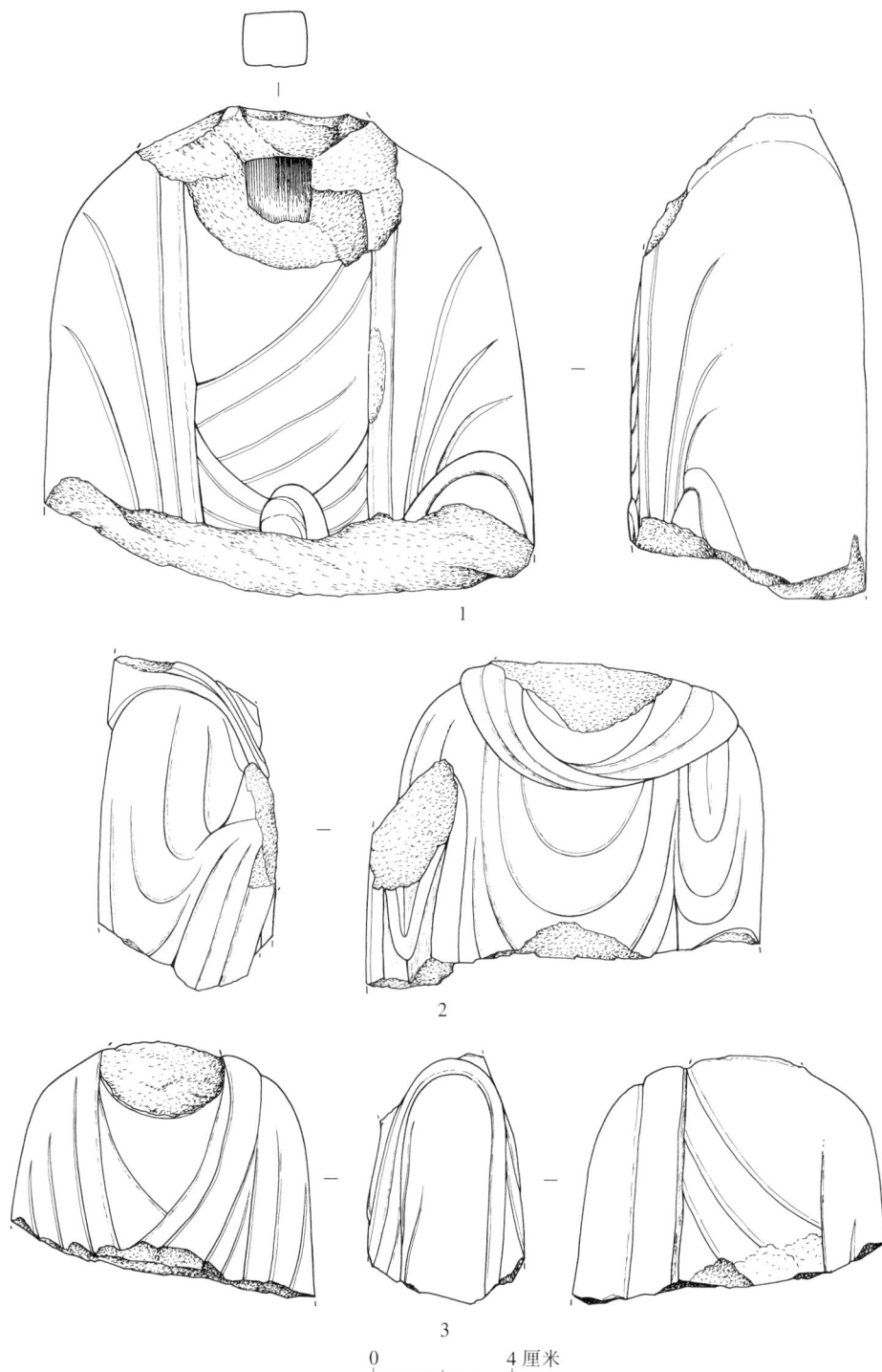

图三六　佛像残段
1. H3：79　2. H3：65　3. H6：66

标本 H6：37　佛像残段，红砂石质，内着袒右僧祇支，外着双领下垂式袈裟。造像颈部表面残留有彩绘痕迹。残高7.9厘米（图三七，1；彩版二三，2、3）。

标本 H6：31　佛像残段，红砂石质，有头光及身光，馒头状磨光肉髻，面部风化较多，有蚕节纹，着通肩袈裟，一角搭左肩后，右臂屈肘上举肩前，右手握举一物。高14、宽9厘

图三七　佛像残段
1. H6∶37　2. H6∶31　3. H6∶57

米（图三七，2；彩版二四，1）。

　　标本 H6∶57　佛像残段，红砂石质，内着交领衫，外着低胸通肩袈裟，右肩外有袈裟衣缘下垂经右臂外侧绕向身前。残高8.3厘米（图三七，3；彩版二四，2）。

　　标本 H3∶54　佛像残段，红砂石质，袈裟下摆呈"八"字形，赤足立于双层覆莲台上，莲台下有长方形台基。造像两侧布满凿痕，背面磨平。残高15厘米，台座长16、宽12.2厘

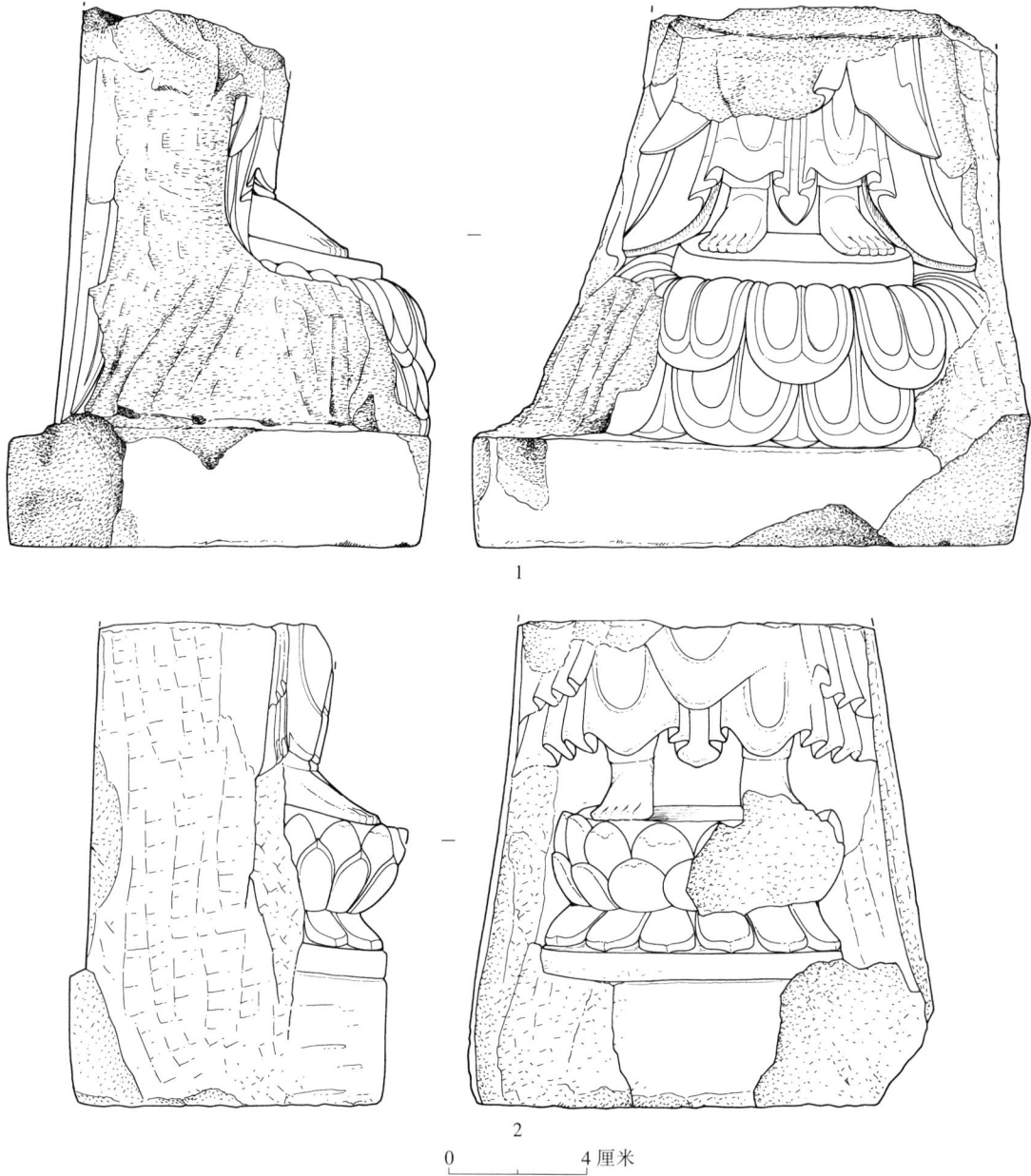

图三八　佛像残段
1. H3：54　2. H3：32

米（图三八，1；彩版二四，3）。

标本 H3：32　佛像残段，红砂石质，袈裟下摆略向外散开，赤足立于仰覆莲台座上，莲瓣上残存有红彩痕迹，莲台下有台基，台基残损严重，形状不清；造像表面局部保留有白膏泥，背面平整磨光。残高 13.6 厘米，台座长 13.4、宽 9.2 厘米（图三八，2；彩版二四，4）。

二　菩萨像

30 件。

（一）立像

15 件。

标本 H3∶55 菩萨立像，红砂石质，残损较多，左肩斜披帛带，外饰璎珞珠串；胸前垂下麦穗状璎珞。左臂屈肘举于胸侧。下着裙，裙摆贴体，背后有背屏。造像表面残存较多米黄色膏泥状物及红彩装饰。残块高13.6 厘米（图三九；彩版二六，1）。

标本 H3∶49 菩萨立像，红砂石质，菩萨戴项圈，项圈内侧一圈联珠纹，外侧一圈连弧纹，有长吊坠垂于胸前；璎珞自双肩处垂下，分为两串，一串附于帛带上，呈 X 形相交于腹前，相交处有两朵团花，后垂至膝处并折向身后，另一串呈环状，绕过双臂后垂于腿前。双肩外覆披帛，帛带垂于体侧；下着长裙，左膝微屈，身体略向右扭。造像表面有较多米黄色膏泥及红色彩绘。残造像通高17.9、宽9.7 厘米（图四〇；彩版二五，1、2）。

标本 H6∶63 菩萨立像，红砂石质，有头光，束髻，戴冠，冠中部饰一朵团花，双耳垂肩，饰桃形耳珰，戴桃形项圈，有吊坠下垂至胸腹间，吊坠呈水滴形；着袒右僧祇支，左臂屈肘上举体侧，左手握持柳枝，掌心向外；右手于腹侧上托一圆钵状物，身前饰环状璎珞。下着裙，裙腰外翻。头光及身光素面，未见装饰。残高13 厘米（图四一；彩版二六，2）。

标本 H3∶53 菩萨立像，红砂石质，有火焰纹桃形头光，头光从内向外依次饰一圈莲瓣和联珠纹等，头戴冠，冠上两侧各有朵团花。额发向后束，束发下有装饰带穿过与冠两侧菱形宝石相连，装饰带上饰椭圆形宝珠；冠中部装饰团花状宝珠，菱形宝石与团花状宝珠之间以麦穗纹带相连。菩萨面相椭圆，眼眶细平，鼻略残，嘴角上翘，下颌丰满，双耳饰耳珰，颈部较直，饰蚕节纹，颈、胸相交处转折明显，胸前戴素面项圈，璎珞自双肩处垂下，分为内外两层，内层联珠纹璎珞呈 X 形交于腹前，相交处饰圆形宝珠，后垂及膝上绕向身后；外层麦穗纹璎珞为环状，左侧绕过左臂，底端饰两颗圆形宝珠间以一颗菱形宝石，并垂及脚面。菩萨胸前残损，腹部系带打结，双肩外覆披帛，帛带自臂外侧下垂后绕臂，沿体侧下垂台座

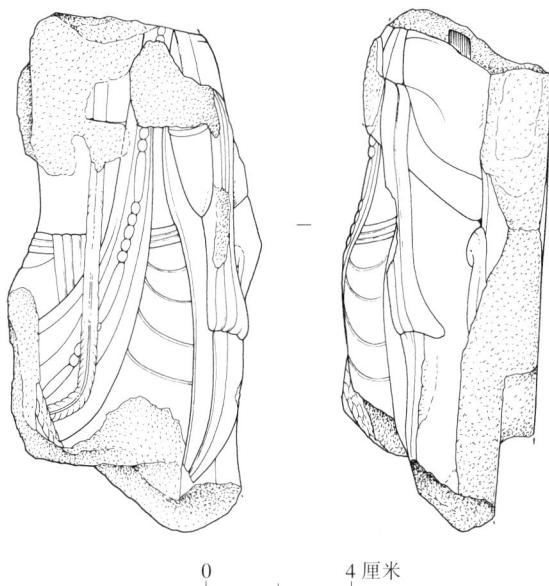

图三九 菩萨立像（H3∶55）

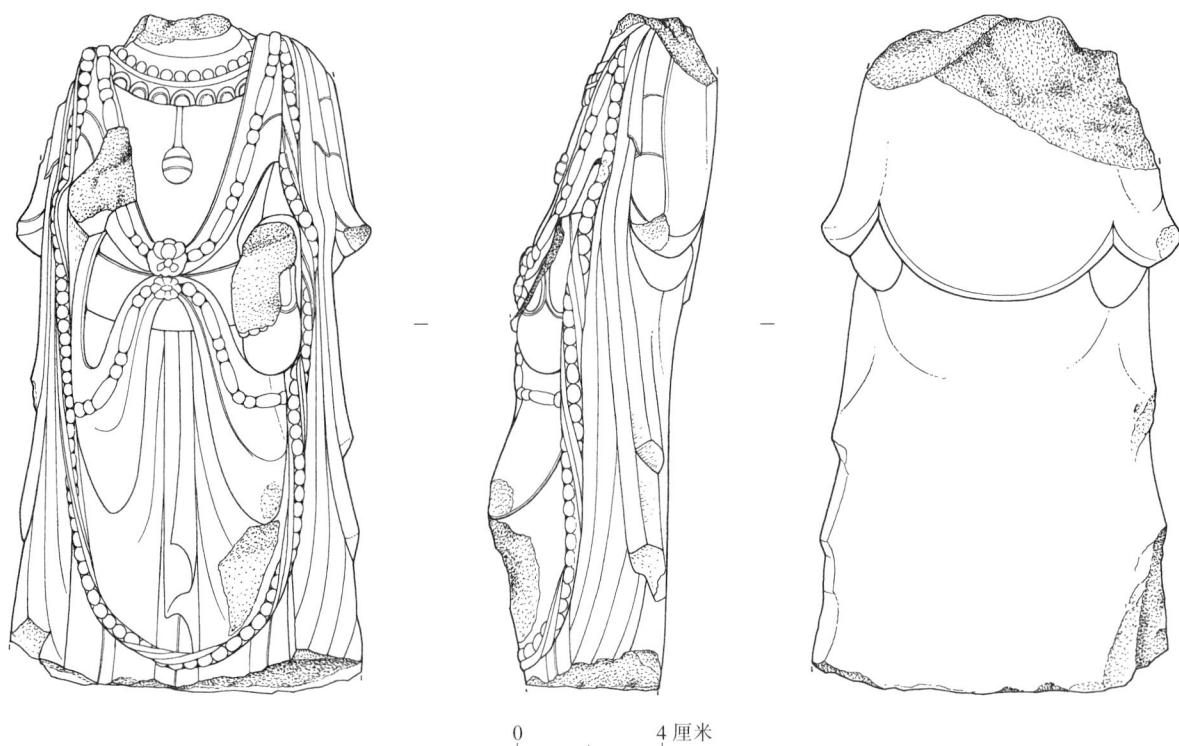

0　　　　　　4厘米

图四〇　菩萨立像（H3∶49）

0　　　　　　4厘米

图四一　菩萨立像（H6∶63）

两侧。双臂屈肘，手部残损。下着长裙，腰系联珠纹腰带，系带垂及脚踝，末端饰流苏；裙腰外翻后又系麦穗纹腰带，腰前中部饰团花状宝珠，宝珠两侧各出一支璎珞串下垂至小腿后绕向身后。裙摆垂覆脚面大部分，赤足立于仰覆莲台上，莲瓣超出台面少许，莲台下有长方形矮基。造像背面下侧雕一通碑，双龙盘尾碑首，碑面长方形，题记自右向左纵排，阴刻，矮基侧面也有部分题记。造像局部有米黄色膏状物及红彩痕迹。通高30厘米，像高26厘米，矮座长11.2、宽9、高2.5厘米（图四二；彩版二七，1、2）。

图四二　菩萨立像（H3：53）

造像题记（图四三）为：

"天和三年正月廿四日佛/弟子杨解为亡父杨文和/造观世音菩萨一区并为/六□/□□"。

标本 H3：84　菩萨立像，红砂石质，有头光，头光外周饰火焰纹，内周素面。高发髻，冠饰团花及宝珠，有耳珰，颈部有蚕节纹，戴素面项圈，有长吊坠垂及腹部。璎珞自双肩处沿体侧垂下；头发浓密，垂覆双肩。内着袒右僧祇支，有帛带绕臂下垂。左臂屈肘，左手于腰侧托一个圆钵，右臂屈肘于胸前，手握柳枝，柳枝端垂于圆钵上。下着长裙，裙腰外翻，腰带系于裙腰外，腹前有圆扣，带端垂至膝处后折向身后。像残高 15 厘米（图四四；彩版三〇，1）。

标本 H3：89　菩萨立像，红砂石质，头颈残损，戴项圈及璎珞。项圈与璎珞均以麦穗纹带及宝珠组成。璎珞自双肩处垂下，分为四支，内侧两支于腹前呈 X 形相交，相交处饰团花

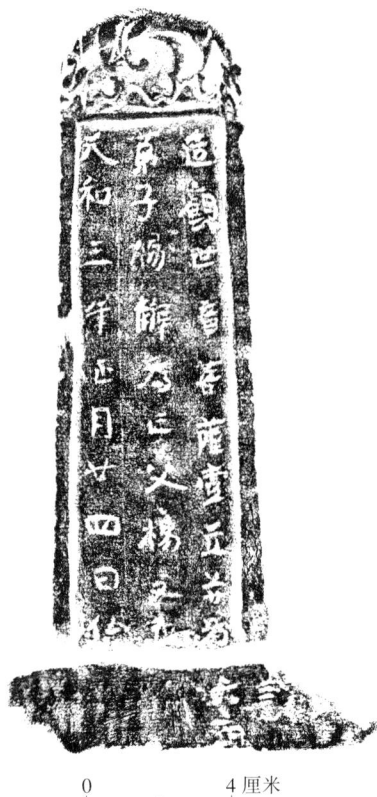

图四三　造像题记拓片（H3：53）

图四四　菩萨立像（H3：84）

状宝珠，后垂至膝处并绕向身后，在造像背面呈 X 形相交；外侧两支璎珞连成环状，沿体侧下垂至足踝，其中左侧璎珞绕搭于左臂外。上身着袒右僧祇支，胸腹微鼓，双肩外覆披帛，帛带由内向外搭于双臂后沿体侧下垂至台座两侧。双臂屈肘于体侧，均残断，左臂戴臂钏，饰卷草纹。下着长裙，腹前系麦穗纹腰带，腰带垂及脚踝，末端垂饰宝珠和流苏。裙腰外翻后又系一串圆环相扣状腰带，腹前交于菱形宝珠，宝珠两侧有麦穗纹系带下垂至膝下并绕向身后。左膝微屈，胯部向右扭动，长裙覆脚面大部分，衣纹轻薄贴体，赤足立于仰覆莲台上，仰莲三层，莲瓣细长饱满，瓣尖外翘且超出台面；覆莲两层，莲瓣较扁平，瓣心略内凹。莲台下有圆形矮基。莲台后雕长方形碑面，似有阴刻题记，刻痕细小，模糊不清。造像颈部及右臂断面均有方形小榫孔。残造像通高 38 厘米，台座宽 16、高 2.7 厘米，碑面高 18、宽 5.7厘米（图四五；彩版三〇，2、3）。

　　标本 H3：27　菩萨立像，红砂石质，颈部有蚕节纹，戴素面项圈，双肩覆披帛，帛带在手臂内侧回折后垂于双臂外侧。上身着袒右僧祇支，胸下系辫子纹长带。璎珞自双肩处垂下，分内外两层，内层璎珞附于帛带上，呈 X 形交叉于腹前，后垂至膝上并折向身后，相交处饰团花状宝珠；外层璎珞呈 U 形，绕过双臂后垂及脚踝，璎珞饰宝珠及麦穗纹串饰。左手于腰侧提内层璎珞，右手于胸前上握桃形物。下着长裙，系腰带，裙摆微向外撇呈"八"字形，左腿微屈膝，身体向右侧扭动，赤足立于仰覆莲圆台上，莲瓣细长，莲台下有圆形矮基。造像背面璎珞呈 X 形交叉于腰部，相交处饰宝珠，身体下段有长方形素面碑面。像残高 25.1 厘米，莲台高 7.1、宽 15 厘米，基座高 1.8、宽 15 厘米（图四六；彩版二八，1、2，彩版二九，1、2）。

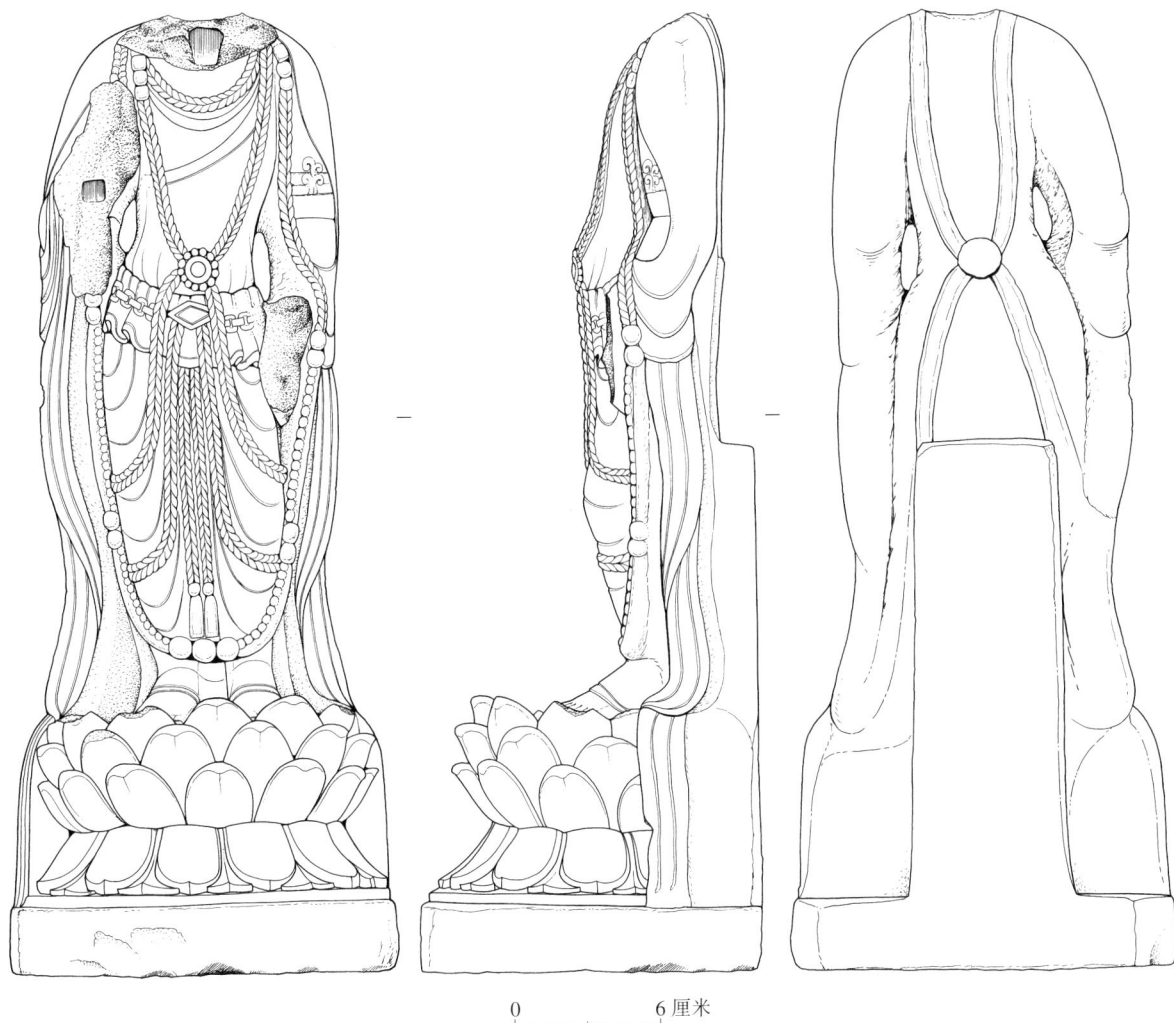

图四五 菩萨立像（H3:89）

标本 H3:68 菩萨立像，红砂石质，头颈残损，发丝垂覆双肩，胸前戴项圈及璎珞；项圈装饰华丽，分为上下两层，上层为细条状，于胸前垂下宝珠形长吊坠；下层装饰两排联珠纹，联珠纹之间饰菱形宝珠，最外侧饰一周连弧纹，连弧中间有宝珠。璎珞较粗，自双肩处垂下，饰宝珠、花穗等，于腹前呈 X 形相交后垂至膝处并折向身后，相交处饰宝珠，宝珠正面饰莲花，璎珞在背后又呈 X 形相交，相交处亦饰团花。着袒右僧祇支，腹前系带打结。双臂残损，下着长裙，腰束麦穗纹带，分三支下垂，左右两支垂及小腿处上绕搭于璎珞上，中间一支末端饰上下两颗宝珠，下侧宝珠两侧各分出小璎珞串，分别搭于左右两支系带上。裙腰外翻后又束两条帛带，上部一条帛带装饰两排联珠纹，联珠纹之间饰交替出现的菱形和椭圆形宝珠，帛带中部垂饰菱形宝珠，菱形宝珠外围装饰圆形宝珠，又有两条锯齿纹璎珞从菱形宝珠处垂下，经小腿前折向身后；下部一条帛带呈麦穗纹，中部分出两支下垂至裙摆再向上绕过帛带，末端呈须状。菩萨胯向左扭，右膝微屈，脚踝以下残损不存。长裙贴体下垂，衣褶轻薄。造像残高 43.0 厘米（图四七；彩版三二、三三）。

标本 H3:90 菩萨立像，红砂石质，腰腹以上残损不存。造像装饰华丽，两条麦穗纹

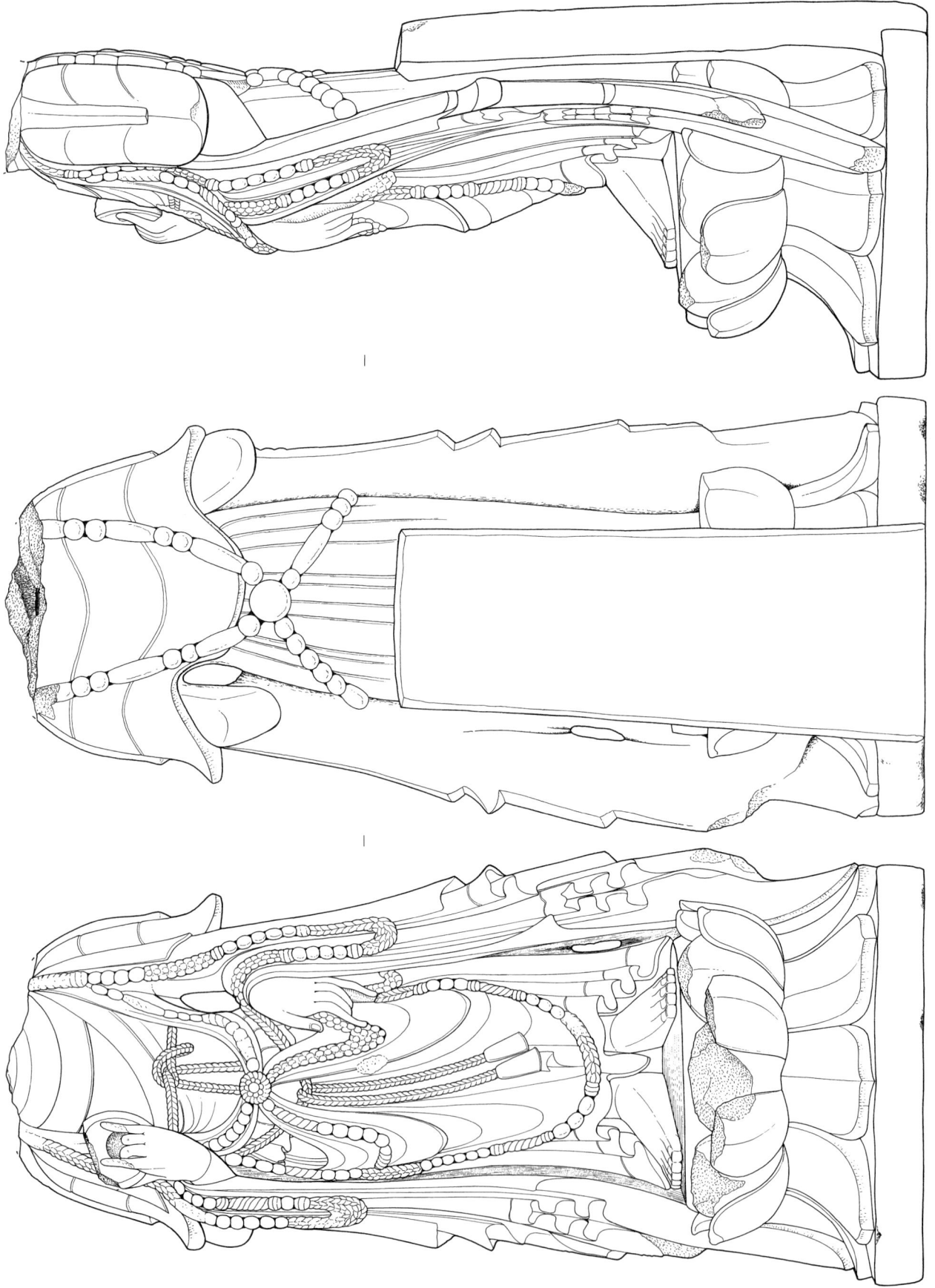

图四六　菩萨立像（H3：27）

0 _____ 4 厘米

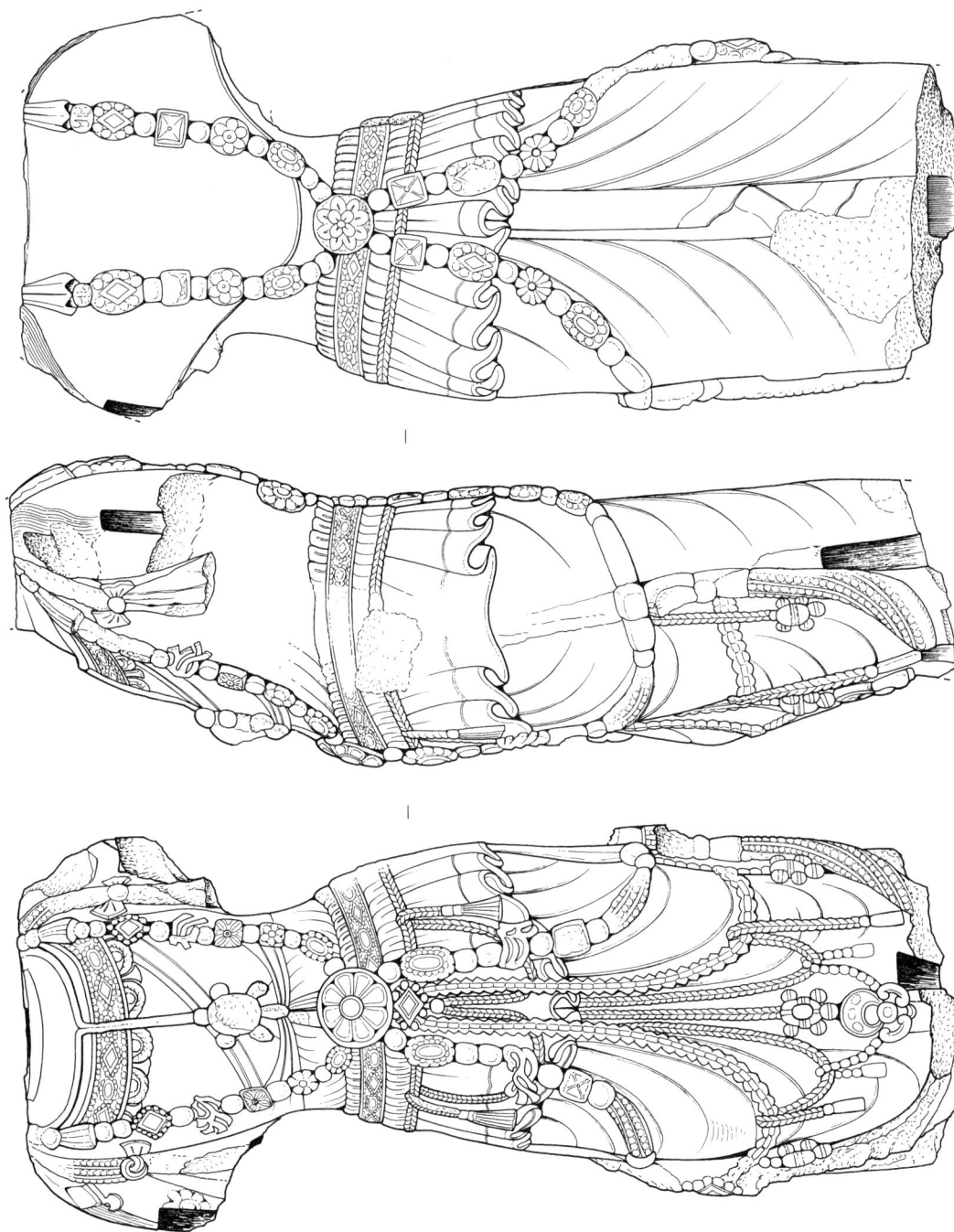

图四七　菩萨立像（H3：68）

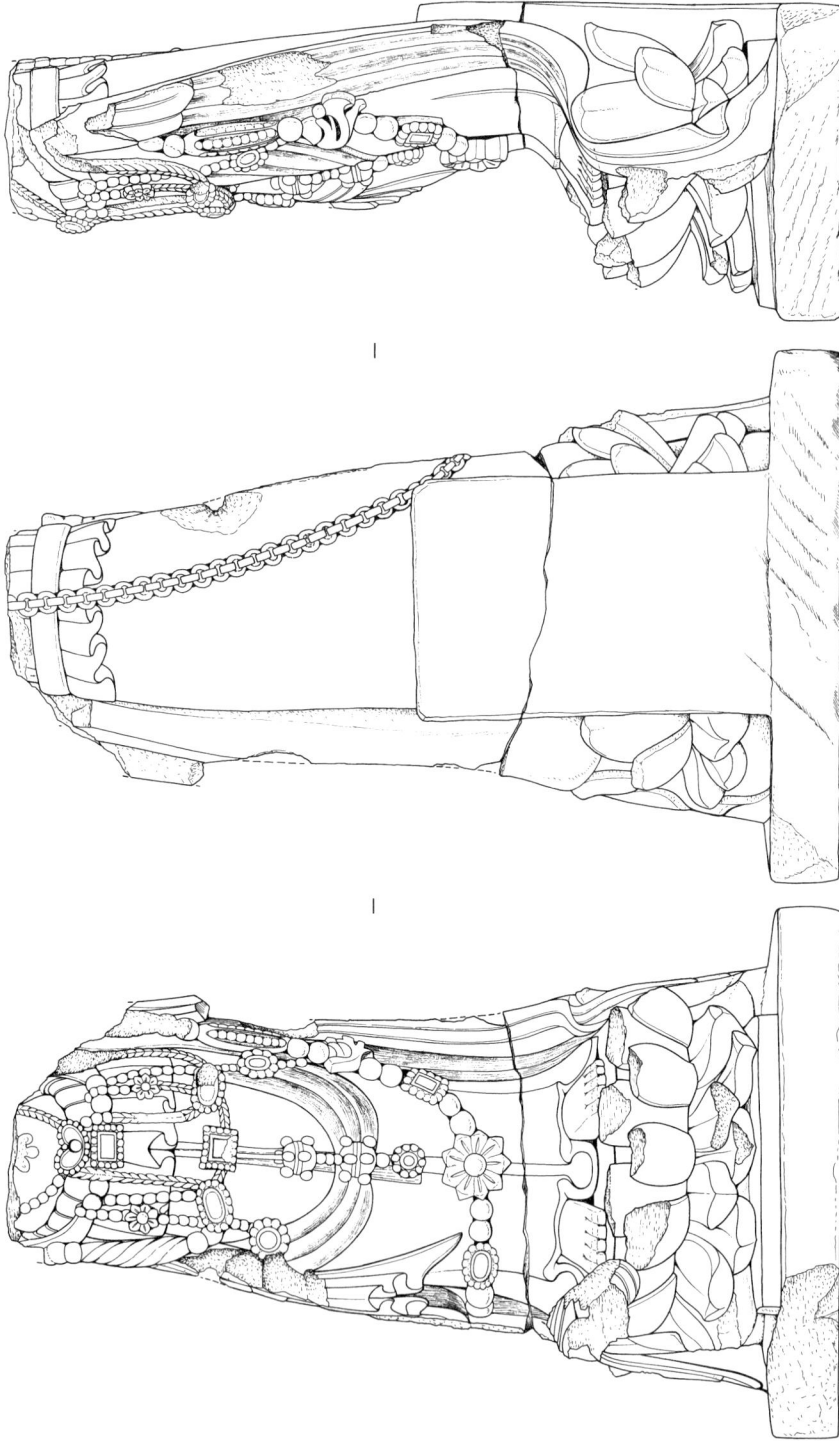

图四八　菩萨立像（H3∶90）

0　　　6厘米

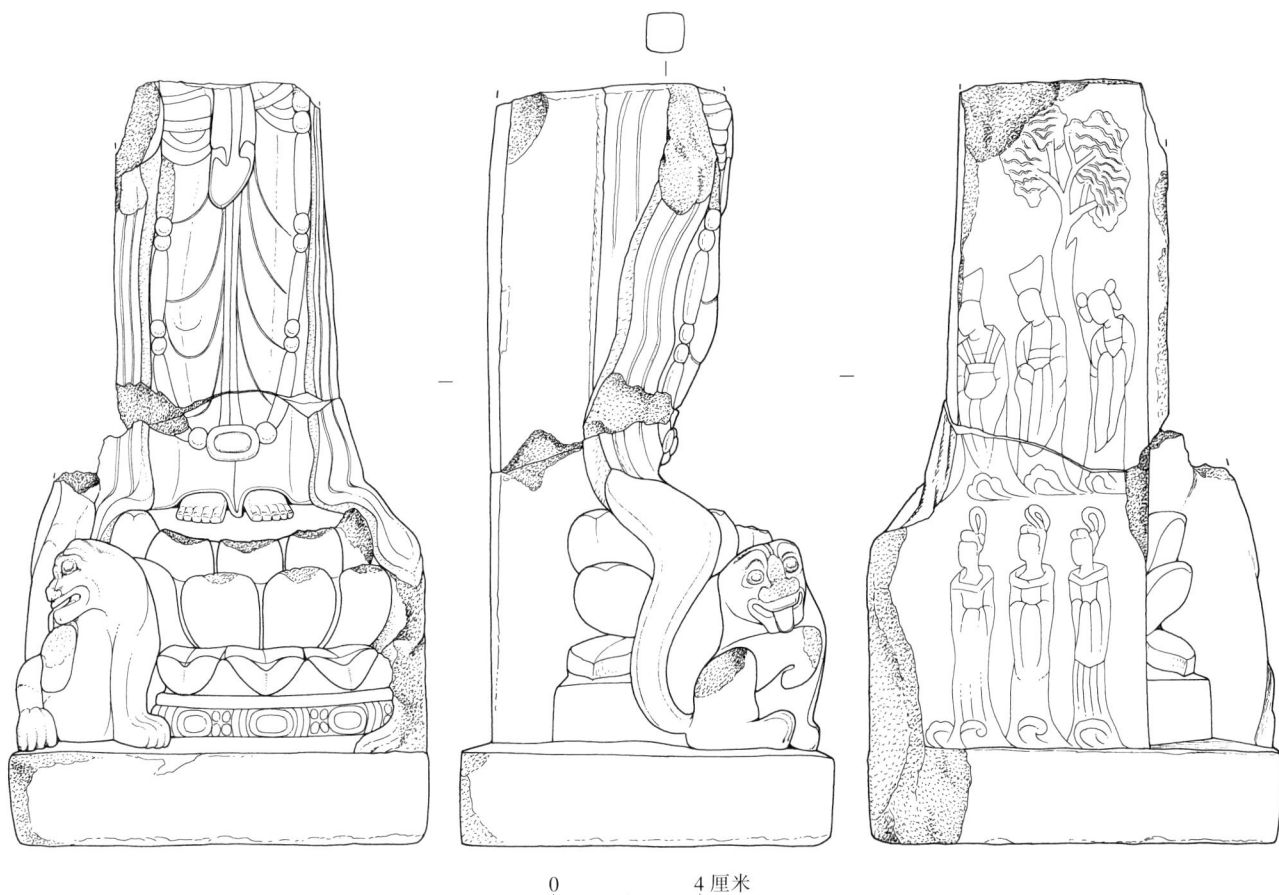

图四九　菩萨立像（H3:40）

和联珠纹组合璎珞呈 X 形交于腹前，垂及膝上后向上绕向体侧，相交处饰心形物，外围一圈联珠，中部有一个圆形小孔。下着长裙，腰束带，帛带垂于双腿间。裙腰外翻后系联珠纹宽带，以长方形牌饰相连。腿前另有一条横向璎珞，中部有一长方形牌饰，并垂下一支珠串，两端绕过裙腰外宽带后垂至膝处并折向身后，璎珞由联珠纹、麦穗纹、团花纹构成。另有一条璎珞从腰左侧垂下，横过小腿后绕过后背向上，璎珞正面由联珠纹、长方形、团花纹组成，后背为圆环相扣纹。菩萨右膝微屈，帛带于双腿前横绕一道，末端垂于台座两侧。裙摆覆脚面，跣足立于仰覆莲台上，仰莲、覆莲均两层，莲瓣细长饱满，莲座下有方形小台，小台下有长方形素面矮基。造像残高 25 厘米，矮基长 21、宽 12.6、高 2.7 厘米（图四八；彩版三一，1、2）。

标本 H3:40　菩萨立像，红砂石质，身前有环状璎珞，帛带沿体侧垂及台座。下着长裙，裙腰外翻，有裙角下垂腹前，赤足。莲台下有方形矮基，矮基右角上蹲坐一只狮子，头扭向外侧，举右前足；矮基左角似有雕刻，仅余一角。立像背面浅浮雕供养人群像，分上下两层。上层图像中一棵树前有三人微侧身，前两人头戴高冠，着交领衫，胸下束带，后一人头侧梳双髻，三人抄手于袖中垂于腹前，着云头履。下层立三尊像，微侧身，头梳高环髻，着宽交领衫，于腹前抄手袖中，着云头履。腰部断面中部有方形小榫孔。残像通高 20.2 厘米，矮基长 11.4、宽 10.3 厘米（图四九、五〇；彩版三四，1、2）。

标本 H3∶74　菩萨立像，红砂石质，胸前戴素面磨光项圈，璎珞自双肩处垂下，一支联珠纹璎珞呈 X 形相交于腹前，后垂至膝处并折向身后，相交处饰团花；另有一串璎珞，自双肩沿身体下垂，左侧搭左手外、右侧则经手臂内侧垂下。双肩外有发丝垂覆，上身着袒右僧祇支，左臂屈肘平举，手握净瓶；右臂屈肘上举胸侧，右手戴腕钏，持柳枝。下着长裙，裙腰外翻，腰束带，腰带呈麦穗纹，垂于双腿间。像残高 10.2 厘米（图五一；彩版三四，3）。

标本 H3∶29　菩萨立像，红砂石质，菩萨饰有两串璎珞，内侧一串从胸前垂下，呈 X 形相交于腹前团花；外侧一串从体侧呈环状垂于腿前。披帛绕双臂后垂于体侧。右臂握桃形物下垂体侧；下着长裙，腰束带，裙腰外翻。背面平、磨光。胸部断口有长方形榫孔。残高 15.1 厘米（图五二；彩版三四，4）。

标本 H3∶23　菩萨立像，红砂石质，双肩有发丝成缕垂覆，胸前戴项圈，项圈中部垂饰宝珠。两条璎珞自项圈垂下，于腹前呈 X 形交叉，后垂至膝处并折向身后。上身袒露，斜披络腋，胸前翻出一角；双肩覆披帛，帛带一端绕臂下垂，经身前横绕一道，搭双臂下垂。左臂屈肘上举，手握持柳枝；右臂下垂。下着裙，裙腰外翻，赤足立于覆莲台上，莲台下有方形台基，正面浮雕两个壸门。颈部断面中部有方形小榫孔，造像表面保留较多米黄色膏泥及金箔残片。造像残高 15.8、台基长 10.5、高 4.2 厘米（图五三；彩版三五，1、2）。

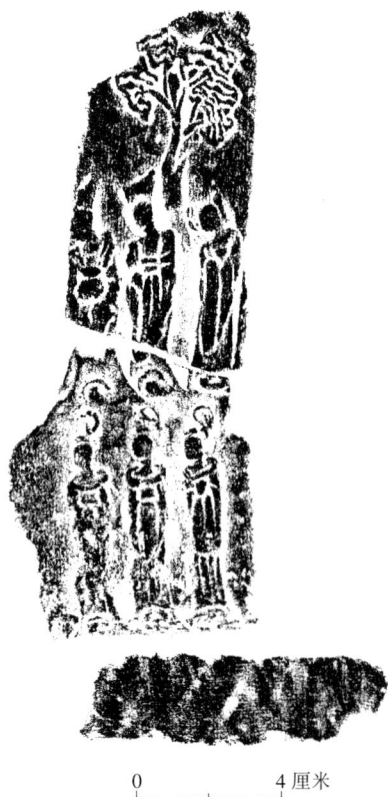

図五〇　菩萨立像背面拓片（H3∶40）

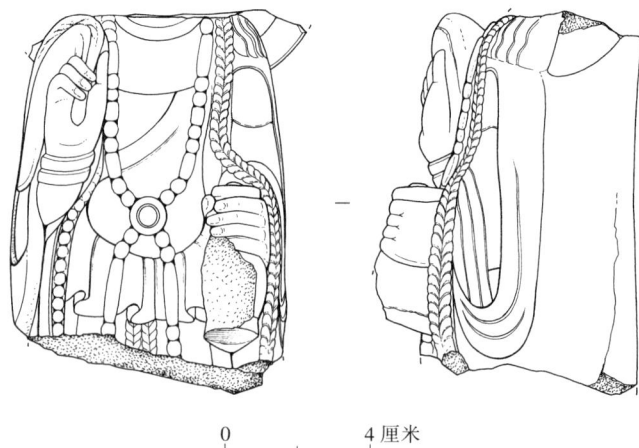

図五一　菩萨立像（H3∶74）

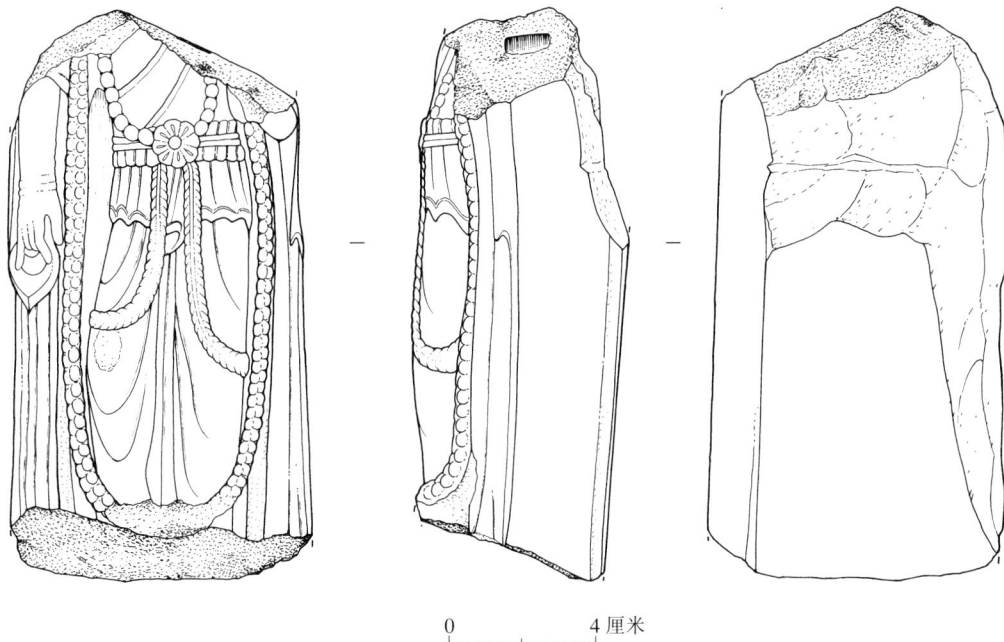

0　　　　　4厘米

图五二　菩萨立像（H3∶29）

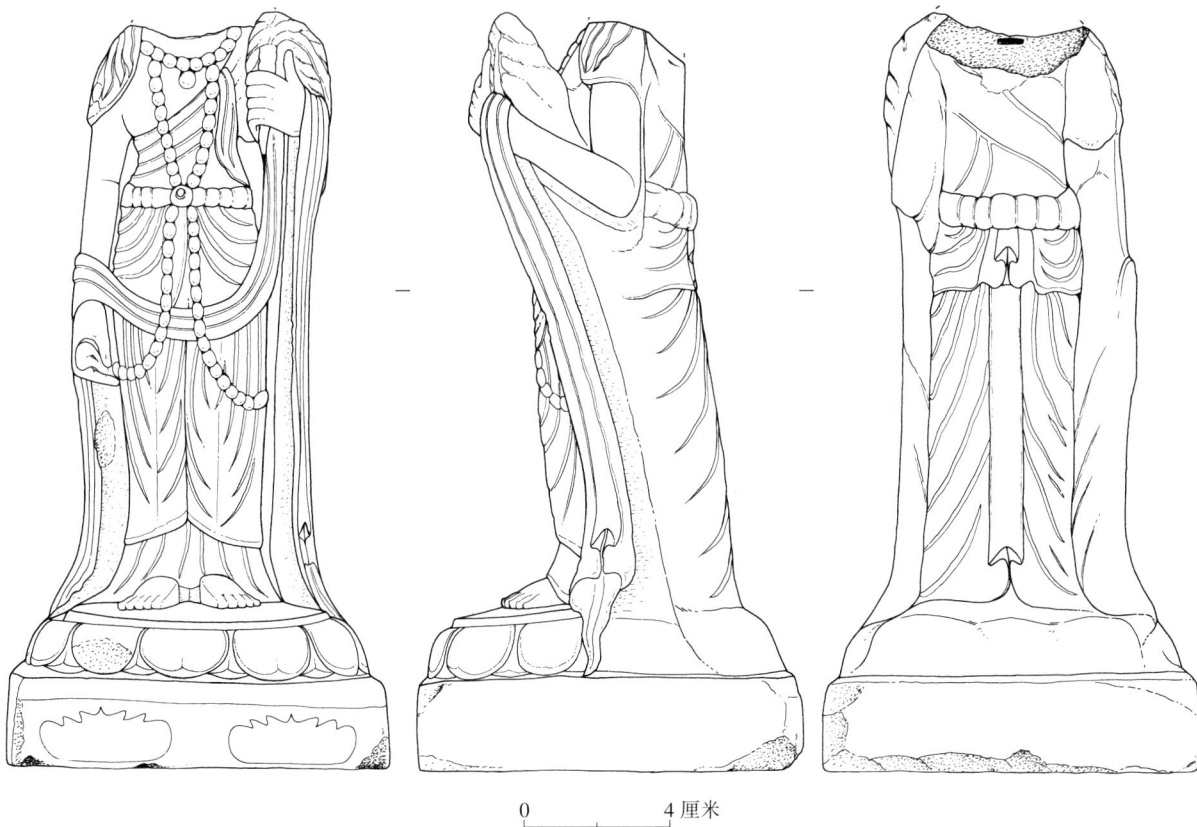

0　　　　　4厘米

图五三　菩萨立像（H3∶23）

图五四　菩萨立像（H3∶1）

标本 H3∶1　菩萨立像，红砂石质，菩萨有头光，头戴三珠宝冠，鬓发经过耳朵中下段后绕，发丝垂覆双肩，有缯带下垂至双臂前；颈部有蚕节纹，戴项圈，璎珞与项圈相连呈环状，下端垂至腹前，另有一支璎珞与之相交后下垂至膝再折向身后。上身斜披络腋，胸前一角内折；双肩外覆披帛，左侧下垂体侧，右侧帛带搭肘后下垂。右臂屈肘上举，左臂微屈肘下垂，左手提净瓶。腹微鼓，下着长裙，裙腰外翻，左腿略屈膝，身体呈 S 形。头光装饰一周联珠纹。下半身断面中部有长方形榫孔。残高 22.9 厘米（图五四；彩版三六，1、2）。

标本 H6∶45　菩萨立像，红砂石质，菩萨右臂屈肘，帛带在体前绕一道，末端垂于体侧，璎珞分两支下垂腿前后绕。高 16 厘米（图五五；彩版三七，1）。

（二）坐像

3 件。

标本 H3∶300　菩萨结跏趺坐像，红砂石质，戴桃形素面项圈，外披 X 形披帛，左手于胸侧上握宝珠状圆形物，右手于胸侧掌心向外，结跏趺坐于长方形台座，台座正面有两道波浪状刻线。坐像残高 6.6 厘米，台座高 5.4、宽 8.9 厘米（图五六；彩版三七，2）。

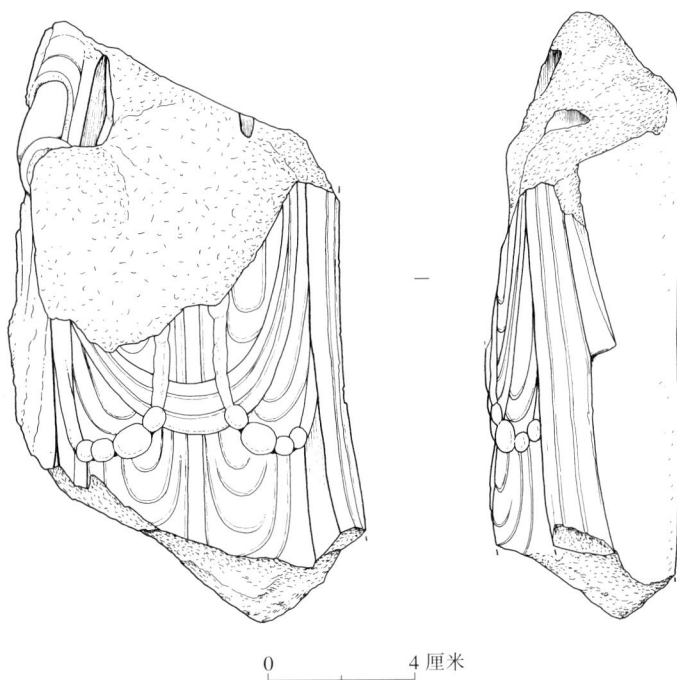

0   4 厘米

图五五 菩萨立像（H6∶45）

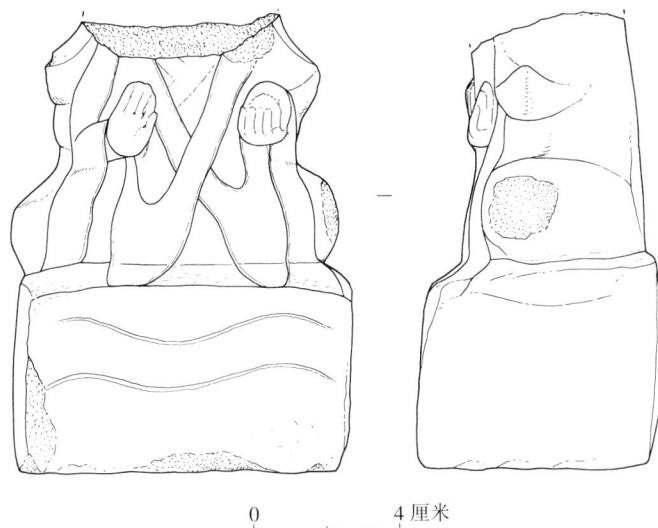

0   4 厘米

图五六 菩萨结跏趺坐像（H3∶300）

　　标本 H3∶36 菩萨交脚坐像，红砂石质，上半身残，左臂屈肘平举，左手掌心向外握一颗宝珠；披帛，左端绕过左臂后下垂及座。璎珞附于帛带上，呈 X 形交叉于腹前，相交处饰宝珠，后垂至膝处并折向身后。下着长裙，交脚坐于长方形束腰叠涩台座上，赤足，足尖跐地，置于莲台上。台座下有长方形矮基，双狮及宝瓶莲枝置于矮基上，双狮面向前，各举外侧前爪，双狮中间置宝瓶，瓶中出莲叶、莲台、莲花、藕节等。胸部断面中部有长方形榫孔，造像表面局部有米黄色膏泥。坐像残高 12 厘米，束腰台座长 15、宽 6.6、高 13.8 厘米，矮基长 16.9、宽 10.7、高 2.7 厘米（图五七；彩版三八、三九）。

0　　　　　6厘米

图五七　菩萨交脚坐像（H3：36）

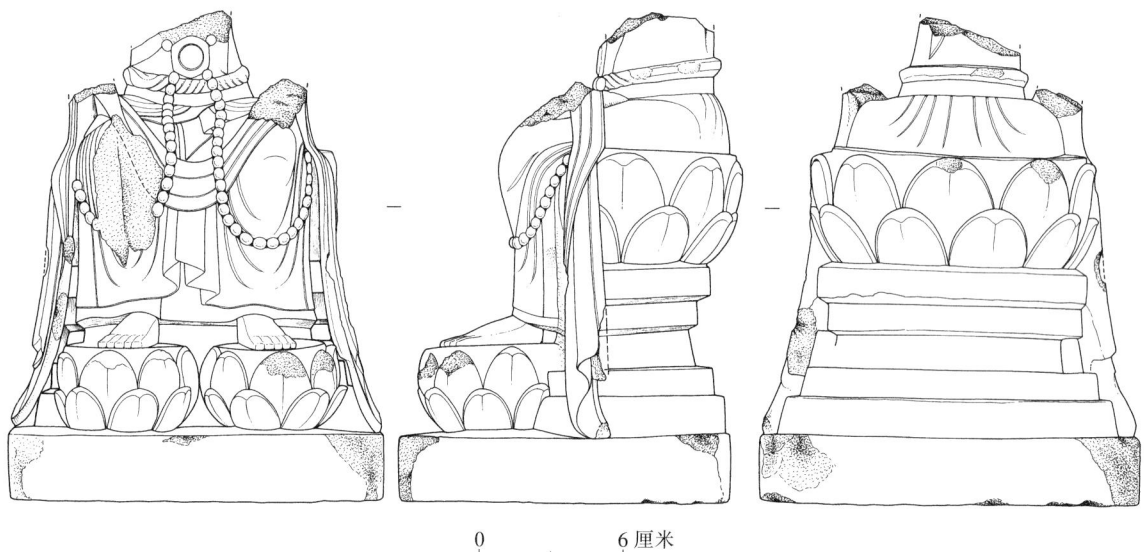

0　　　6厘米

图五八　菩萨倚坐像（H3：39）

标本 H3：39　菩萨倚坐像，红砂石质，斜披络腋，联珠纹璎珞呈 X 形相交叉于腹前，相交处饰圆璧，后垂至小腿前并折向身后。下着裙，裙腰外翻，外束绳状腰带，帛带横绕腿前一周。菩萨倚坐于束腰叠涩莲台上，体侧有帛带下垂，赤足置于双小莲台上。莲台下有长方形矮基。造像腹部断面中部有圆形小榫孔。坐像残高 13.5 厘米，束腰莲台高 11.4 厘米，矮基长 15.5、宽 14、高 2.6 厘米（图五八；彩版四〇，1、2、3、4）。

（三）菩萨头像及菩萨像残块

12 件。

1

2

3

1.2. 0 _____ 4厘米　　3. 0 _____ 3厘米

图五九　菩萨头像
1. H3∶35　2. H6∶23　3. H3∶80

　　标本 H3：35　菩萨头像，红砂石质，桃形头光外周饰火焰纹，内周饰两道凸弦纹；菩萨头戴宝冠，冠饰三角纹，系缯带，缯带垂覆双肩，戴桃形耳珰，颈部有蚕节纹，双肩覆披帛。胸部断面中部有长方形榫孔，造像表面局部保留有米黄色膏泥。残高 16.1 厘米（图五九，1；彩版四一，1、2；彩版三八）。

　　标本 H6：23　菩萨头像，红砂石质，雕刻精美，有头光，束高髻，戴三珠宝冠，宝珠之间有璎珞相连。双耳饰耳珰，颈部有蚕节纹；头光内外层之间饰一周联珠纹，外层饰方形、椭圆形、菱形等图案，内层似为火焰纹。残高 14 厘米（图五九，2；彩版四一，3、4）。

　　标本 H3：80　菩萨头像，红砂石质，头光以弦纹分隔为内外两层。挽高发髻，戴三珠宝冠，宝珠周围饰联珠纹，有桃形耳珰，颈部有蚕节纹。造像表面局部残留米黄色膏泥及彩绘痕迹。残高 8 厘米（图五九，3；彩版四二，1）。

　　标本 H3：19　菩萨头像，红砂石质，高髻，戴宝冠，冠分上下两层装饰，上层中部为椭圆形宝珠，两侧各有一朵团花，下层为三珠，宝珠外饰团花。头像面部局部残留有金箔。残高 8.3 厘米（图六〇，1；彩版四二，3、4）。

　　标本 H6：33　菩萨头像，红砂石质，有外桃形、内椭圆形头光，高发髻，戴化佛冠，头侧系宝缯，鬒发横绕耳中部。造像表面残存较多米黄色膏泥状物及零星金箔残片。残高 10.9 厘米（图六〇，2；彩版四二，2）。

　　标本 H6：20　菩萨头像，红砂石质，戴化佛冠，高发髻，两侧有缯带下垂，颈部有蚕节纹，戴项圈及璎珞，璎珞交叉于腹前团花，双肩外覆披帛。残高 15.3 厘米（图六〇，3；彩版四三，1、2）。

　　标本 H6：5　菩萨头像，红砂石质，戴冠，冠中似有一身小坐佛，挽高髻，头上覆巾。造像表面有白膏泥和少量彩绘痕迹，局部有贴金。残高 7.5 厘米（图六一，1；彩版四三，3）。

　　标本 H6：22　菩萨头像，红砂石质，束高髻，髻前饰团花及宝珠。造像表面有金箔。残高 8.1 厘米（图六一，2；彩版四三，4）。

　　标本 H3：87　菩萨头像，红砂石质，有头光，戴冠，冠中部饰宝珠及卷草纹。挽高髻，缯带下垂。面相方圆，眼角上翘，嘴唇较厚。颈部有蚕节纹。像残高 15 厘米（图六一，3；彩版四四，1、2）。

　　标本 H6：34　菩萨像残段，红砂石质，胸前戴项圈，有缯带垂于双肩前，斜披络腋，络腋在胸前翻出一角，双肩外覆披帛，帛带绕双臂。左手于腹前托一物，右手握柳枝于胸前。造像表面局部有白膏泥和金箔，双臂上有红彩。高 10.2 厘米（图六二，1；彩版四四，3、4）。

　　标本 H3：60　菩萨像残块，红砂石质，造像右手戴手镯，抚右膝，右腿屈膝。残高 7.0 厘米（图六二，2；彩版四四，5）。

　　标本 H6：62　菩萨手残块，红砂石质，戴手镯，手中似握一柄状物。残长 7.0 厘米（图六二，3；彩版四四，6）。

　　三　天王（武士）像

　　4 件。

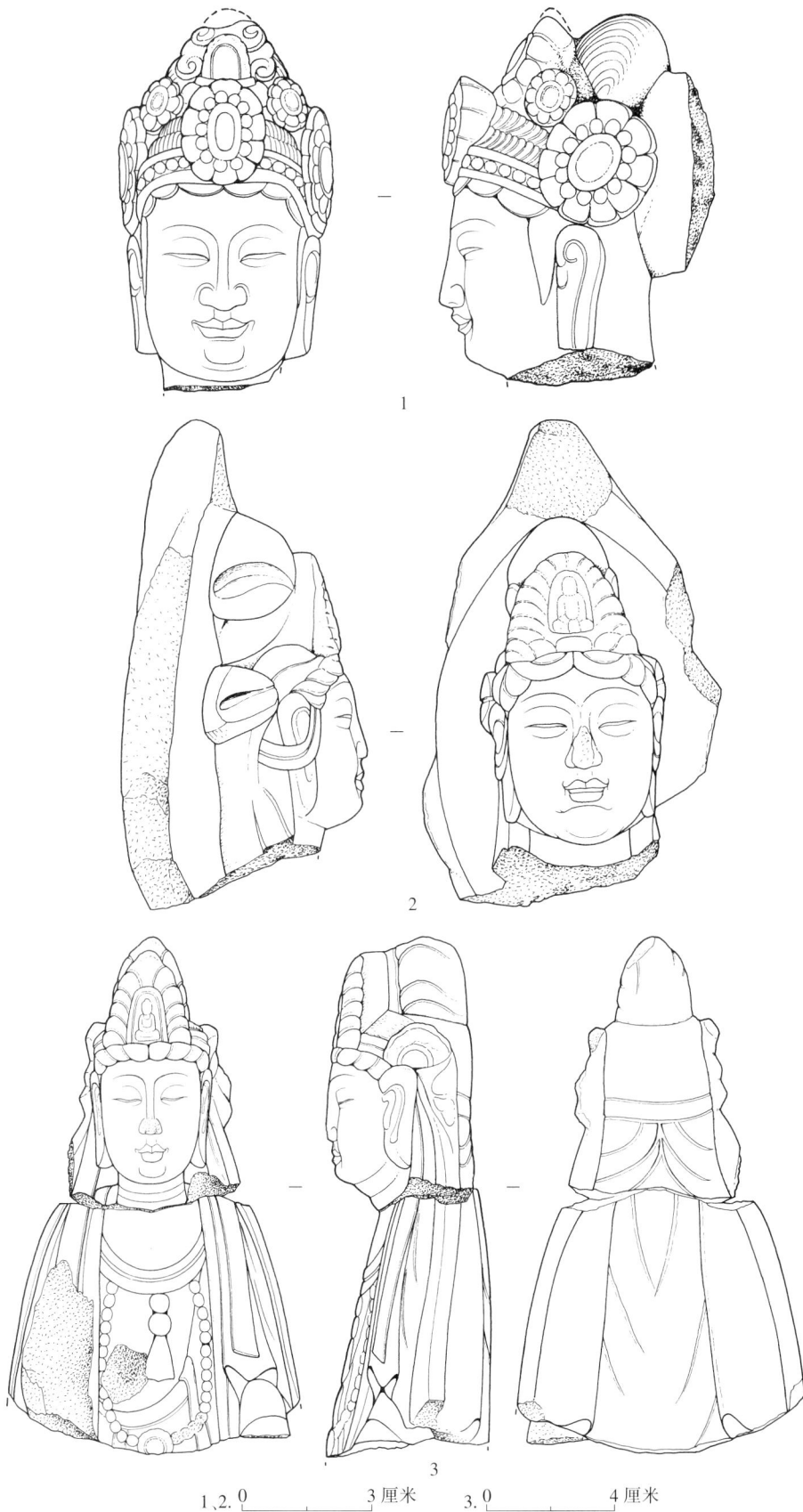

图六〇 菩萨头像
1. H3：19 2. H6：33 3. H6：20

图六一　菩萨头像
1. H6：5　2. H6：22　3. H3：87

（一）坐像

2 件。

标本 H3：16　天王坐像，红砂石质，头戴平顶宝冠，冠两侧系带，浓须下垂，戴护颈，身着铠甲，双肩外覆披帛，帛带经双臂内侧垂至台座前，铠甲外有"十"字形束带，胸前有护镜，下着裙，系腰带，带上饰花结，裙摆及膝，内着长裤。左臂微屈于体侧，左手执杵，右臂屈肘上举胸前，手握杵头。左腿盘置，右腿屈膝下垂舒坐，着鞋。长方形束腰台座前有一尊夜叉游戏坐于台阶上，头发向后披散，双目圆睁，面部略向左上侧扬，颈戴项圈，身披帛带，帛带绕搭双臂，上身袒，胸腹丰满，左臂向外屈肘上举，手托天王左膝，右臂向外屈肘托天王右足，下着长裤，双腿屈膝向外，赤足。天王头后有桃形头光，内周阴刻弦纹。造像表面残留有米黄色膏状物，衣纹局部似有金箔痕迹。台座底部中心略内凹，布满凿痕。通高 32.5 厘米，台座长 17、宽 9.5、高 8.7 厘米（图六三；彩版四五，1、2）。

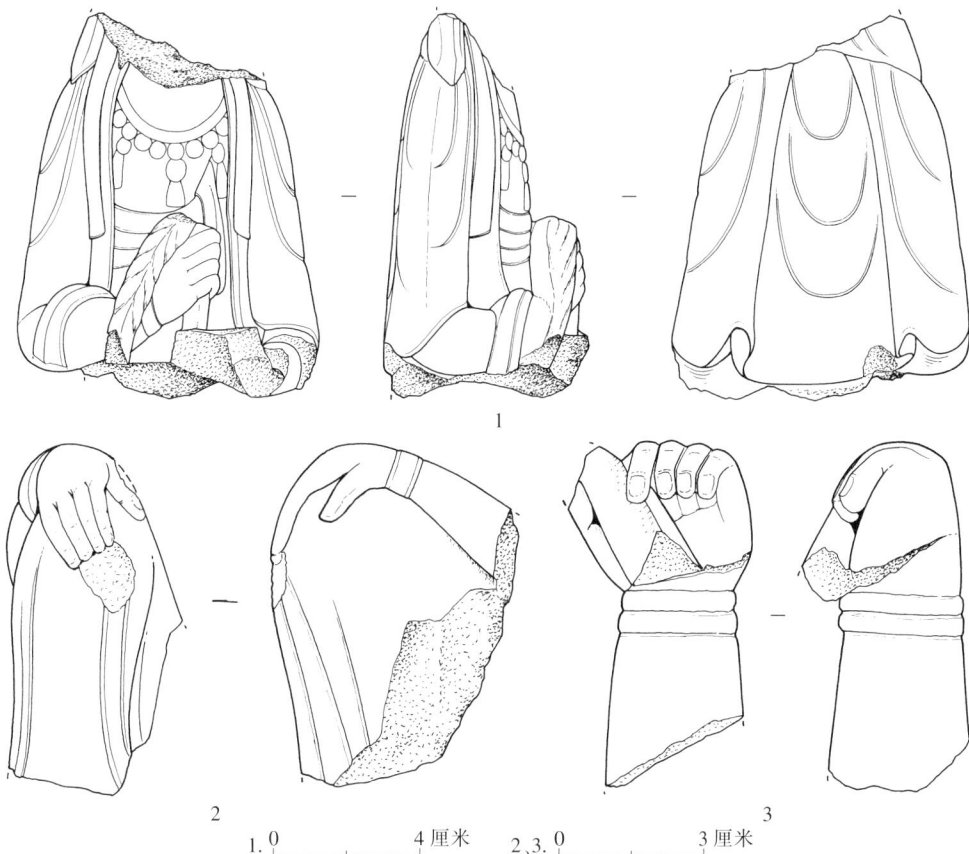

1. 0 _____ 4厘米   2、3. 0 _____ 3厘米

图六二　菩萨像残段
1. H6：34　2. H3：60　3. H6：62

0 _____ 6厘米

图六三　天王坐像（H3：16）

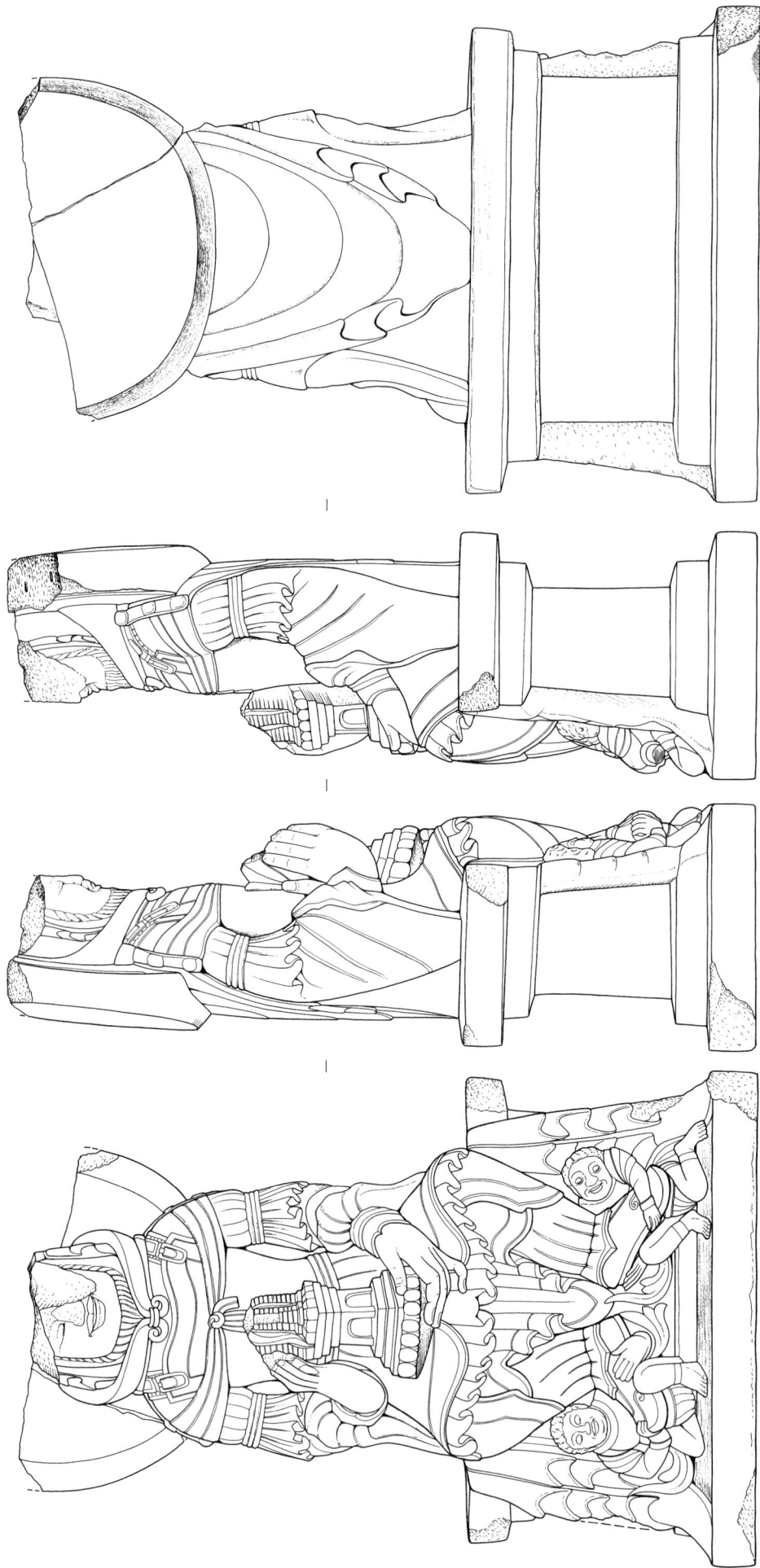

图六四　天王坐像（H3：56）

0 _____ 6厘米

标本 H3∶56 天王坐像，红砂石质，造像倚坐于"亚"字形束腰叠涩方座上，头光残损，头冠略残，下颌胡须浓密，着护颈，上身着裲裆式铠甲，双肩有搭扣，披风于胸前打结，披风垂覆后背。左手置于腹前，托方塔底座，右手扶塔顶一侧。下着裙，穿护腿，双足着靴。台座正面覆巾下垂，褶皱稠密。台座前有两尊夜叉托天王双足，均为卷发，左侧夜叉手抱天王左足，双腿屈膝胡跪，身体略向右侧身；右侧夜叉面向前方，手托天王右足，双腿屈膝胡跪。天王托塔为单层方塔，塔基三层叠涩，塔基下有莲瓣装饰；塔身开四个拱形龛，华盖为三层叠涩造型，华盖四角及中央各起小塔状相轮装饰，顶部残损。造像通高 37.5 厘米，台座长 24.3、宽 12、高 14.5 厘米（图六四；彩版四六，1、2；彩版四七，1、2）。

（二）头像

2 件。

标本 H6∶4 天王头像，红砂石质，头戴兜鍪，顿项上翻。头像表面局部残留有膏泥状物及金箔痕迹。残高 8.6 厘米（图六五，1；彩版四五，3）。

标本 H6∶58 武士头像，红砂石质，头戴兜鍪，圆脸，怒目。残高 3.6 厘米（图六五，2；彩版四五，4）。

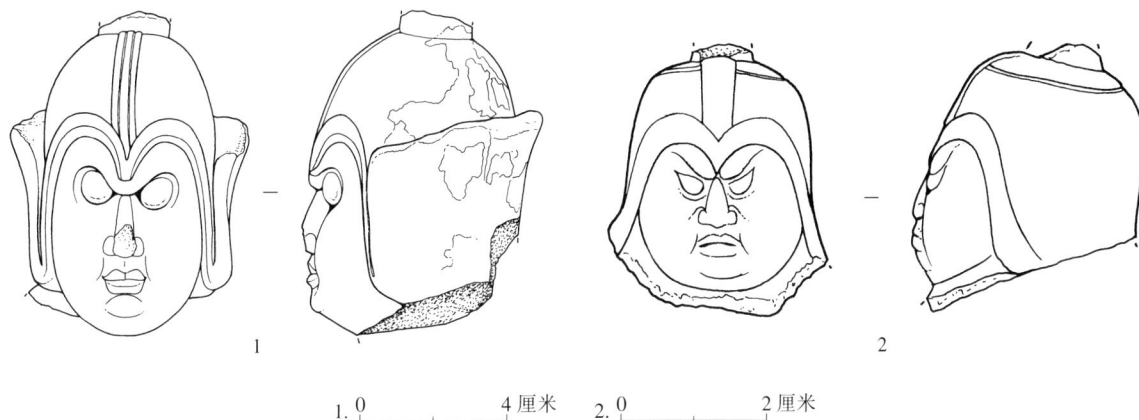

1. 0　　　4厘米　　2. 0　　　2厘米

图六五 头像
1. 天王头像（H6∶4）　2. 武士头像（H6∶58）

四 背屏式组合造像

9 件。

标本 H3∶11 背屏式组合造像，红砂石质，一佛二弟子四菩萨二力士组合，下侧有长方形台座。主尊头残损，颈部较长，内着袒右僧祇支，胸下系带打结，外着双领下垂式袈裟，一角搭左肘后向外微扬。双臂屈肘，左手于腹侧屈指下伸，掌心向外，右手向上持无畏印。外层袈裟下摆三分后下垂，内层袈裟下摆长及足踝，赤足瘦长，呈"八"字形立于覆莲台上。像残高 18 厘米。主尊两侧浅浮雕二尊胁侍弟子，面部未雕刻，头略侧向主尊，颈部较高，内着袒右僧祇支，外着双领下垂式袈裟。主尊左侧第一尊菩萨头戴花宝冠，两侧系缯带垂肩，

0 _____ 6厘米

图六六（A）　背屏式组合造像（H3∶11）

有桃形头光，面部圆润，颈部有蚕节纹，戴素面项圈，双肩各饰一颗宝珠并有系带下垂双臂外侧，上身着袒右僧祇支，披帛在腹前呈 X 形交于圆珠后垂至膝下并上绕搭双臂，末端垂及台座。双臂屈肘，左手上举，右手似于腹前提物。下着长裙，裙摆垂及脚踝，双足瘦长，赤足立于双层仰莲台上，莲瓣细长。像高 14.4 厘米。左侧第二尊菩萨有外桃形内圆形头光，头戴花宝冠，两侧系宝缯，颈戴圆形项圈，双肩有宝珠并系带下垂，颈部有蚕节纹，上身着袒右僧祇支，披帛自后背绕双臂披覆，末端下垂双臂内侧，下着长裙，双臂屈肘，左手上举握柳枝，柳枝沿左肩外下垂至腰；右手下垂握帛带。主尊右侧第一尊菩萨头残损较多，装饰同左侧第一尊菩萨，双臂屈肘，左手下垂提桃形物，右手风化不清，赤足立于仰莲台上。像高 14 厘米。右侧第二尊菩萨装饰同左侧第二尊菩萨，双手于胸腹前持柳枝。两尊力士赤足立于台座上，左侧力士有圆形头光，束冠，头微左扬，面向右侧，戴项圈，肩上饰圆珠并系带下垂，披帛呈 X 形交叉于腹前宝珠。带端上绕回折后搭于双臂。上身袒，胸肌饱满；双臂屈肘，

图六六（B）　背屏式组合造像（H3：11）

左手举肩握杵柄，右手于腹侧握拳；下着裙，裙摆垂至足踝。像高 12.9 厘米。右侧力士装饰同左侧力士，身体略向左侧身，左手举肩，右手于胯侧握杵柄。力士像高 13.5 厘米。主尊莲座两侧各有一只狮蹲踞于台座上，左狮残损不存，右狮仅余后半身。背屏两侧各立一像，圆形头光、散发，上身袒，披帛带，下着短裙，赤足。左侧双手握棒状物，右腿微屈；右侧双手握长条状物，杵于身前。

造像身后有桃形背屏，正面浅浮雕图案由内向外分四层，第一层为主尊圆形莲瓣纹头光，第二、三、四层之间以联珠纹相隔，第二层饰七尊小化佛，第三层饰礼佛图，第四层为伎乐、飞天等。背屏背面上部浅浮雕弥勒菩萨上生兜率天场景。菩萨结跏趺坐于天宫楼阁内的莲台上，两侧各有两尊菩萨和一尊罗汉立侍，圆形头光后有众天人环绕。楼阁上为山林场景，楼阁前为莲池及金翅鸟，莲池两侧为礼佛图。背屏下部有长方形碑面，从左向右依次纵排阴刻造像题记，碑面高 12.5、宽 22.5、字径 1.2～1.8 厘米。

造像题记为：

"梁天监十五年岁次丙/申月维孟春佛弟子蔡/僧和兄弟奉为/亡考别驾亡妣易夫人/爰及亡弟比丘僧珍 建 /造释迦牟尼尊像一区/并弥勒观音势至并药/侍者以此徼因仰愿亡/父母弟僧珍妻陈氏亡/兄怀斌兄弟妹等舍身/受身净佛国王下生此/中政见家生识信三宝/生生处处遇佛闻法愿/现在居门长易身康仕/宦高迁士财满足十方/六道一切众共同斯愿/"。

造像通高43.8厘米，台座长28、宽13.3、高3厘米（图六六至六八；彩版四八；彩版四九，1、2、3）。

标本 H3：46　背屏式组合造像，黄砂石质，一佛四弟子四菩萨组合，主尊立于覆莲台上，头光内饰一周莲瓣，着袒右僧祇支，胸下系带，带端藏于袈裟内；外着双领下垂式袈裟，右侧衣摆向上撩起搭在左臂上，内外袈裟下摆呈倒"山"字形下垂，左臂屈肘腰侧，右臂屈肘上举胸前，赤足。主尊左侧依次立弟子、菩萨、弟子、菩萨，弟子均无头光，内着袒右僧祇支，外着双领下垂袈裟；左侧第一尊菩萨戴冠及桃形素面项圈，有宝缯下垂，项圈两侧饰宝珠及飘带，双肩覆披帛，帛带于身前呈 X 形交叉于腹前宝珠，左手于腹前托圆钵，右手触钵口；下着长裙，腰带垂于双腿前，赤足立于仰莲台上。左侧第二尊菩萨残损严重，赤足立于莲台上。主尊右侧依次立弟子、菩萨、弟子、菩萨，弟子形象同左侧弟子像；右侧第一尊菩萨头上有宝缯下垂，胸前戴桃形项圈，两侧饰宝珠及飘带，双肩披帛于胸前呈 X 形交叉于腹

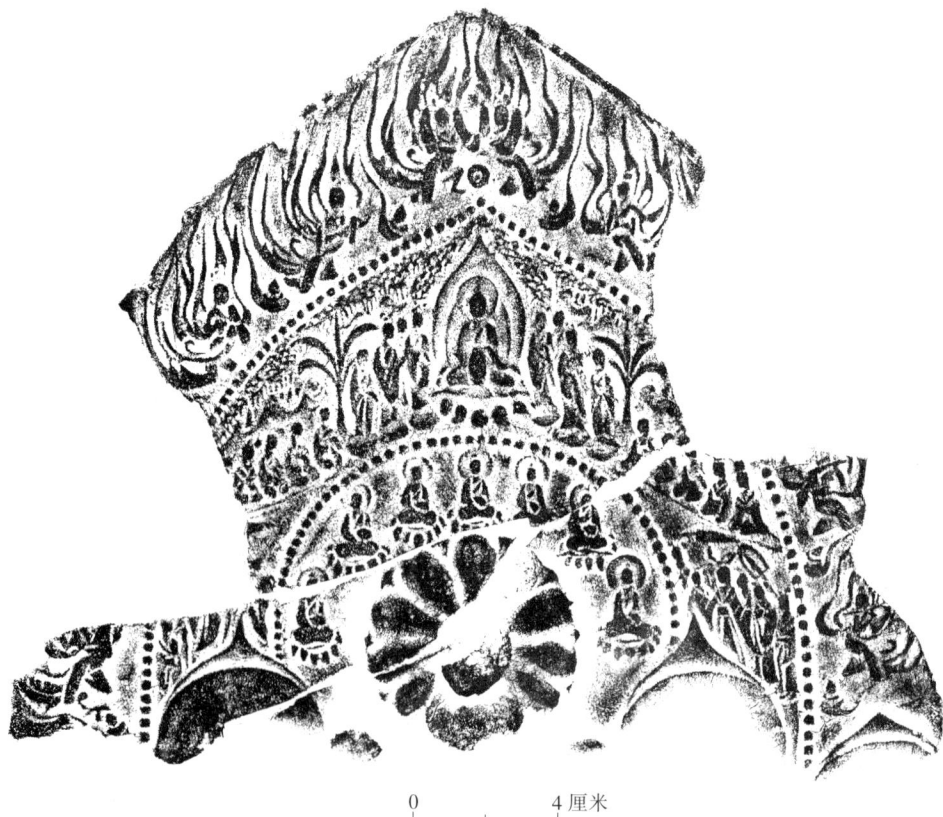

0　　　　　　4厘米

图六七　背屏造像正面拓片（H3：11）

0   4厘米

图六八 背屏造像背面拓片（H3∶11）

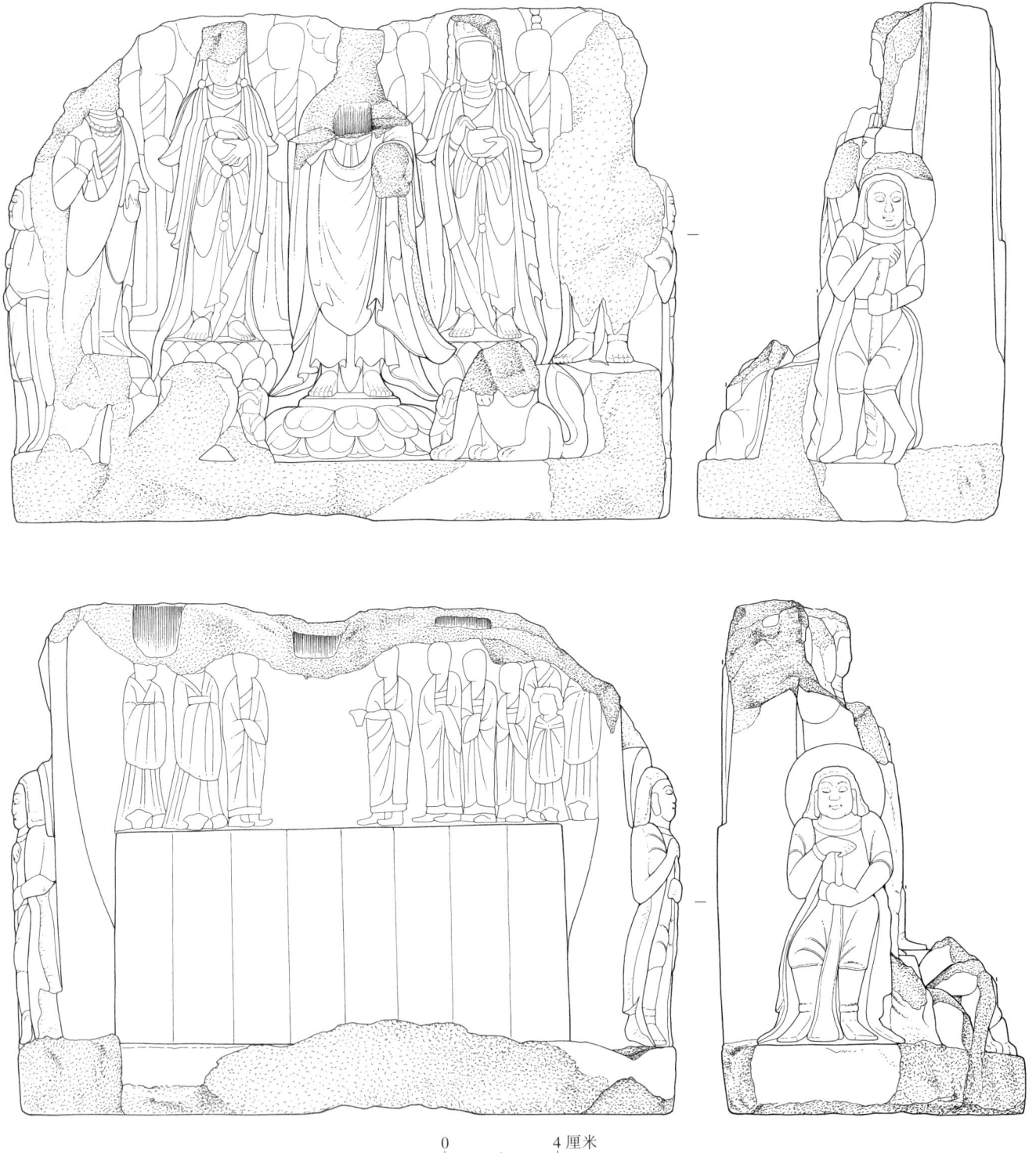

图六九　背屏式组合造像（H3∶46）

前宝珠；左手于腹前托圆钵，右手覆钵口；下着长裙，赤足立于仰莲台上。背屏两侧各立一
像，圆形头光、散发，上身袒，颈戴项圈，双肩外覆披帛，下着短裙，赤足。双手握一棒状
物于身前。背屏背面分上下两段，上段浅浮雕供养人群像；下段为长方形碑面，刻纵向条纹，
内刊造像题记，字径1.4～1.6厘米。

造像题记为：

"大通二年八月□/日比丘尼净□/奉为亡父及□/□眷属敬/造释迦石像/□躯愿亡者值/佛闻法愿□□/□一切众生皆同□"

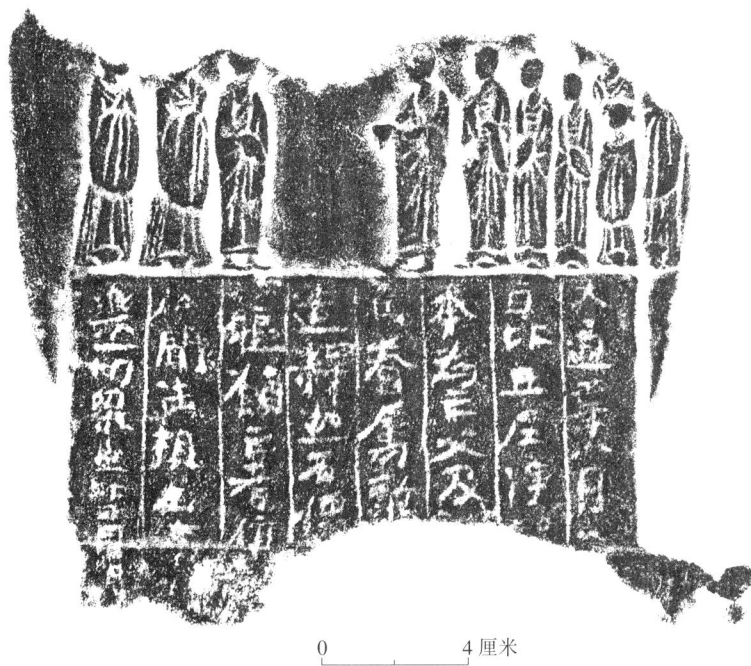

0　　　　　4厘米

图七〇　造像题记拓片（H3∶46）

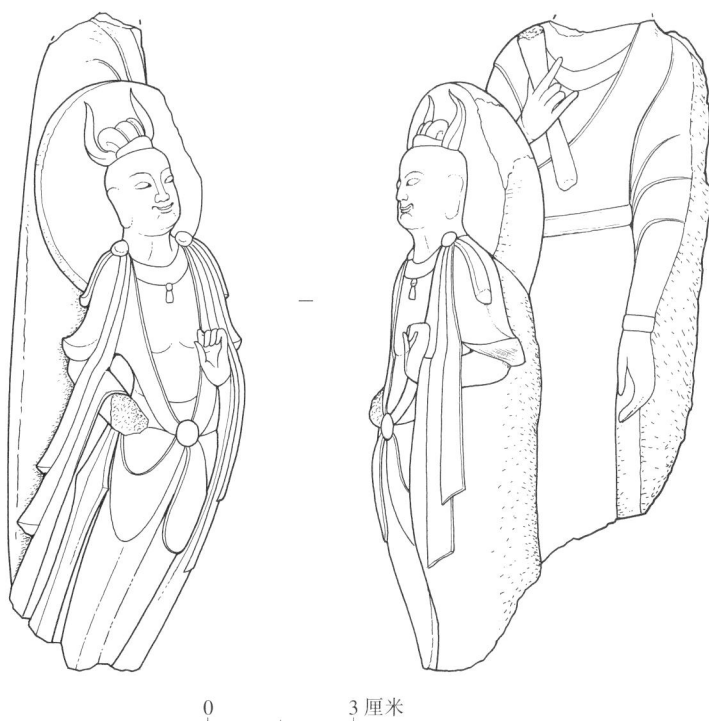

0　　　　3厘米

图七一　背屏式组合造像（H3∶2）

残造像通高 17 厘米，底基座长 23、宽 10.5、高 2 厘米（图六九、七〇；彩版五〇，1、2；彩版五一，1、2、3）。

标本 H3：2　背屏式造像残块，青砂石质，残块现存两尊立像，左侧为菩萨像，戴桃形项圈，内着袒右僧祇支，双肩外覆披帛，下着裙，左臂下垂体侧，戴镯；右臂屈肘胸前，手握棒状物（柳枝？）。右侧为力士像，有圆形头光，束发髻，发带上飘；戴项圈，项圈双肩处有宝珠及下垂系带，双肩覆披帛，帛带于腹前呈 X 形交叉于宝珠后搭双臂下垂，下着裙。造像表面局部有白膏泥及红色彩绘痕迹。残块高 13 厘米（图七一；彩版五二，1、2）。

标本 H3：25　背屏式组合造像，红砂石质，背屏正面雕九尊像；主尊为二佛并坐，左侧坐佛头光内饰莲瓣一周，着通肩袈裟，左手于腹侧似握物，右臂屈肘上举，结跏趺坐于莲台上，不露足；右侧坐佛有头光，内着袒右僧祇支，外着双领下垂式袈裟，右侧衣摆搭左臂上，左臂屈肘，左手于腹侧上握宝珠，右臂屈肘，右手举于胸左前侧，结跏趺坐于莲台上，露右足。二佛之间有立像，着双领下垂外衫，双手合十，似着裙；两坐佛外侧各立一弟子、一菩萨，弟子着交领袈裟，菩萨戴项圈，双肩覆披帛并绕臂下垂，左侧菩萨右手于胸前下抚一个圆形物。五尊胁侍立于高台上，高台下有矮基，矮基两端各立一尊力士，有圆形头光，戴项圈，项圈两侧饰宝珠；双肩外覆帛带，在腹前呈 X 形交叉后绕臂下垂。矮基中间置宝瓶，向上出两支莲枝，与二主尊莲台相连，并有莲叶斜伸两侧；宝瓶两侧各有一只狮子蹲坐，各举外侧前足；两狮子外侧各有三尊伎乐，手持不同乐器。背屏两侧面各雕一尊立像，中分垂肩发式，戴项圈，双肩覆披帛，下着短裙，双手于身前握持一个棒状物，上端较直，下端略有弯曲。背屏背面下段有造像题记，字径 1.4 厘米。

造像题记为：

“天正三年岁次甲戌□□/弟子陈□奉造释迦□□/一躯……/□缘□……世/世遇佛闻法□□□□/…愿…/……/□八□□……/□天……/□□一切僧……/同斯誓”。

造像残高 26.5、矮基长 27、宽 9.6 厘米（图七二、七三；彩版五三；彩版五四，1、2、3）。

标本 H3：48　一佛二菩萨组合造像，红砂石质，主尊腹部以上残，着袈裟，结跏趺坐于长方形高台上，双手于腹前托钵，减地阴线刻袈裟下摆垂覆台座前；左侧菩萨小腿以上残，下着长裙，披帛一端垂体左侧，赤足立于覆莲台上，断面有长方形小榫孔；右侧菩萨戴麦穗纹项圈，上身袒，双肩外覆披帛，左侧帛带似自身后绕搭右肩，并束于腹前裙腰后末端外垂，右侧帛带绕臂后下垂体侧。右腿微屈膝，身体扭动呈 S 形，赤足立于覆莲台上。长方形台座及莲台下为一个长方形矮基，四周阴刻造像题记。

造像题记为：

“中大/同二/年九？/月八/日/胡子/达（？）/奉/为亡/父及/现在/慈母/二世/眷/属/造/……（缺省，行数不清）/道一切众生”

残造像通高 16.2 厘米，矮基长 18.8、宽 9.3、高 3.6 厘米，字径 1.2～1.5 厘米（图七四、七五；彩版五五，1、2、3、4）。

1

2

0 ⊢___⊣ 6厘米

图七二　背屏式组合造像（H3∶25）

0 ____ 4厘米

图七三　造像题记拓片（H3：25）

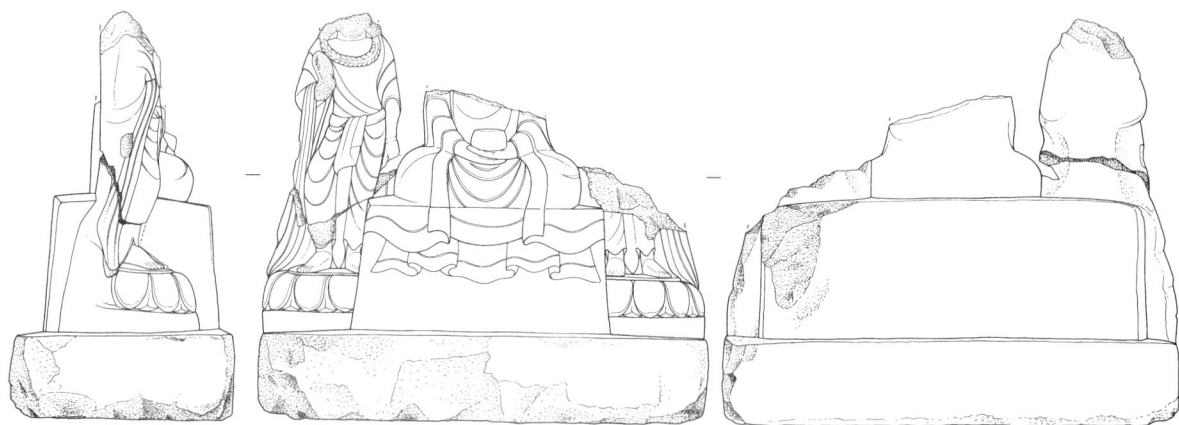

0 ____ 6厘米

图七四　背屏式组合造像（H3：48）

0 ____ 6厘米

图七五　造像题记拓片（H3：48）

标本 H3：5　背屏式组合造像，红砂石质，一佛二菩萨组合，主尊结跏趺坐于莲座上，馒头状螺髻低矮，饰桃形耳珰，颈部有蚕节纹，着通肩袈裟。火焰纹桃形头光内周为圆形，由内向外依次饰一周莲瓣、弦纹、联珠纹、弦纹、回形纹、弦纹等，双手于腹前持禅定印。坐佛高 17 厘米。左侧菩萨残损严重，仅余双足及莲座，赤足，莲台两侧有帛带下垂。右侧菩萨为高浮雕，桃形火焰纹头光顶部残损，头光内周为椭圆形，由内向外依次饰一周莲瓣、弦纹、联珠纹、弦纹。束高髻，头戴三珠冠，两侧有缯带下垂，双耳饰耳珰，面相方圆，两颊丰满，眉弓细长，眼眶微鼓，鼻峰明显，下颌丰满，颈部有蚕节纹，戴环形联珠纹璎珞及项圈，左侧璎珞珠串下垂经左膝折向身后，上身似斜披络腋，外覆披帛，帛带在腿前横绕一道，末端沿体侧垂至台座两侧。双臂残损，右臂似屈肘。下着长裙，裙腰外翻，微屈左膝，赤足。像高 17 厘米。长方形台座正面雕宝瓶及双狮，宝瓶口沿外侈，束颈，鼓腹，瓶口出藕节及莲枝、荷叶等，与三个莲台相连。双狮位于台座两端，残损严重。台座下有矮基，底部布满凿痕。造像表面残留大量米黄色膏状物，局部有施红彩痕迹。造像通高 37.8 厘米，台座长 29.4、宽 13、高 15.5 厘米（图七六；彩版五六；彩版五七，1）。

标本 H3：13　背屏式组合造像，红砂石质，残损严重，正面造三尊像，主尊着双领下垂式袈裟，右侧衣摆向上撩起搭在左臂上。主尊两侧各有一尊胁侍立于覆莲台上。造像背面开龛，内造一尊结跏趺坐小化佛，持禅定印，坐于高台上，高台前有壸门装饰。主尊胸部断面有方形榫孔。造像表面局部残留有米黄色膏状物及红色彩绘痕迹。造像残高 11.5、长 13.8 厘米（图七七；彩版五七，2、3）。

标本 H3：24　背屏式组合造像，红砂石质，一佛二菩萨组合，石质疏松，风化较多。主尊结跏趺坐于莲台上，馒头状螺髻较低，双耳饰耳珰，面相方圆且较短，嘴角微翘，颈部较粗，有蚕节纹，胸部宽厚，内着袒右僧祇支，外着双领下垂式袈裟，右侧衣摆向上撩起搭在左臂上，外层袈裟衣摆垂覆双腿间。双臂屈肘，左手于腹侧平举，手腕下翻，掌心向外托一颗桃形宝珠状物，右手上举。头光上半部分残损，内周饰两周联珠纹。莲台莲瓣较长，略扁平。主尊高 11 厘米。

左侧菩萨赤足立于莲台上，戴宝冠，缯带垂肩，双耳饰耳珰，面相略方圆，风化较多，颈部略粗，有蚕节纹，戴项圈及环形联珠纹璎珞，璎珞垂至脚踝。上身着袒右僧祇支，两臂屈肘，右手上举持柳枝，双肩外覆披帛，帛带沿体侧垂至台座上。下着长裙，系腰带，裙腰外翻，裙摆覆脚面。头光上半部残损。菩萨高 11.5 厘米。右侧菩萨赤足立于莲台上，装饰与左侧菩萨相近，双臂屈肘，左手于腹前握净瓶，右手上举肩前持柳枝。左膝微屈。头光上部残，内周装饰联珠纹，菩萨高 11.4 厘米。长方形台座正面雕宝瓶及双狮。宝瓶置中间，圆弧腹上装饰两道弦纹，瓶内出藕节及莲茎，与三个莲台相连，雕饰华丽。双狮分别卧于台座两端。造像通高 25.2 厘米，莲座长 19.3、宽 10.2、高 2 厘米（图七八；彩版五八；彩版五九，1、2）。

标本 H6：36　背屏式组合造像残块，红砂石质，莲瓣形背屏，正面残存一佛二弟子、二菩萨造像局部。佛像肉髻残，有外桃形内圆形头光，头光内饰一周莲瓣，有耳珰，主尊两侧雕菩提树冠。两菩萨有桃形头光，发髻低平，戴矮冠，饰耳珰。背屏正面浅浮雕图像以鱼鳞状云纹为地，雕七尊小化佛，化佛均为结跏趺坐于覆莲上，双手持禅定印，不露手。表面局

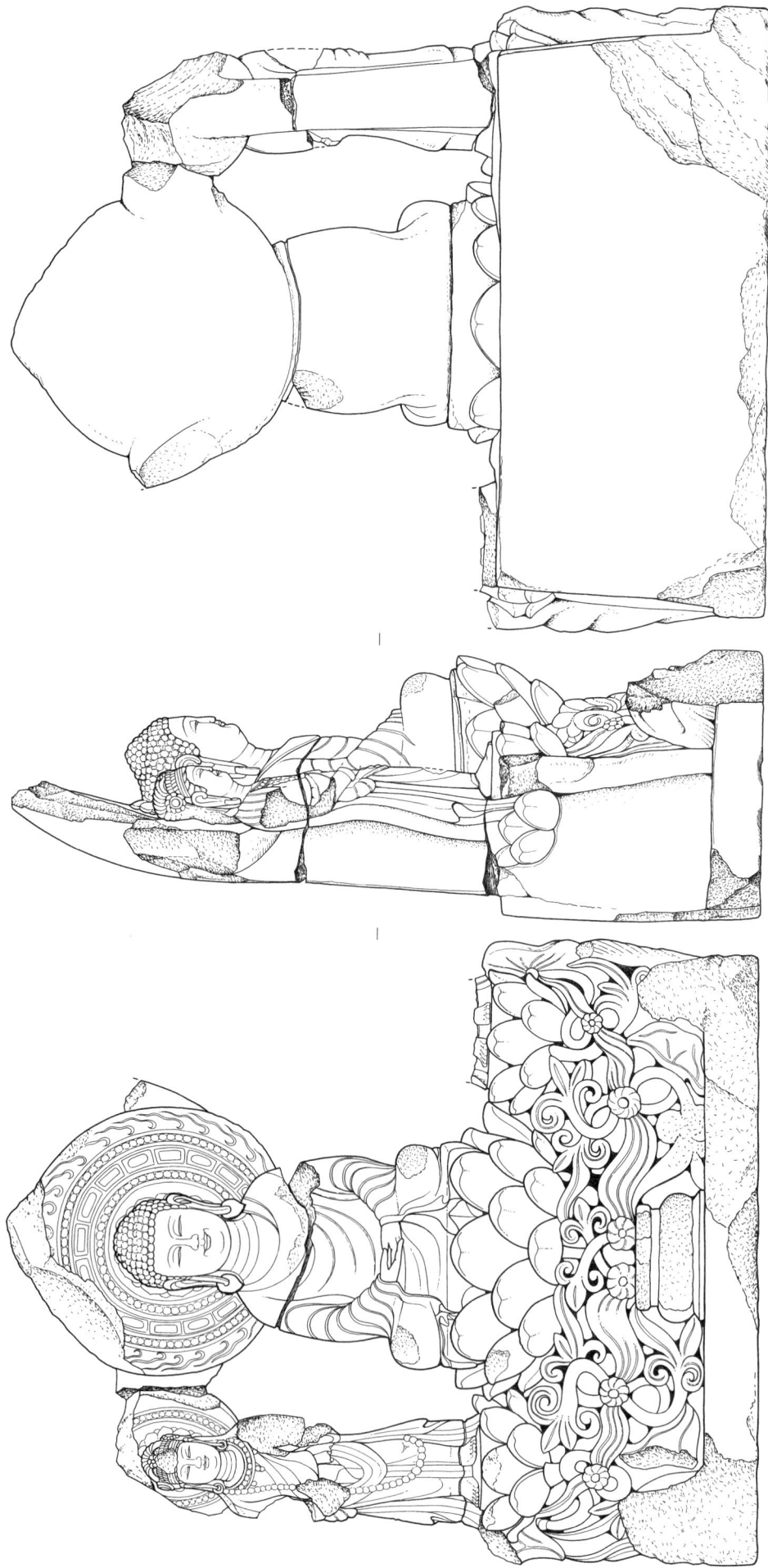

图七六　背屏式组合造像（H3:5）

0　　　　　　6厘米

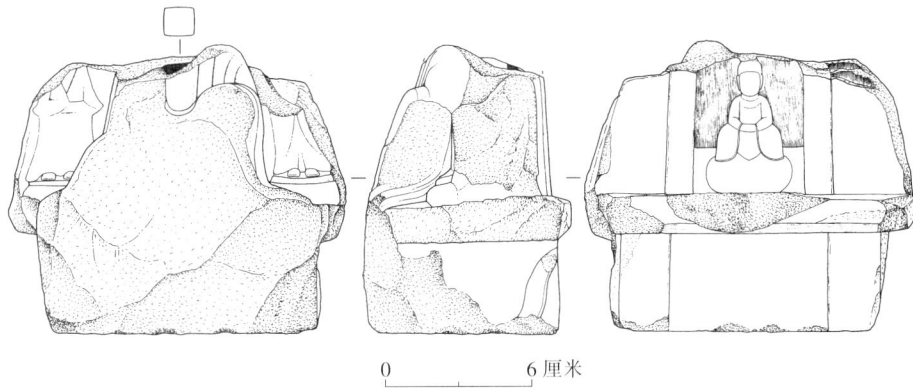

图七七　背屏式组合造像（H3：13）

图七八　造像题记拓片（H3：24）

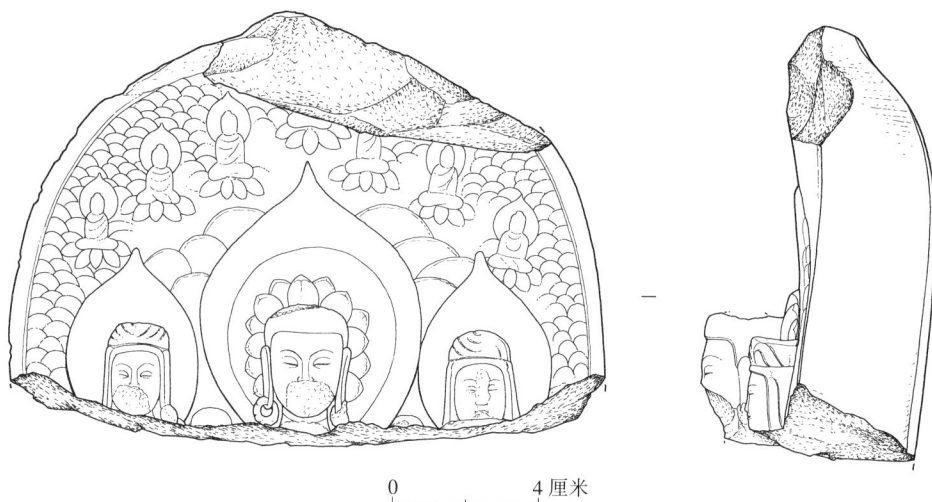

图七九　背屏式组合造像残块（H6∶36）

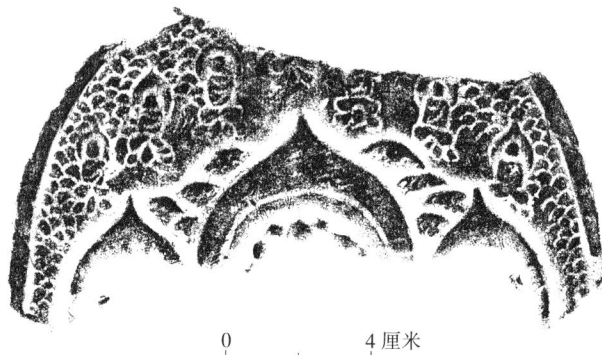

图八〇　背屏式组合造像残块拓片（H6∶36）

白膏泥及零星红色物（彩绘或黏结剂）。造像残高 11.5、宽 16.4 厘米（图七九、八〇；彩版五九，3）。

五　其他

60 件。

（一）罗汉像及罗汉头残块

22 件。

标本 H6∶43　罗汉像残段，红砂石质，着通肩袈裟，袈裟一角搭覆左肩，左手于腹前托瓶，瓶中插柳枝，右手握柳枝柄。残高 9.8 厘米（图八一；彩版六〇，1）。

标本 H6∶1　罗汉头，红砂石质，额头皱纹较多。残高 7 厘米（图八二，1；彩版六〇，2）。

标本 H6∶2　罗汉头，红砂石质，额头皱纹较多，颈部有蚕节纹。残高 7.2 厘米（图八二，2；彩版六〇，3）。

标本 H6∶3　罗汉头，红砂石质，额头有皱纹，颈部有蚕节纹，表面较多白膏泥及红色彩绘痕迹。残高 7.6 厘米（图八三，1；彩版六〇，4）。

标本 H6∶6　罗汉头，红砂石质，眼细长，大鼻，圆耳，表面有少量白膏泥。残高 7.1 厘米

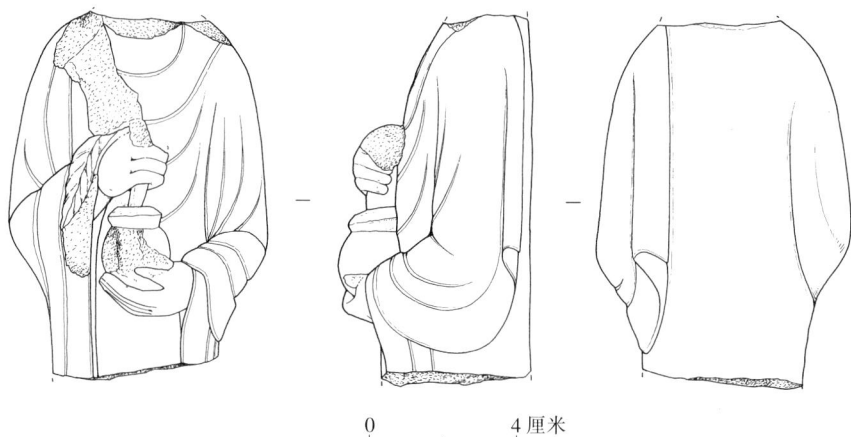

0　　　　4厘米

图八一　罗汉像残段（H6∶43）

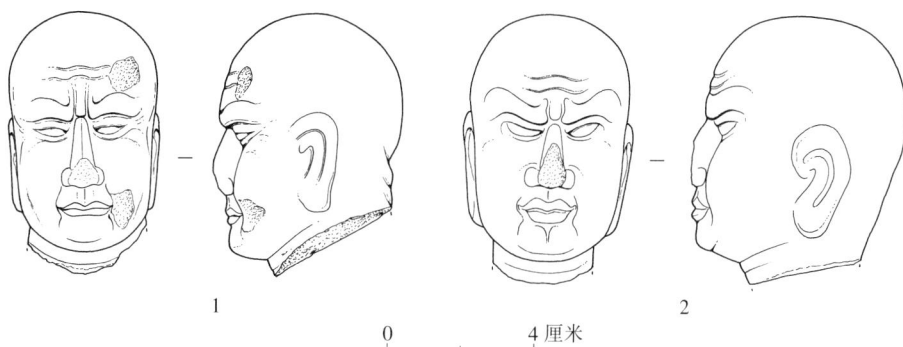

1　　　　　　　　2

0　　　　4厘米

图八二　罗汉头像

1. H6∶1　2. H6∶2

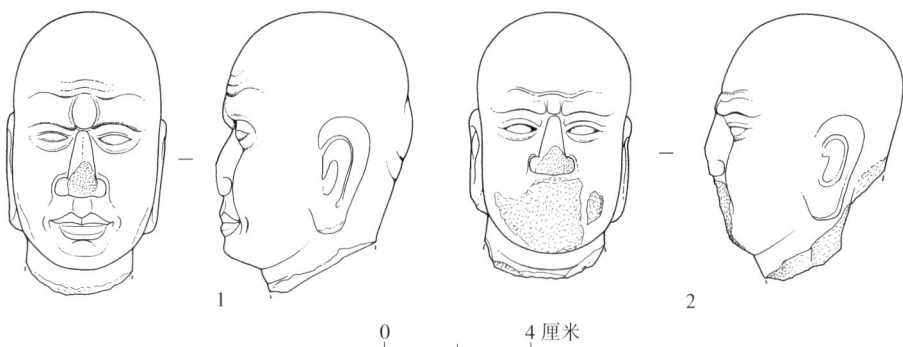

1　　　　　　　　2

0　　　　4厘米

图八三　罗汉头像

1. H6∶3　2. H6∶6

（图八三，2；彩版六〇，5）。

　　标本 H6∶7　罗汉头，红砂石质，额头有皱纹，面部残损，表面有较多白膏泥及褐色彩绘痕迹。残高6.2厘米（图八四，1；彩版六〇，6）。

　　标本 H6∶8　罗汉头，红砂石质，面部皱纹较多。残高7.6厘米（图八四，2；彩版六一，1）。

　　标本 H6∶9　罗汉头，红砂石质，额头有皱纹，颈部有蚕节纹。残高7厘米（图八四，3；彩版六一，2）。

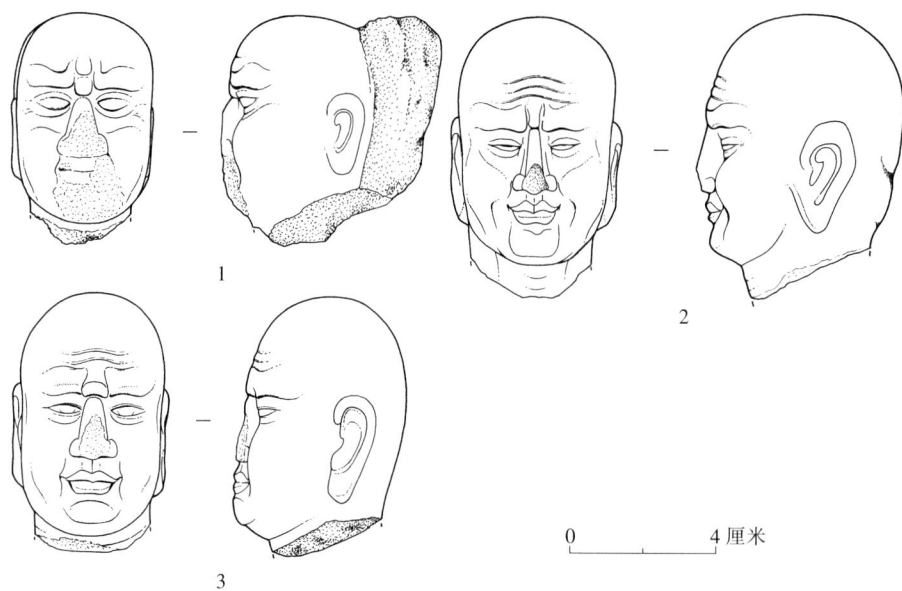

图八四　罗汉头像
1. H6：7　2. H6：8　3. H6：9

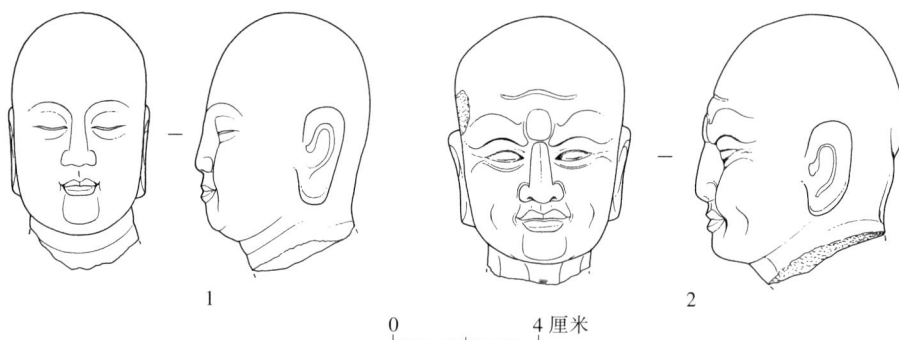

图八五　罗汉头像
1. H6：10　2. H6：11

标本 H6：10　罗汉头，红砂石质，颈部有蚕节纹。残高6.9厘米（图八五，1；彩版六一，3）。

标本 H6：11　罗汉头，红砂石质，表面局部有膏泥状物。残高7.2厘米（图八五，2；彩版六一，4）。

标本 H6：12　罗汉头，红砂石质，额头有皱纹，面部残损。残高5.8厘米（图八六，1；彩版六一，5）。

标本 H6：13　罗汉头，红砂石质，头部长圆，圆耳，面部有少量白膏泥，局部有红色彩绘痕迹。残高6.1厘米（图八六，2；彩版六一，6）。

标本 H6：14　罗汉头，红砂石质，面部皱纹较多，颧骨凸出。残高7.5厘米（图八七，1；彩版六二，1）。

标本 H6：15　罗汉头，黄砂石质，额头有皱纹，面部残留有白膏泥及红彩。残高7.1厘

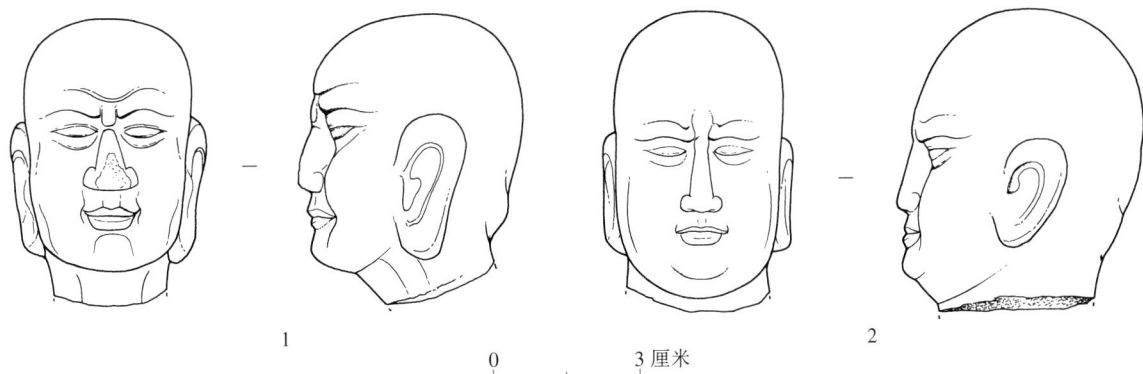

图八六　罗汉头像
1. H6∶12　2. H6∶13

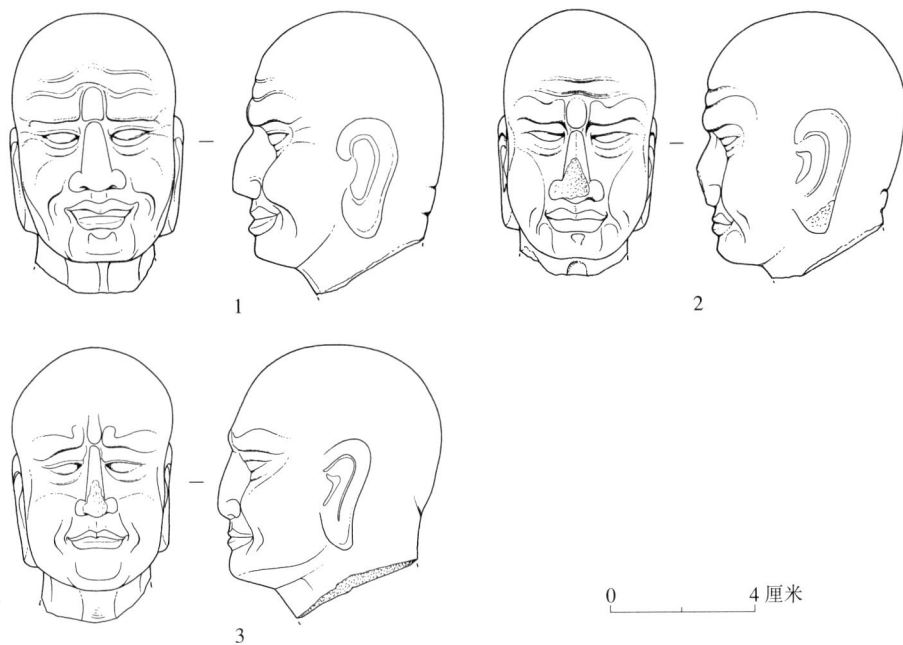

图八七　罗汉头像
1. H6∶14　2. H6∶15　3. H6∶16

米（图八七，2；彩版六二，2）。

标本 H6∶16　罗汉头，红砂石质，残高 7.3 厘米（图八七，3；彩版六二，3）。

标本 H6∶17　罗汉头，红砂石质，微皱眉，表面有少量红色彩绘。残高 7.4 厘米（图八八，1；彩版六二，4）。

标本 H6∶18　罗汉头，红砂石质，面部残损多，表面局部有米黄色膏泥。残高 6.2 厘米（图八八，2；彩版六三，1）。

标本 H6∶19　罗汉头，红砂石质，颈部有蚕节纹。造像表面残存米黄色膏泥及红彩。残像高 7 厘米（图八八，3；彩版六三，2）。

标本 H6∶21　罗汉头，红砂石质，有头光及身光，颈部有蚕节纹，似着交领袈裟。造像表面有金箔。残高 7.8 厘米（图八九，1；彩版六三，3）。

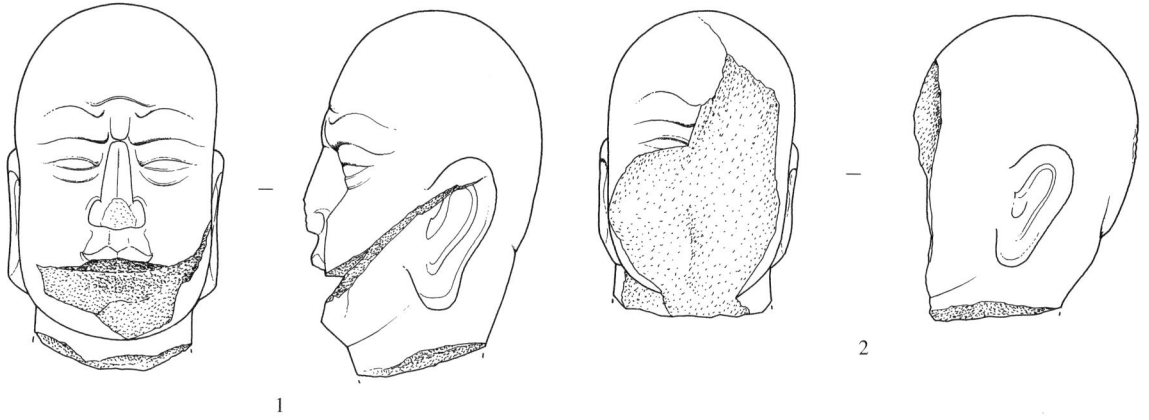

0 ⎯⎯⎯ 3 厘米

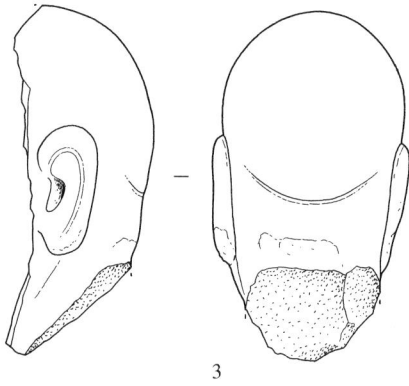

图八八　罗汉头像
1. H6：17　2. H6：18　3. H6：19

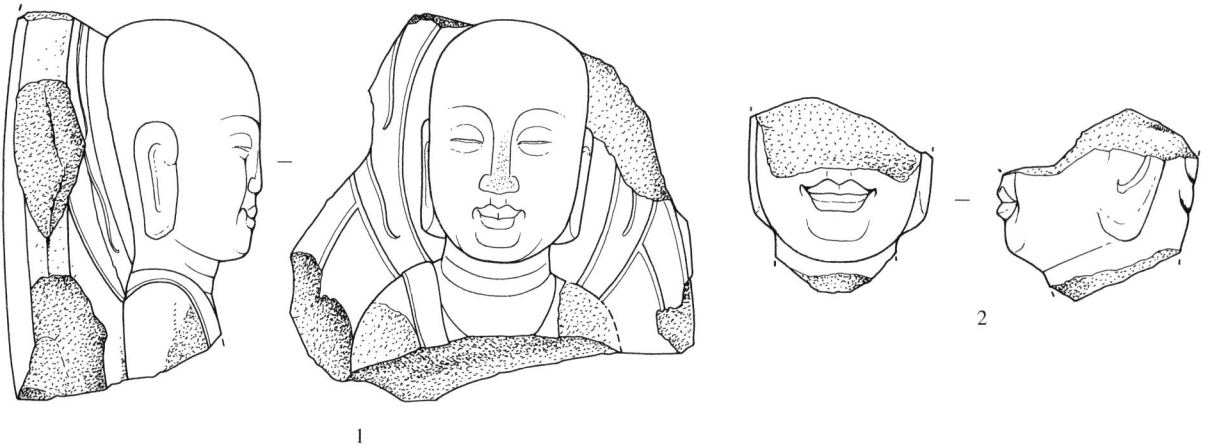

0 ⎯⎯⎯ 3 厘米

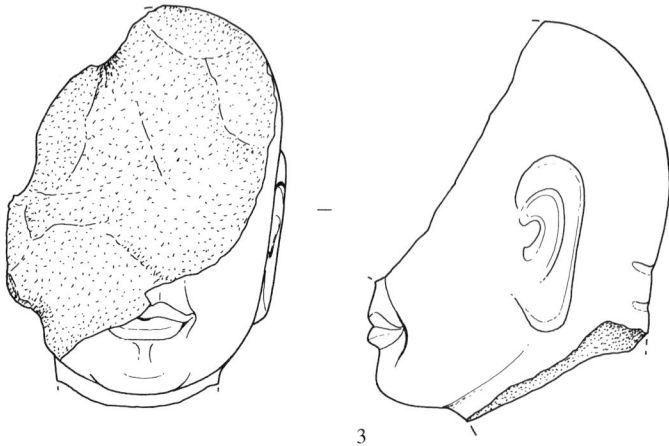

图八九　罗汉头像
1. H6：21　2. H6：25　3. H6：44

标本 H6：25　罗汉头，红砂石质，残损严重，鼻以上残损，面部表面有较多膏状物及彩绘痕迹。残高 3.9 厘米（图八九，2；彩版六三，4）。

标本 H6：44　罗汉头，红砂石质，仅余头后少许，残损严重。残高 8.1 厘米（图八九，3；彩版六三，5）。

（二）头（背）光残块

6 件。

标本 H3：26　桃形背屏顶部残件，青砂石质，背屏正面外周饰一周飞天，飞天帛带向上

0　　　　　　　　4 厘米

图九〇　头（背）光残块（H3：26）

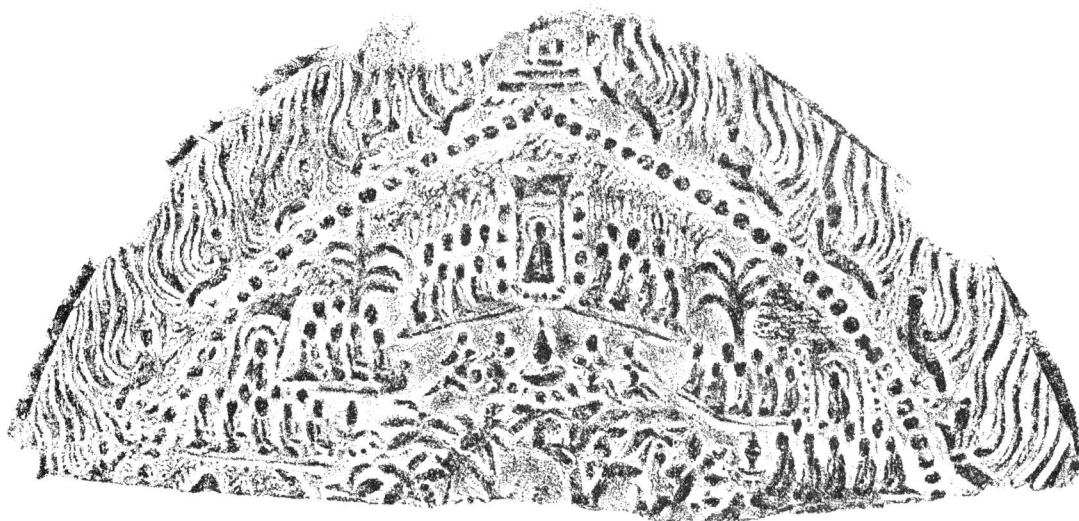

0   4厘米

图九一　背屏正面图像拓片（H3：26）

0   4厘米

图九二　背屏背面图像拓片（H3：26）

飘扬。桃形顶部置一座宝塔，三层叠涩塔基，覆钵正面似有一尊坐像，塔顶残损。背屏中部似为佛说法图像，与外周飞天以一周联珠纹相隔。主尊结跏趺坐于山林之中的屋形龛内，有圆形头光，两侧各有三组闻法众坐于长方形席垫上，其中下方两组之间有坐像坐于龛内，身体略侧向主尊。主尊前置一只香炉，香炉两侧各有两人捧物胡跪。背屏背面残存三组图像，最上部似为释迦牟尼涅槃后毗荼场景，中间置一个长方形棺，上有火焰，周围环绕十名弟子。左下方一组画面残损不清，右下方一组似为临涅槃像，释迦牟尼仰身躺林中方榻上，有圆形头光，右臂屈肘置于腹前，榻周围绕九名弟子及一名束髻（或戴冠）人。背屏残块宽29.4、高16.2、厚2.5厘米（图九〇至九二；彩版六四，1、2）。

标本 H3：18　身光残块，红砂石质，桃形身光外周饰火焰纹，身光中部为圆形头光，头光外周现存五尊小化佛，化佛均有圆形头光和身光，高肉髻，着通肩袈裟，双手持禅定印，

图九三　头（背）光残块（H3：18）

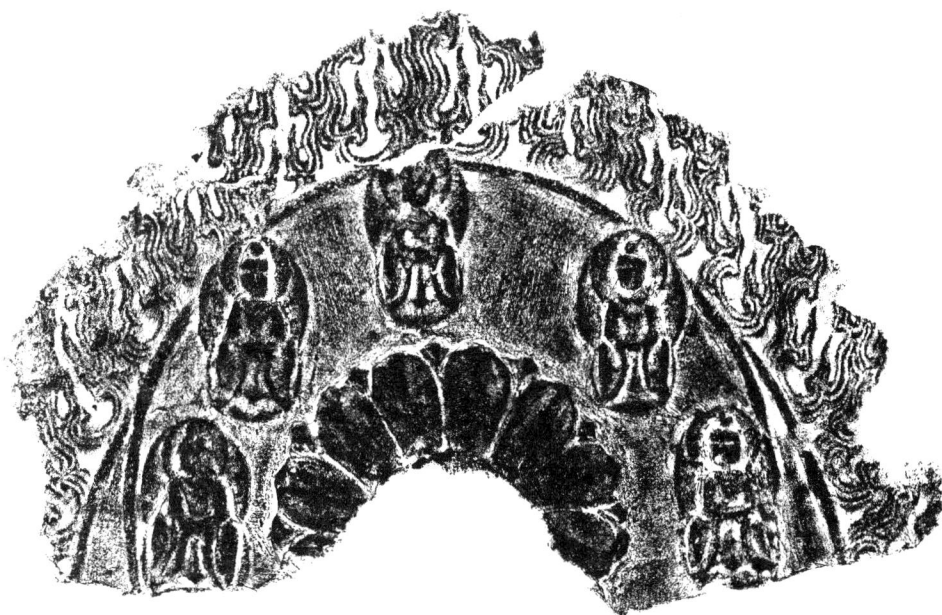

图九四　造像拓片（H3：18）

结跏趺坐于方形台座上；头光内周饰莲瓣纹，背面磨光。残高 17.8、宽 27.3 厘米（图九三、九四；彩版六四，3）。

标本 H3：6　头光残块，红砂石质，头光分内外三层，内层饰重莲瓣一周，中层饰两道弦纹夹一周联珠纹，外层似为卷草纹，残损不清。残块高 13.5、残宽 13.6 厘米（图九五，1；彩版六五，1）。

标本 H3：4　头光残块，红砂石质，残损严重，两周联珠纹中夹饰菱形纹及近椭圆形纹。残高 7.6 厘米（图九五，2；彩版六五，2）。

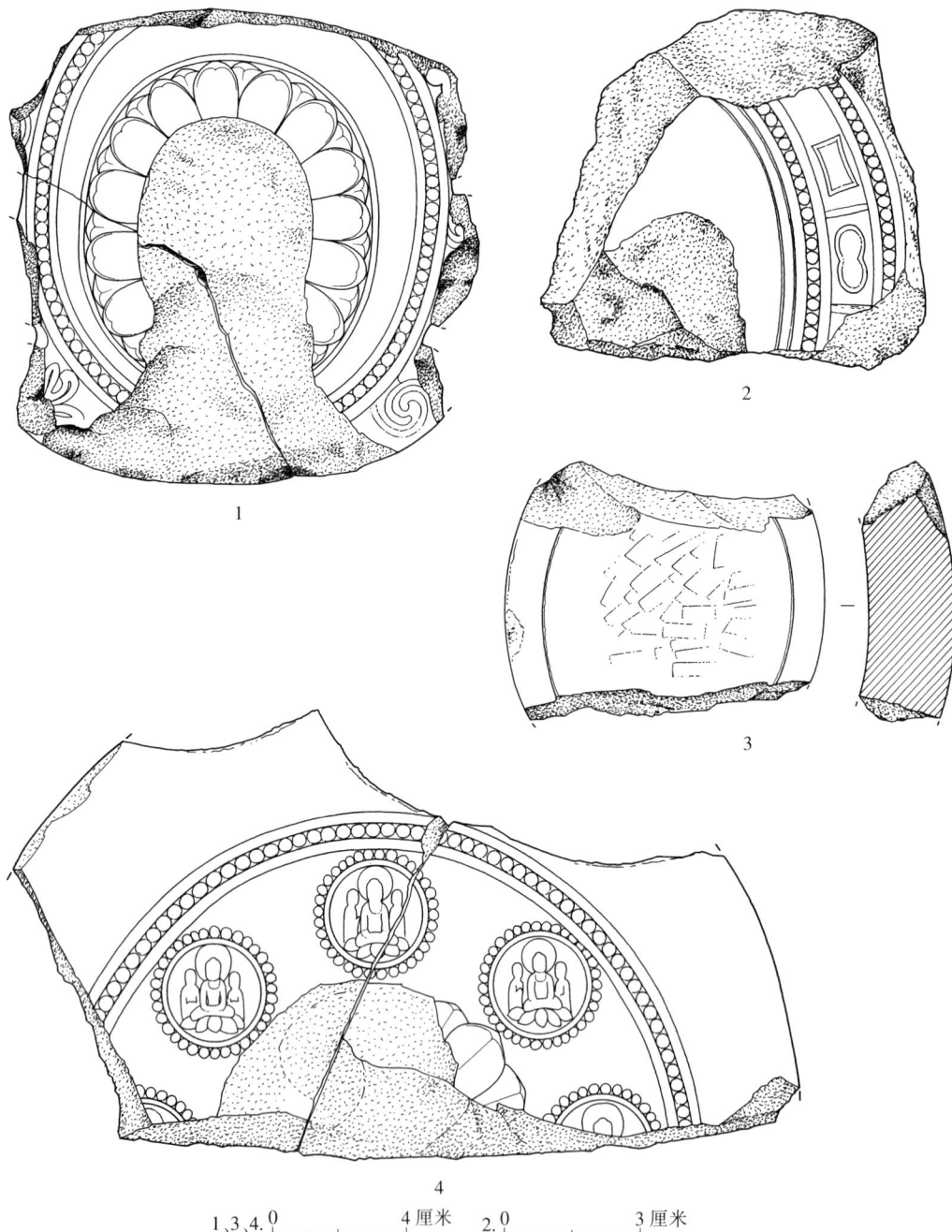

1、3、4、0　　　　4厘米　　2、0　　　3厘米

图九五　头（背）光残块

1. H3：6　2. H3：4　3. H3：7　4. H3：17

标本 H3:7　头光残块，红砂石质，内外两层以一道弦纹间隔，素面。残高 7.4、宽 9.3 厘米（图九五，3；彩版六五，3）。

标本 H3:17　头光残块，红砂石质，头光正面装饰分内外三层，内层装饰莲瓣；外层素面；中层与外层之间饰两道凸棱和一周联珠纹，中层现存五个联珠纹组成的圆形龛，龛内均浮雕一佛二弟子三尊像，佛像结跏趺坐于覆莲上，有圆形头光，两尊弟子立于佛像左右。头光表面局部残存金箔。残高 12.8、宽 23 厘米（图九五，4；彩版六五，4）。

（三）像（基）座残件

15 件。

标本 H3:22　像座残件，红砂石质，菩萨着长裙，裙摆垂覆脚面，联珠纹璎珞环过脚踝前。身体两侧有帛带下垂。赤足立于仰覆莲台上，仰莲三层，覆莲一层。莲台下有长方形台座，台座两端各有一只狮子，前肢前伸，身体弓起，左侧一只头残，右侧一只头部上仰，尾部上翘，后肢粗壮。造像背面平整磨光。裙摆及帛带表面局部残留有金箔。残高 14 厘米，台座长 18.4、宽 12.5 厘米（图九六；彩版六六，1）。

标本 H3:3　像座残件，红砂石质，长方形，断面中部方形榫孔，台座一侧有帛带末端下垂。残高 6.5、宽 11.1 厘米（图九七；彩版六六，2、3）。

标本 H3:12　像座残件，红砂石质，造像赤足立于覆莲台上，足腕处断面有方形小榫孔，莲台表面局部残留有米黄色膏状物。残高 10.7、宽 14.5 厘米（图九八；彩版六七，1）。

标本 H3:20　像座残件，红砂石质，造像赤足，圆形台座下有方形台基。造像表面局部保留有米黄色膏泥，腿部断面中部有长方形榫孔。残高 7.2、台座长 9.5 厘米（图九九；彩版六七，2）。

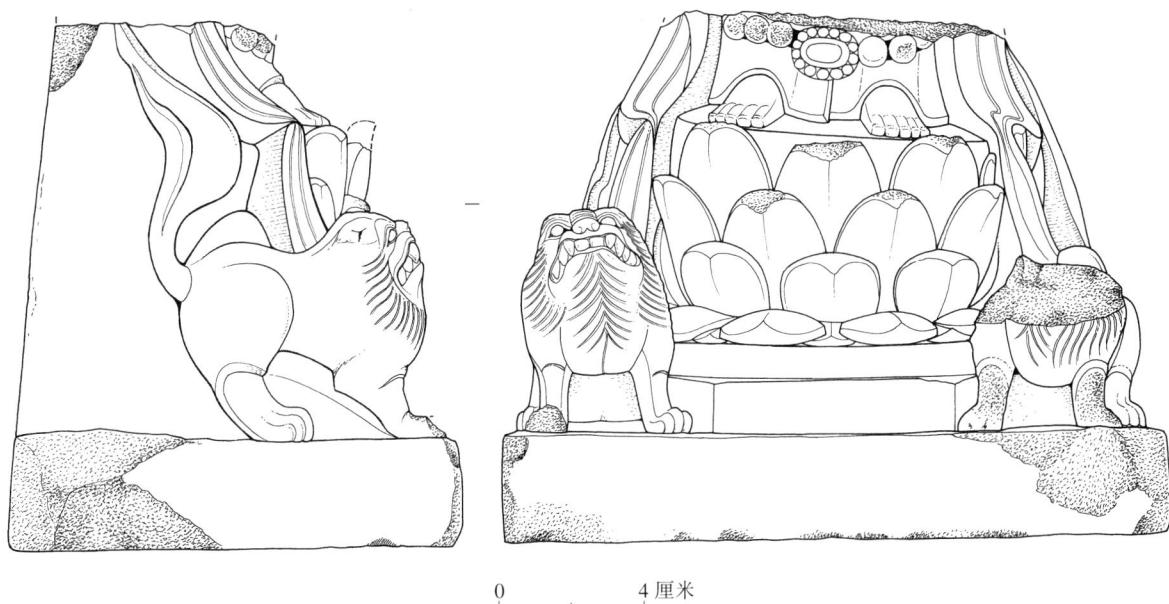

0 ——— 4 厘米

图九六　像（基）座残件（H3:22）

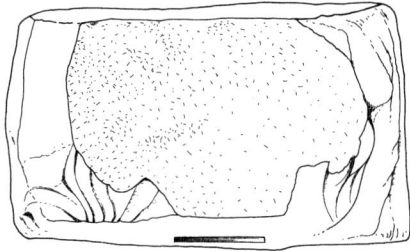

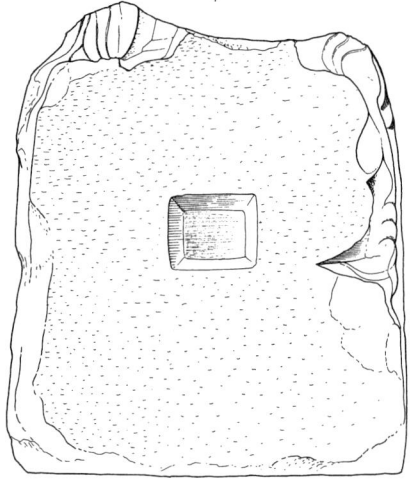

0   4 厘米

图九七　像（基）座残件（H3：3）

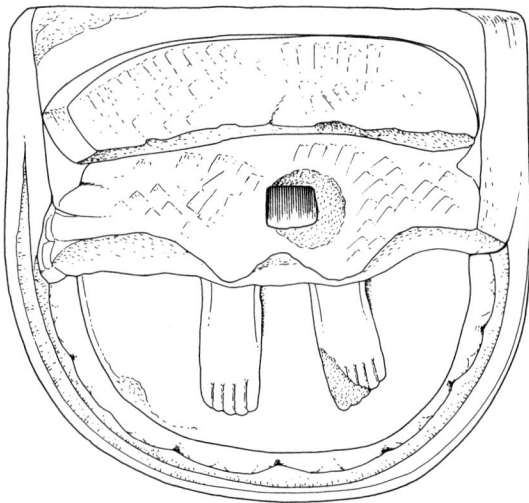

0   4 厘米

图九八　像（基）座残件（H3：12）

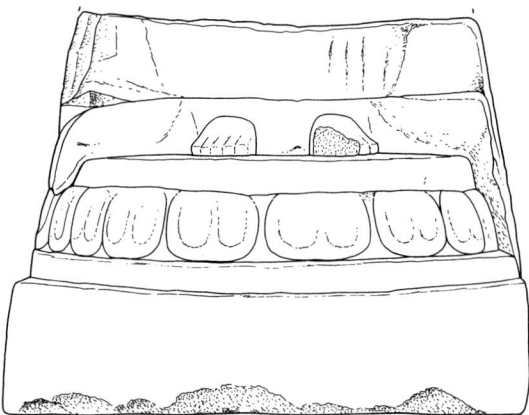

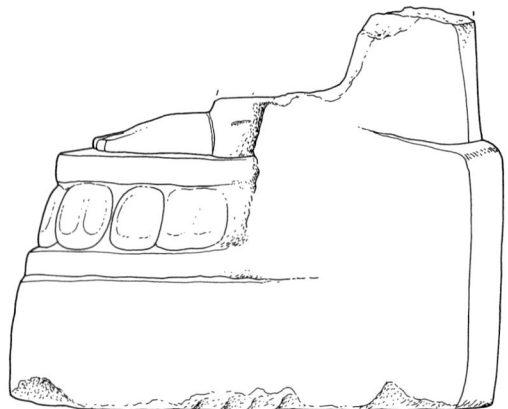

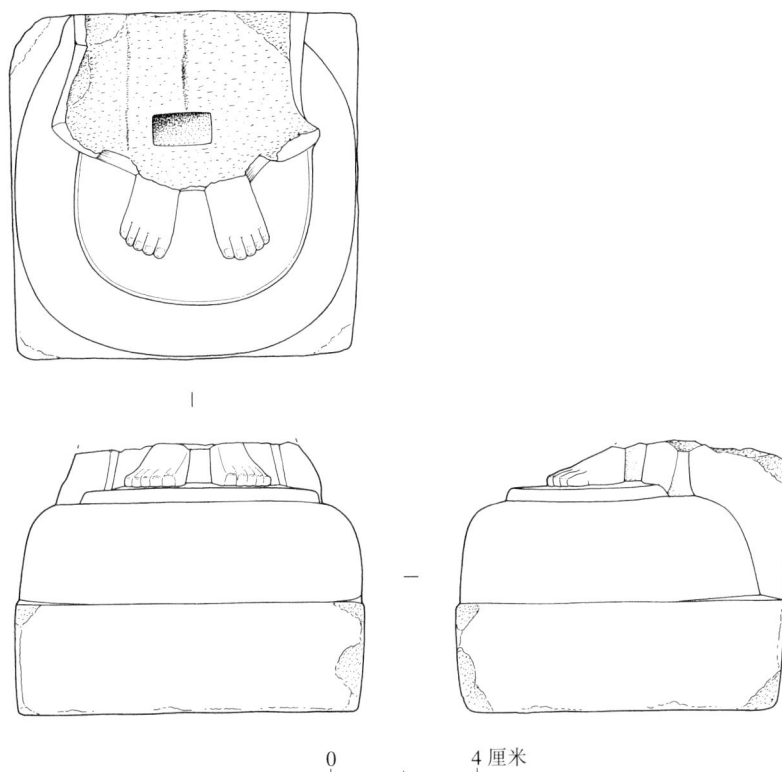

图九九 像（基）座残件（H3：20）

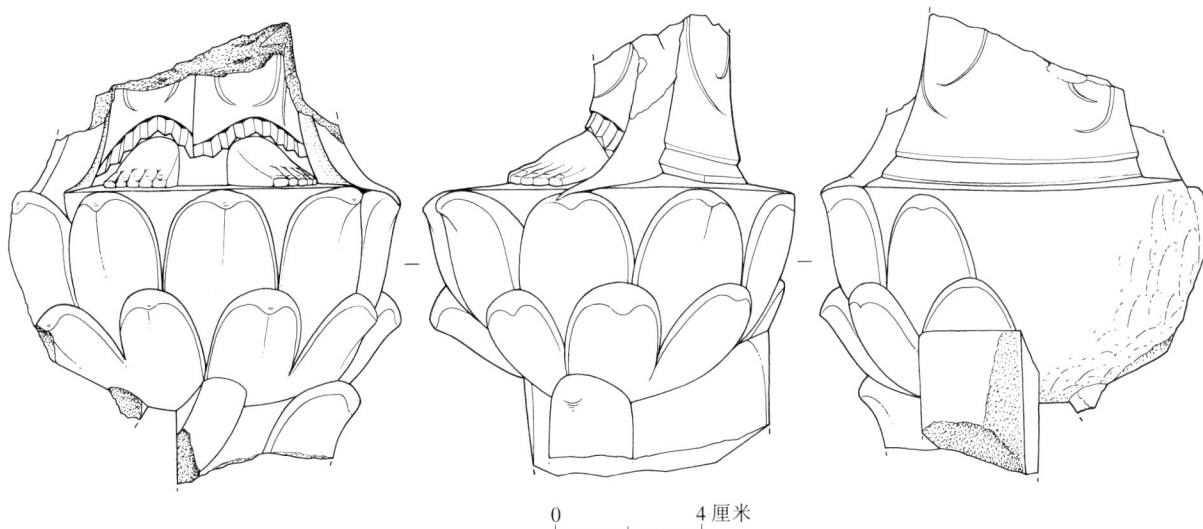

图一〇〇 像（基）座残件（H3：77）

标本 H3：77 像座残件，红砂石质，造像赤足立于仰莲台上，长裙垂覆脚面，双腿外侧有帛带末端下垂。台座莲瓣细长饱满，台座下似有莲柄残段。残件通高 12.4 厘米（图一〇〇；彩版六八，3）。

标本 H3：63 像座残件，红砂石质，造像立于仰覆莲台上，双脚脚面有后期修补时留下的小榫孔，造像背面浅浮雕一立像，略向左侧身，似戴冠（或梳双高髻），着交领长衫，宽袖下垂至膝，双臂屈肘于胸前，手持莲枝。莲台下有方形矮基。残件通高 13.6 厘米，莲台高

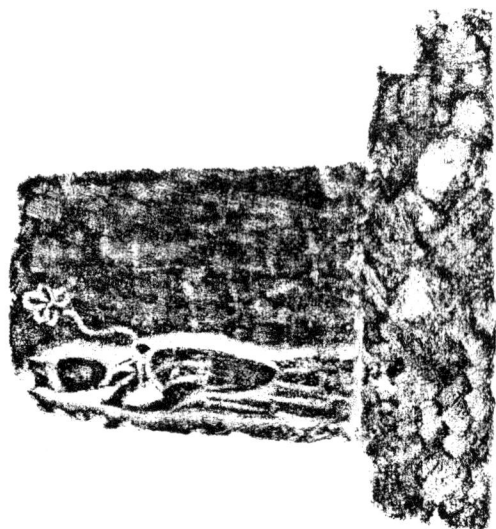

图一〇一　像（基）座残件（H3：63）

图一〇二　造像背面浅浮雕拓片（H3：63）

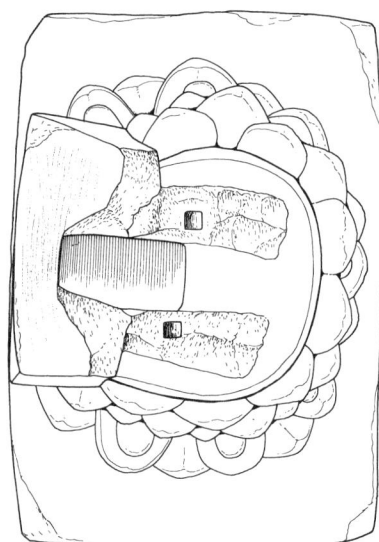

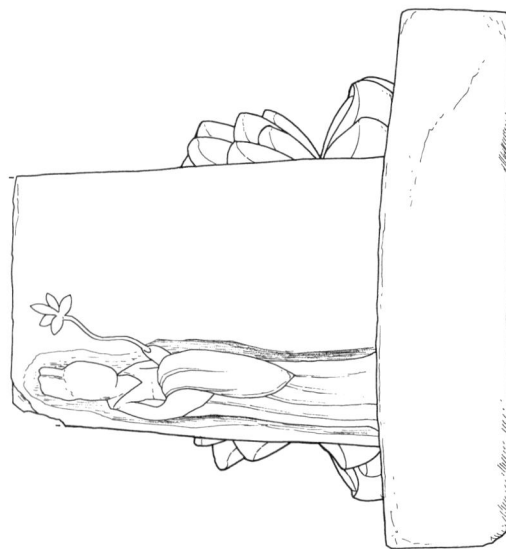

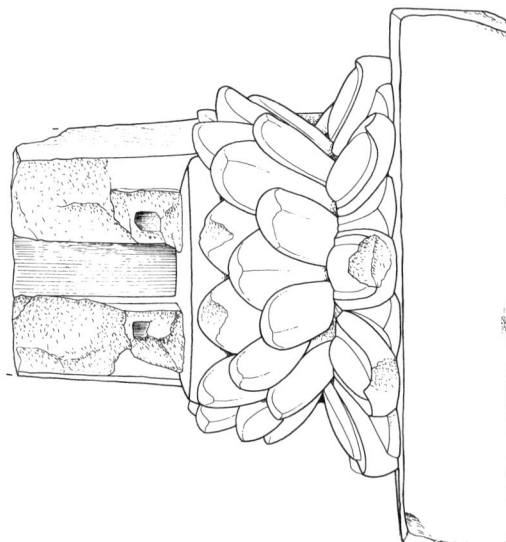

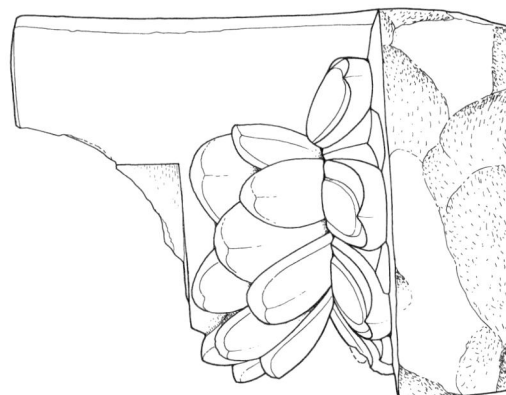

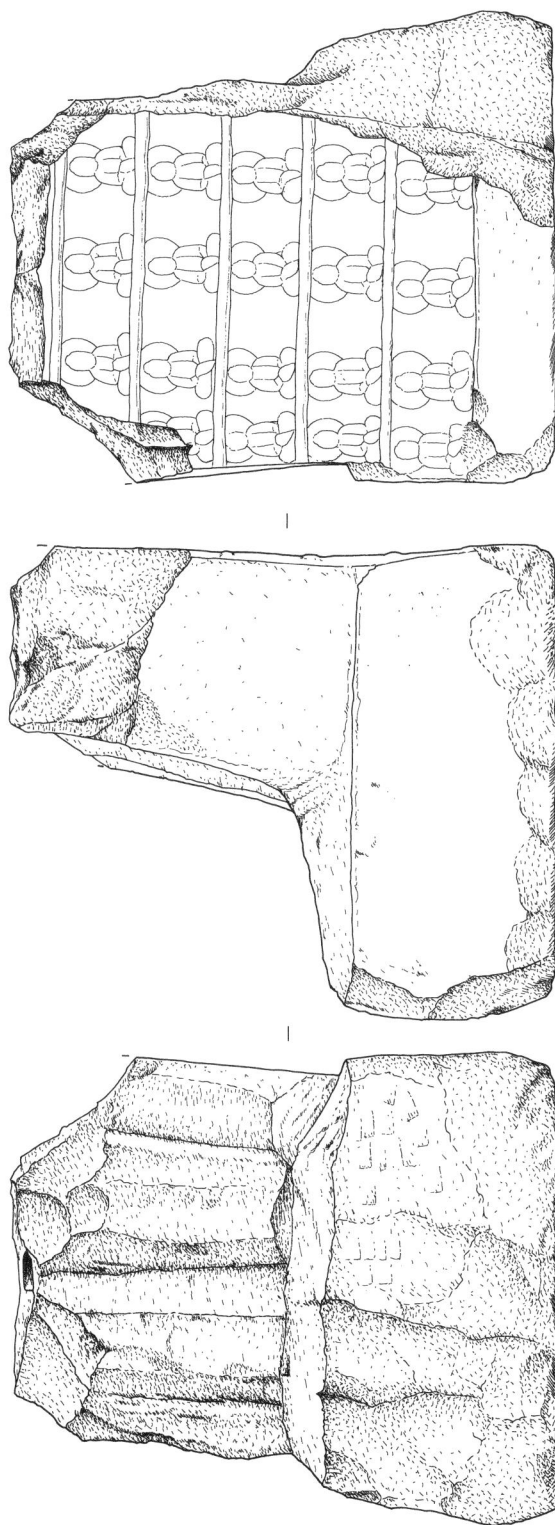

图一〇三 像（基）座残件（H3：83）

0 _____ 4厘米

图一〇四 造像背面浅浮雕拓片（H3：83）

0 _____ 4厘米

5.6厘米，基座长14.3、宽10.4、高3厘米（图一〇一、一〇二；彩版六七，3、4）。

标本H3：83　像座残块，红砂石质，残块正面似为双腿立于台座上，残损严重；背面浅浮雕千佛，残存五行，小佛像有圆形头光，着双领下垂袈裟，双手于腹前持禅定印，结跏趺坐。残块高14.9、宽12.5厘米（图一〇三、一〇四；彩版六八，1、2）。

标本H6：35　基座残块，红砂石质，残存三个侧面，左右两侧面各浮雕一坐佛，中间侧面有长方形壶门，基座中部中空。坐佛均着通肩袈裟，双手结禅定印，结跏趺坐于仰莲台上。残块高7.4、残宽8.4厘米（图一〇五，1；彩版七一，1）。

标本H6：55　基座残块，红砂石质，内侧中空，外侧残存两个侧面，每面各雕一圆拱形小龛，龛内各雕一坐佛，馒头状肉髻，着通肩袈裟，双手结禅定印，结跏趺坐于龛底，佛像表面局部残存金箔及红彩。残块高9.2、残宽7.4厘米（图一〇五，2；彩版七一，2）。

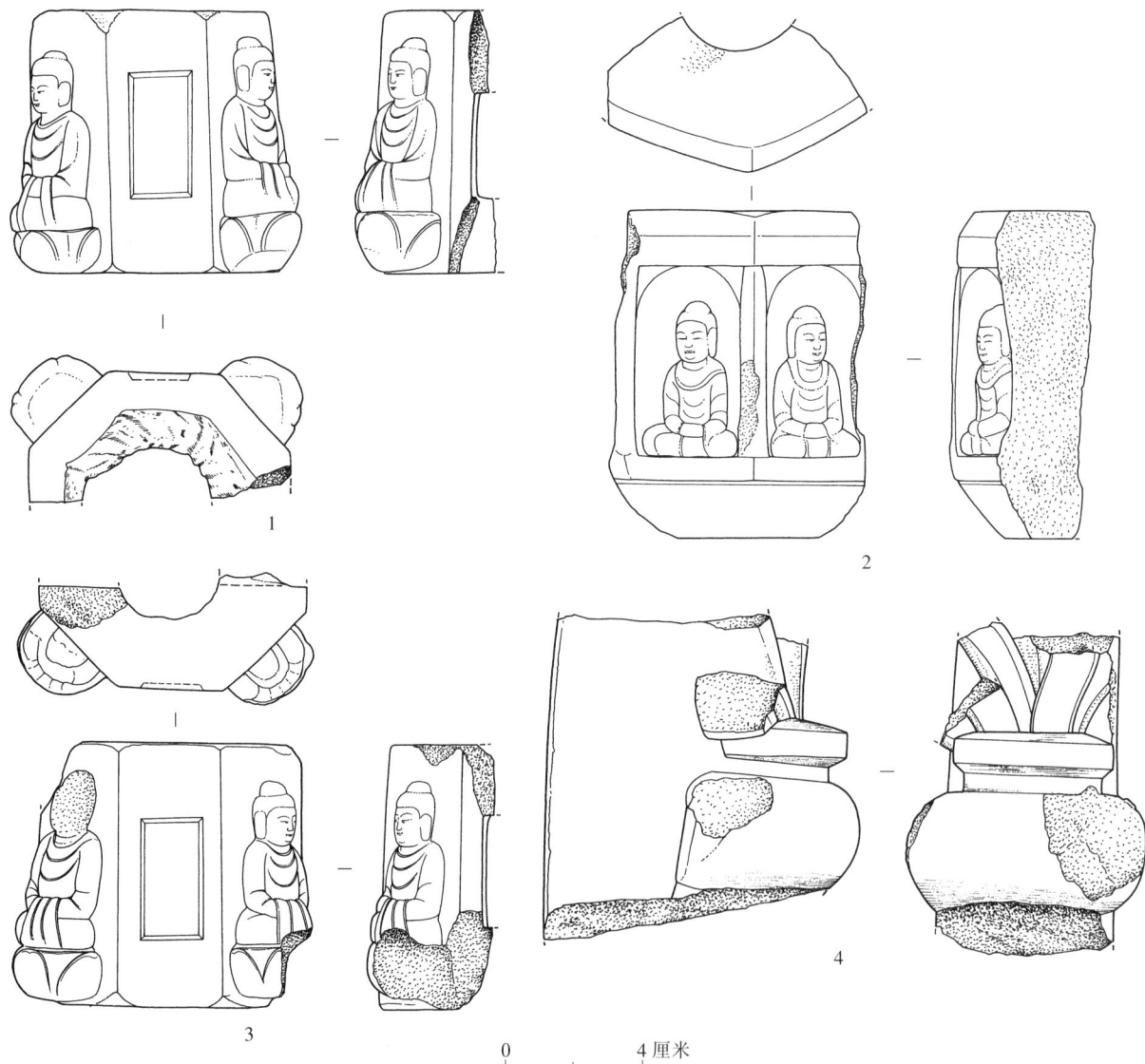

0　　　　4厘米

图一〇五　像（基）座残件
1. H6：35　2. H6：55　3. H6：56　4. H3：41

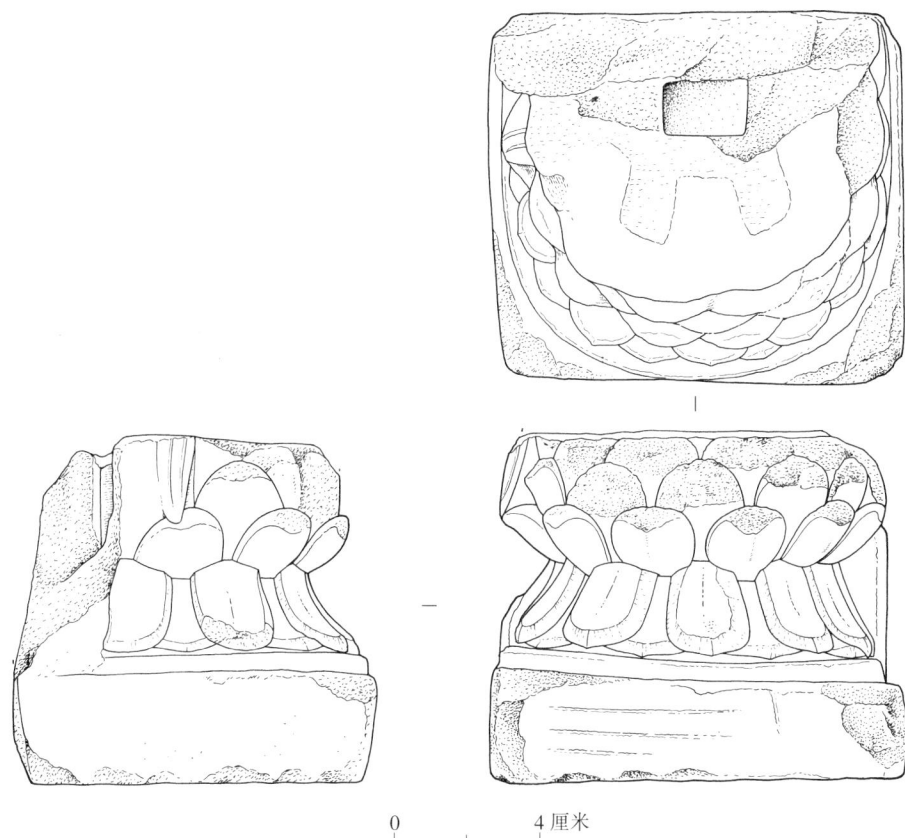

图一〇六　像（基）座残件（H3：81）

标本 H6：56　基座残块，红砂石质，内侧中空，现存三个侧面，左右两面各浮雕一尊坐佛，中间侧面有长方形壶门。坐佛着通肩袈裟，结禅定印，结跏趺坐于仰莲台上。造像表面局部保留有米黄色膏泥及红彩。残块高 7.4、残宽 8.7 厘米（图一〇五，3；彩版七一，3）。

标本 H3：41　宝瓶出莲造像残块，红砂石质，残高 9.1 厘米（图一〇五，4；彩版七二，1）。

标本 H3：81　像座残块，红砂石质，莲台下有方形台基，台面上有双足残痕。造像断面有长方形榫孔。残块高 9.3、宽 11.5 厘米（图一〇六；彩版六九，1）。

标本 H3：8　莲座残块，红砂石质，单层仰莲圆台下有祥云承托。残块高 5.7 厘米（图一〇七；彩版六九，2、3）。

标本 H3：51　盘龙束腰基座残段，红砂石质，束腰处有四条龙相互盘绕，各举一爪向上托举，盘龙身下有云气装饰。高 11.4、宽 13.9 厘米（图一〇八；彩版七一，4）。

标本 H3：45　基座残件，红砂石质，基座为六边形，前侧高浮雕宝瓶，瓶中出莲藕、莲枝等，宝瓶雕饰华丽，下有圆形莲台，莲台外周饰联珠纹；宝瓶腹部装饰分上下两层，各以细弦纹或联珠纹间隔，其间饰宝珠、菱形纹、心形纹以及 X 形等，颈部饰一周联珠纹，瓶口以 X 形纹和弦纹、联珠纹等装饰。后侧中部立一通碑面，下有方形碑座，碑面阴线刻小方格。基座残高 12、边长 7.6～23.5 厘米（图一〇九；彩版七〇，1、2）。

0 ——————— 3 厘米

图一〇七　像（基）座残件（H3∶8）

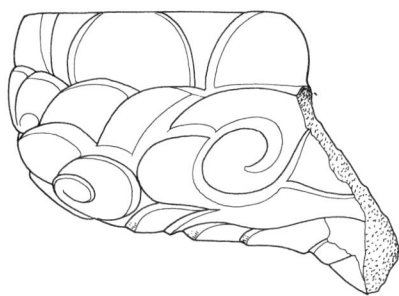

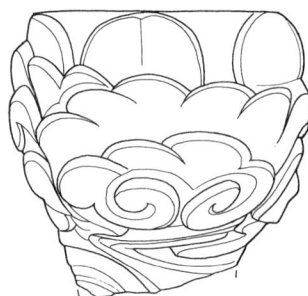

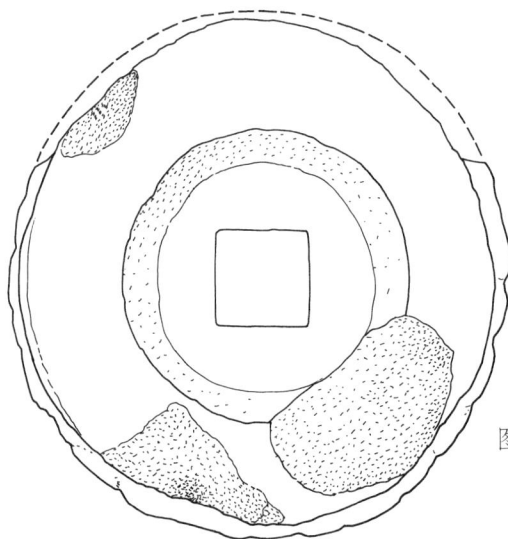

0 ——————— 4 厘米

图一〇八　像（基）座残件（H3∶51）

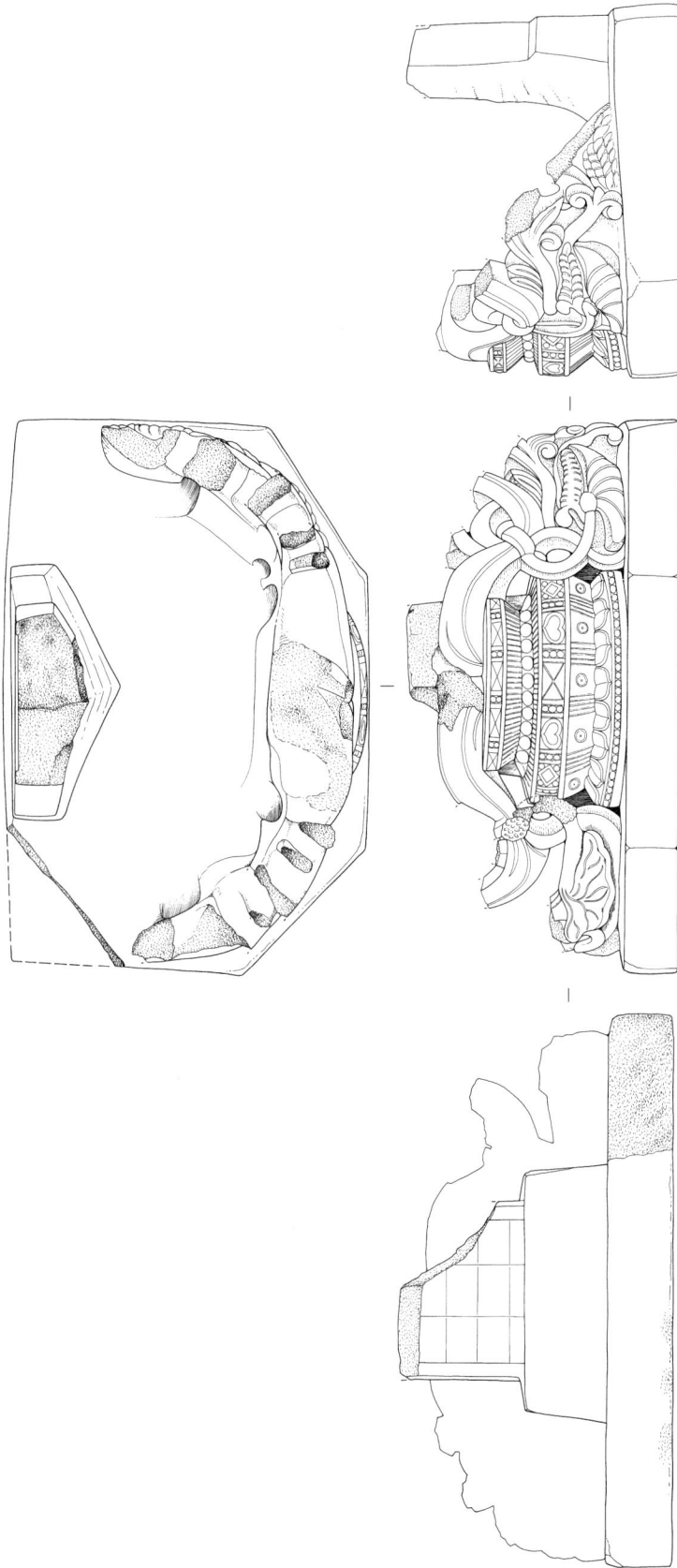

图一〇九　像（基）座残件（H3：45）

（四）　佛教建筑构件、 装饰及其他残块

17 件。

标本 H3∶82　鸟尾形造像残块，红砂石质。残高 8.8、宽 11.6 厘米（图一一〇，1；彩版七二，2）。

标本 H6∶40　华盖残块，红砂石质，下段残留两层相轮，上段为山花蕉叶。残高 8.9、宽8.2 厘米（图一一〇，2；彩版七二，3）。

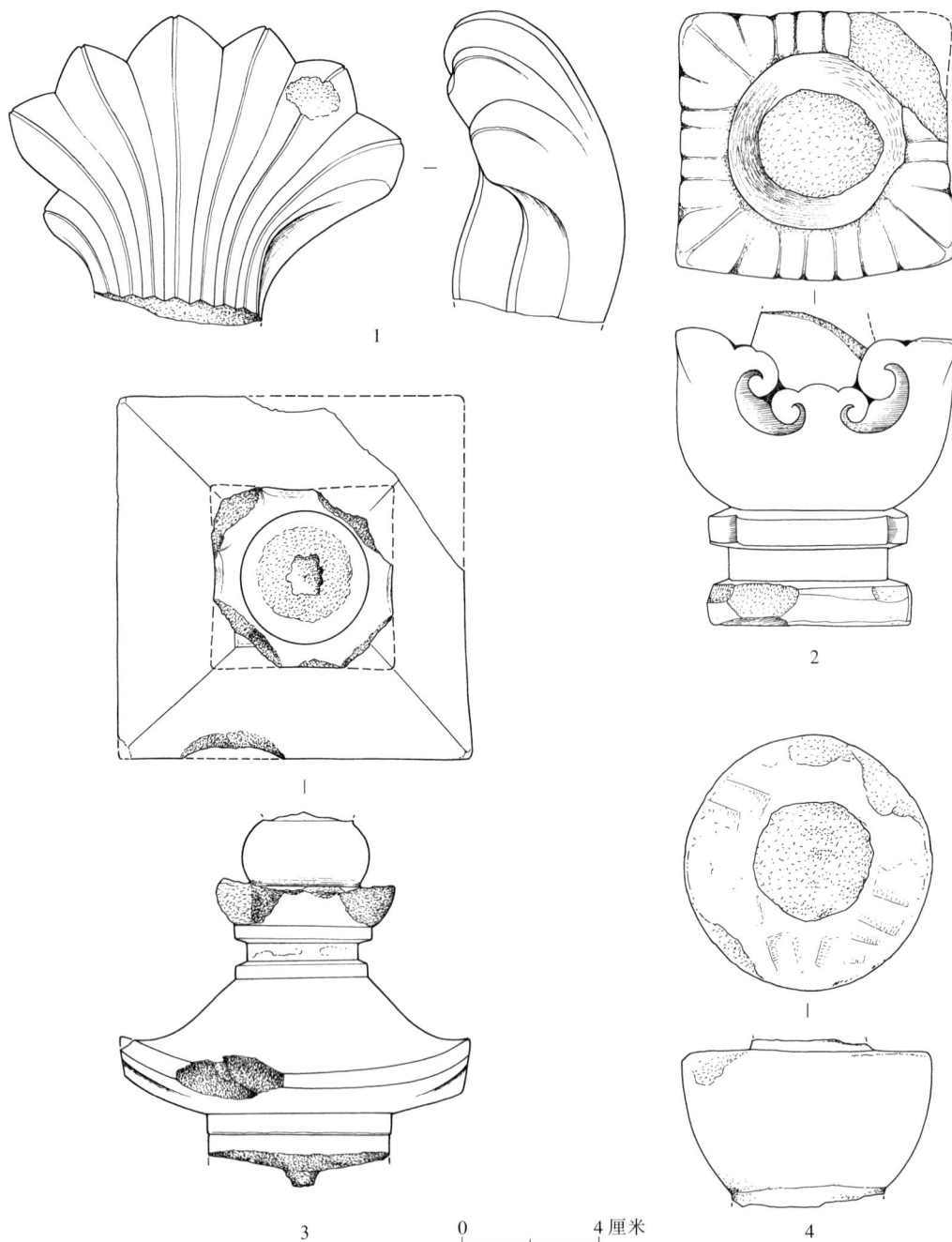

图一一〇　佛教建筑构件、装饰及其他残块
1. H3∶82　2. H6∶40　3. H6∶30　4. H6∶54

　　标本 H6：30　建筑顶残块，青砂石质，局部表面残存有金箔及红彩。高 10.5、宽 10.3 厘米（图一一〇，3；彩版七二，4）。

　　标本 H6：54　幢或塔顶宝珠残块，红砂石质。残高 4.7、宽 7.2 厘米（图一一〇，4；彩版七二，5）。

　　标本 H3：301　花草形装饰残块，红砂石质，背面素面。残长 5.1、残宽 9.8 厘米（图一一一，1；彩版七三，1）。

　　标本 H6：61　云纹装饰残块，红砂石质，背面素面。残长 11.8 厘米（图一一一，2；彩版七三，2）。

　　标本 H6：39　华盖残块，红砂石质，正面为莲瓣状。直径 22、残高 5 厘米（彩版七三，3）。

　　标本 H6：42　华盖残块，红砂石质。残高 9.1 厘米（图一一一，3；彩版七三，4）。

　　标本 H6：50　大型佛像手臂残块，红砂石质，肘部微屈，表面局部残留有金箔。残长 18.2 厘米（图一一一，4；彩版七三，5）。

　　标本 H6：38　佛手残块，红砂石质，手腕处有袈裟衣纹，手腕上屈，掌心向前，屈指。残高 8.2、宽 7.9 厘米（图一一一，5；彩版七三，6）。

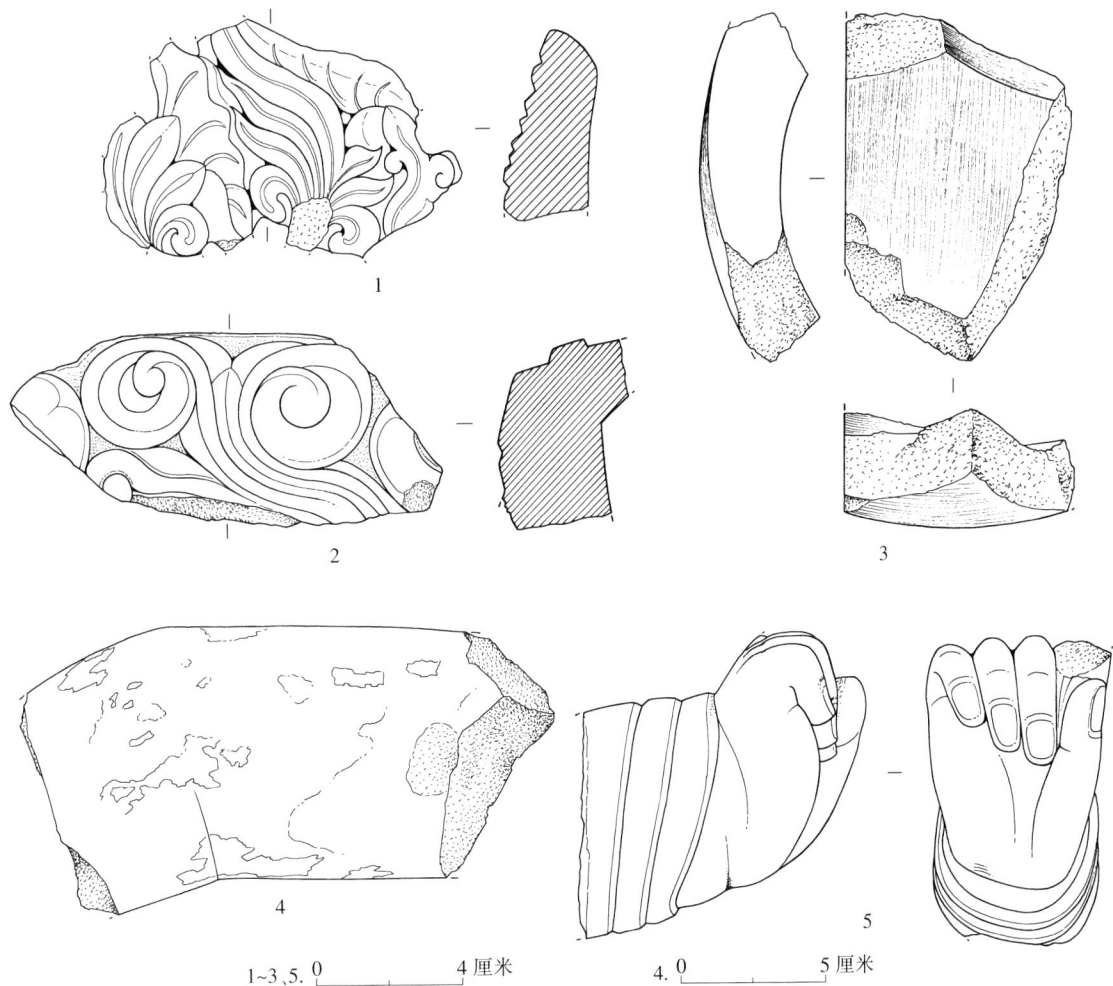

图一一一　佛教建筑构件、装饰及其他残块
1. H3：301　2. H6：61　3. H6：42　4. H6：50　5. H6：38

标本 H11：16　狮子残件，红砂石质，狮子仅余前半身，双腿交叉卧于长方形低台上，高44、残宽 46 厘米（彩版七四，1）。

标本 H6：28　华盖残块，红砂石质。直径 14 厘米（图一一二，1；彩版七四，3）。

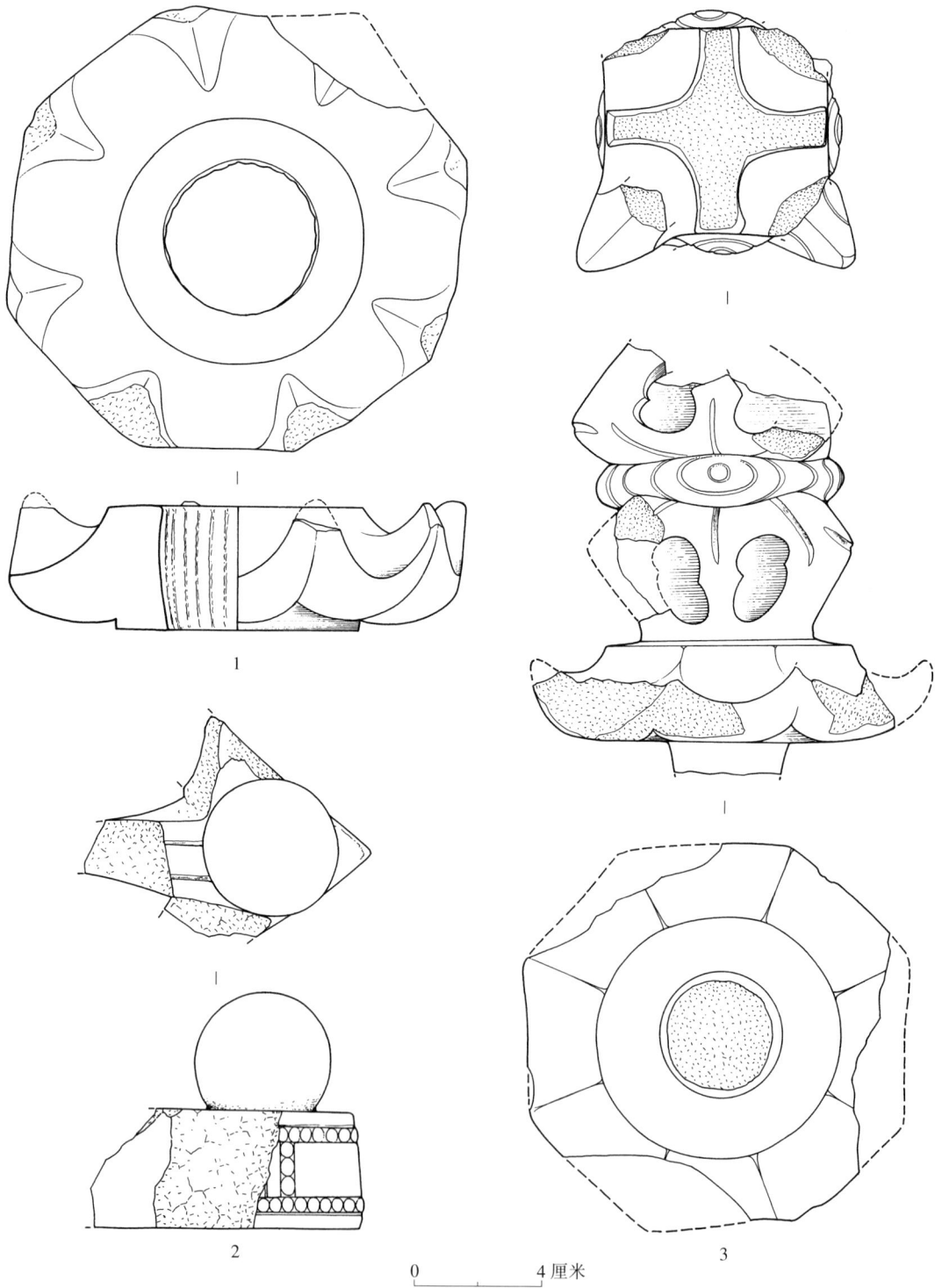

图一一二　佛教建筑构件、装饰及其他残块
1. H6：28　2. H6：26　3. H6：29

标本 H6：26　建筑构件残块，红砂石质。残高 7.1、残宽 8.6 厘米（图一一二，2；彩版七四，2）。

标本 H6：29　华盖残块，红砂石质，局部镂雕，饰有云纹。残高 13 厘米（图一一二，3；彩版七五，1）。

标本 H6：41　建筑构件残块，红砂石质，为幢或塔顶部华盖及相轮局部。残高 7.3 厘米（图一一三，1；彩版七五，2）。

标本 H6：60　华盖残块，红砂石质。残高 5.5 厘米（图一一三，2；彩版七五，3）。

标本 H6：49　建筑构件残块。红砂石质。残高 8.6、残宽 10.2 厘米（图一一三，3；彩版七五，4）。

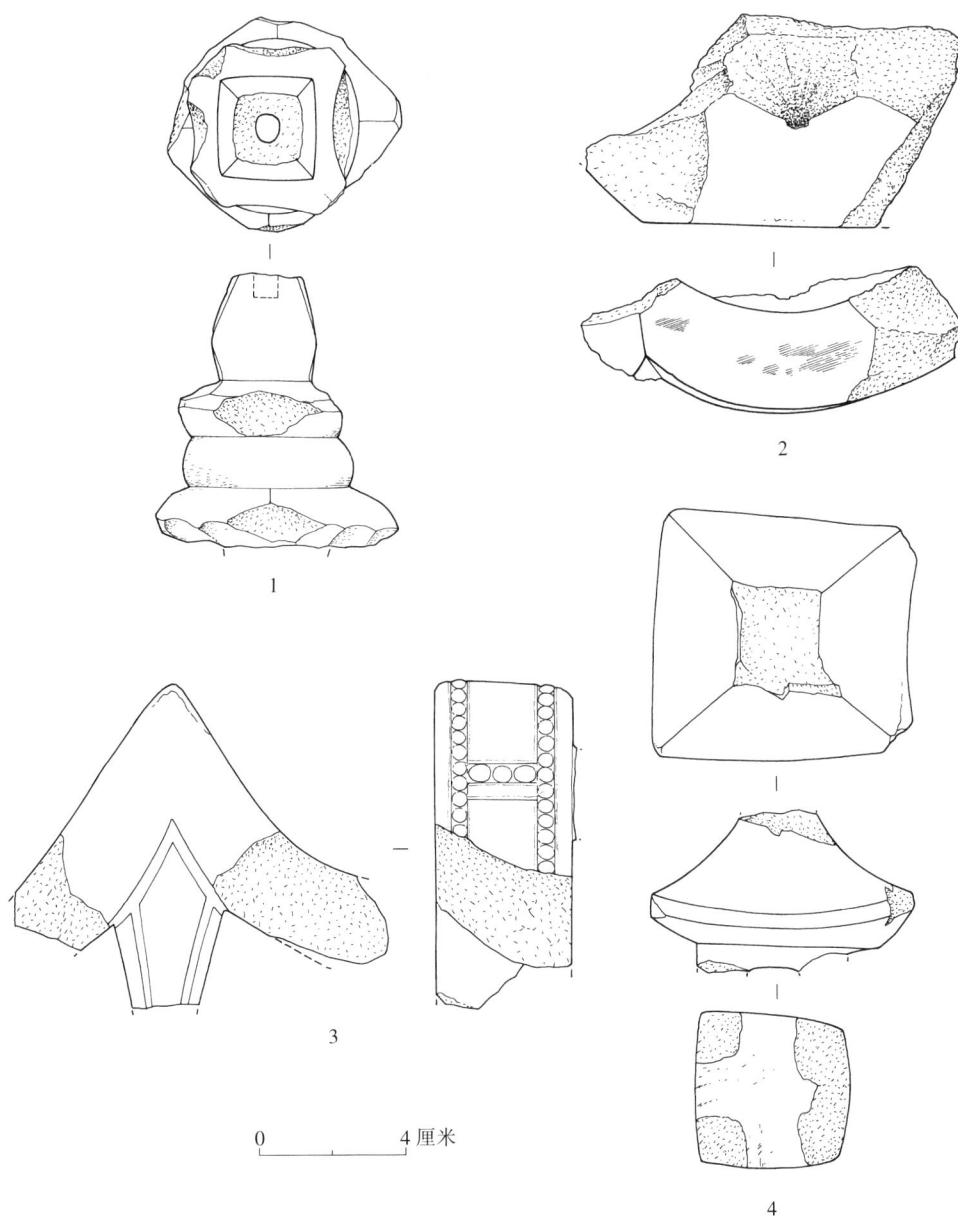

0　　　　　4 厘米

图一一三　佛教建筑构件、装饰及其他残块

1. H6：41　2. H6：60　3. H6：49　4. H6：59

标本 H6：59　建筑构件残块，红砂石质，为幢或塔顶部残块。残高 4.2、宽 7.3 厘米（图一一三，4；彩版七五，5）。

第二节　陶瓷器

一　瓷器

数量很多，釉色品种和器形组合丰富，釉色有青釉、酱釉、黄釉、白釉、青白釉、青花等，器形以日常生活用具较常见，可辨碗、盘、盏、杯、钵、罐、壶、瓶、炉、盒、砚台、器盖等。从窑口构成情况看，以成都平原本地的琉璃厂窑、邛窑、青羊宫窑为主，也有一部分龙泉窑、湖田窑、耀州窑、定窑等外地窑场的制品，还有少量瓷器的窑口来源暂时无法确定。

（一）琉璃厂窑

琉璃厂窑制品在出土瓷器中所占的数量最多，几乎都属于高温釉，其胎质较粗，烧结致密，一般呈暗红色、棕色，少量呈灰黑色，挂化妆土的做法较为普遍，釉色以青釉、酱釉、黄釉等为主，其中青釉和酱釉瓷器所占的比重最大，青釉多偏黄色或灰色，酱釉色调较深。整体而言，瓷器的制作工艺较显粗糙，器形丰富，可辨碗、盘、盏、钵、盆、罐、壶、瓶、炉、盒、砚台、器盖等，碗、盘类的内底面常留有支钉叠烧痕。

1. 碗

72 件。按口、腹及底部形态的差异分为五型。

A 型　54 件。侈口，斜弧腹，腹部略鼓凸，底部带饼足。

标本 T3③：4　暗红胎，挂化妆土，青灰釉，内底残留支钉痕。口径 18、底径 7.2、高 5.2 厘米（图一一四，1）。

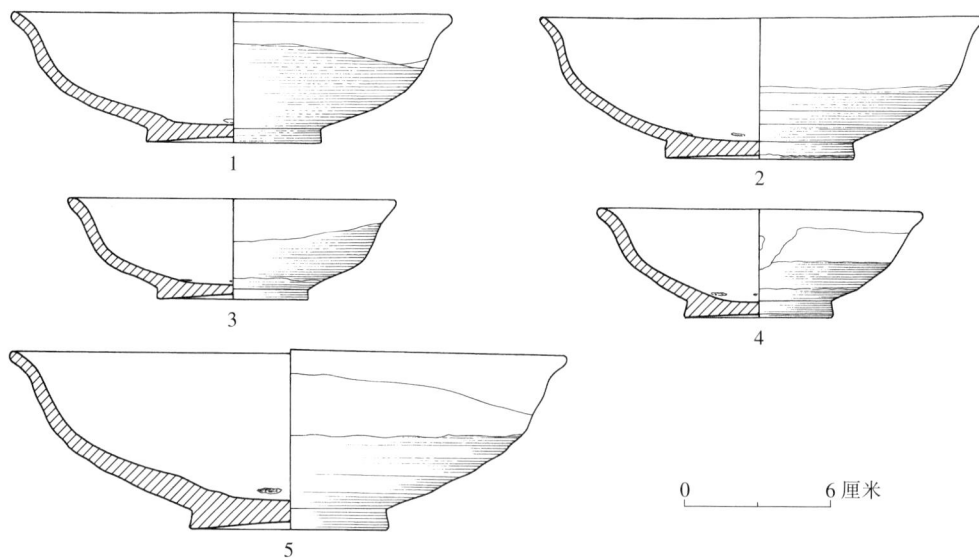

图一一四　琉璃厂窑 A 型瓷碗
1. T3③：4　2. H3：215　3. H6：173　4. H6：171　5. H3：144

标本 H3：215　暗红胎，挂化妆土，釉面脱落，内底残留支钉痕。口径 17.6、底径 7.7、高 5.6 厘米（图一一四，2）。

标本 H6：173　暗红胎，挂化妆土，青黄釉，内底残留支钉痕。口径 13.4、底径 6.2、高 4 厘米（图一一四，3）。

标本 H6：171　暗红胎，挂化妆土，青黄釉，内底残留支钉痕。口径 13.3、底径 6.1、高 4.4 厘米（图一一四，4）。

标本 H3：144　暗红胎，挂化妆土，青黄釉，内底残留支钉痕。口径 22.8、底径 8.4、高 7.3 厘米（图一一四，5）。

B 型　6 件。敞口，斜弧腹。按底部形态的差异分为二亚型。

Ba 型　3 件。底部带饼足。

标本 H10：25　灰黑胎，挂化妆土，青黄釉，内底残留支钉痕。口径 14.6、底径 6、高 5.2 厘米（图一一五，1）。

标本 H10：21　棕胎，挂化妆土，青黄釉，内底残留支钉痕。口径 13.4、底径 4.8、高 4 厘米（图一一五，2）。

标本 H10：12　棕胎，挂化妆土，青黄釉，内底残留支钉痕。口径 13.6、底径 4.9、高 3.9 厘米（图一一五，3）。

Bb 型　3 件。底部带圈足。

标本 H10：17　暗红胎，挂化妆土，青釉，内底残留支钉痕。口径 17、底径 5、高 6.4 厘米（图一一五，4）。

标本 H10：7　棕胎，挂化妆土，酱釉，口沿一周施青黄釉。口径 17.2、底径 5、高 6.2 厘米（图一一五，5）。

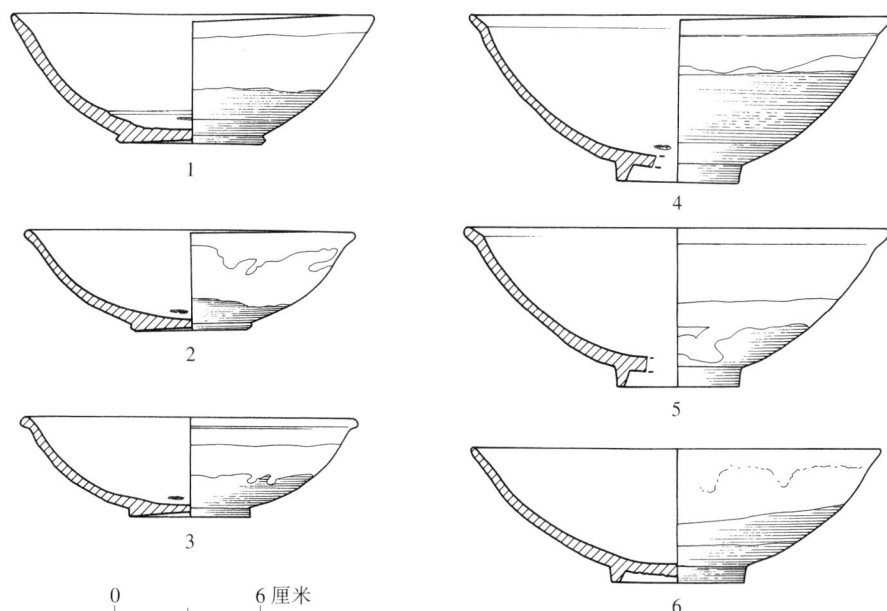

图一一五　琉璃厂窑 B 型瓷碗

1～3. Ba 型（H10：25、H10：21、H10：12）　4～6. Bb 型（H10：17、H10：7、H10：9）

　　标本 H10：9　暗红胎，挂化妆土，酱釉，内底残留支钉痕。口径 16.6、底径 5.4、高 5.3 厘米（图一一五，6）。

　　C 型　7 件。折沿，敞口，底部带饼足。按腹部形态的差异分为二亚型。

　　Ca 型　2 件。斜直腹。

　　标本 H11：8　暗红胎，挂化妆土，青黄釉，内底残留支钉痕。口径 19.8、底径 7.5、高 6.6 厘米（图一一六，1）。

　　标本 H11：9　暗红胎，挂化妆土，釉面脱落，口沿处饰褐色彩绘，内底残留支钉痕。口径 19.2、底径 7.6、高 6.6 厘米（图一一六，2）。

　　Cb 型　5 件。弧腹。

　　标本 H3：149　灰黑胎，挂化妆土，青灰釉，内底残留支钉痕。口径 13.7、底径 5.9、高 4.1 厘米（图一一六，3）。

　　标本 H6：150　暗红胎，挂化妆土，青黄釉，内底残留支钉痕。口径 13、底径 5.6、高 3.9 厘米（图一一六，4）。

　　标本 H6：160　暗红胎，挂化妆土，青黄釉，内底残留支钉痕。口径 13.4、底径 5.7、高 3.9 厘米（图一一六，5）。

　　D 型　4 件。折腹，腹部转折处偏下，底部带饼足。按口部形态的差异分为二亚型。

　　Da 型　3 件。侈口。

　　标本 H6：91　暗红胎，棕釉，内底残留支钉痕。口径 18.4、底径 7.8、高 6.1 厘米（图一

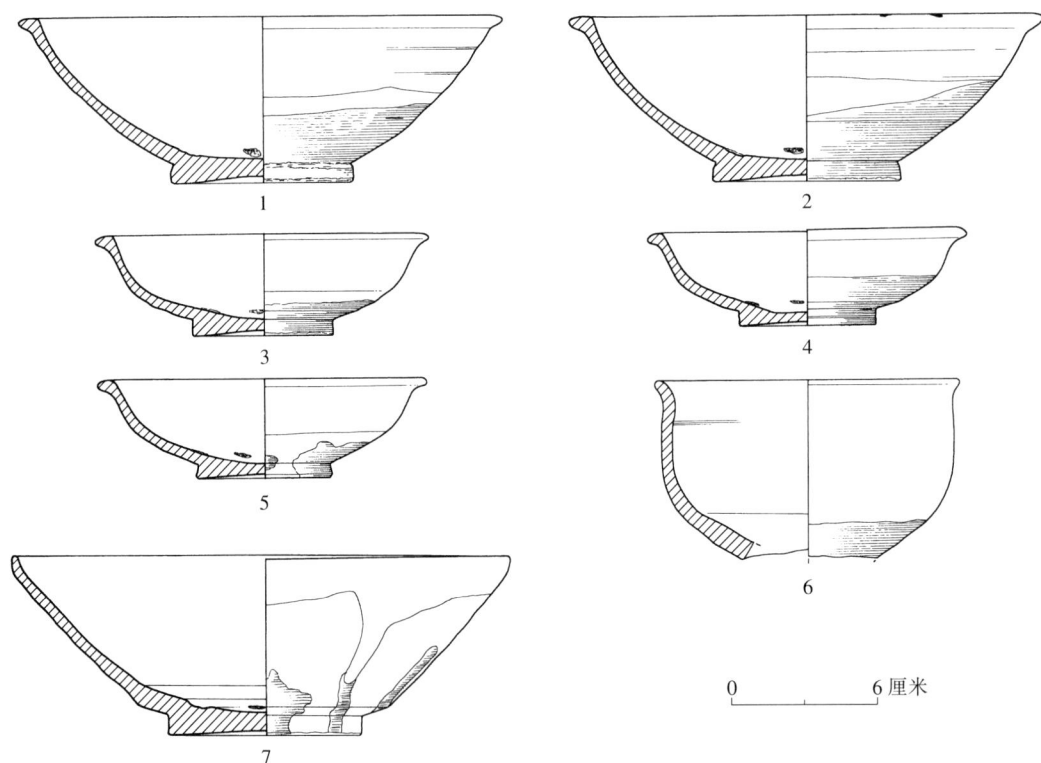

图一一六　琉璃厂窑瓷碗

1、2. Ca 型（H11：8、H11：9）　　3～5. Cb 型（H3：149、H6：150、H6：160）　　6. E 型（H3：245）　　7. Db 型（T4③：5）

一七，1）。

标本 H3：137　暗红胎，酱釉，内底残留支钉痕。口径 16.9～17.9、底径 7.5、高 6.1 厘米（图一一七，2；彩版七六，1）。

Db 型　1 件。口沿内折成直口。

标本 T4③：5　棕胎，挂化妆土，青黄釉，内底残留支钉痕。口径 20.6、底径 8、高 7.2 厘米（图一一六，7）。

E 型　1 件。直口，深弧腹，底部带饼足。

标本 H3：245　褐胎，酱黑釉，内底残留支钉痕。口径 12.4、残高 7 厘米（图一一六，6）。

2. 盏

48 件。按口、腹及底部形态的差异分为三型。

A 型　36 件。敞口，唇部较厚，浅斜腹，平底。按唇、腹部形态的变化分为三式。

Ⅰ 式　33 件。圆唇，腹壁较厚。

标本 T1③：7　暗红胎，酱釉。口径 11.6、底径 4.3、高 3.1 厘米（图一一八，1）。

标本 H3：98　褐胎，挂化妆土，酱釉。口径 8.4、底径 3.7、高 2.6 厘米（图一一八，2）。

标本 H3：104　棕胎，酱釉。口径 10.6、底径 3.7、高 3 厘米（图一一八，3）。

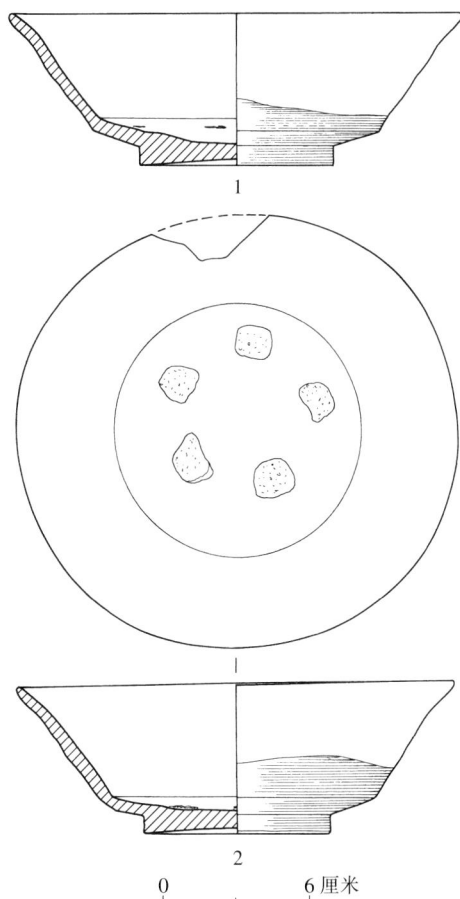

图一一七　琉璃厂窑 Da 型瓷碗
1. H6：91　2. H3：137

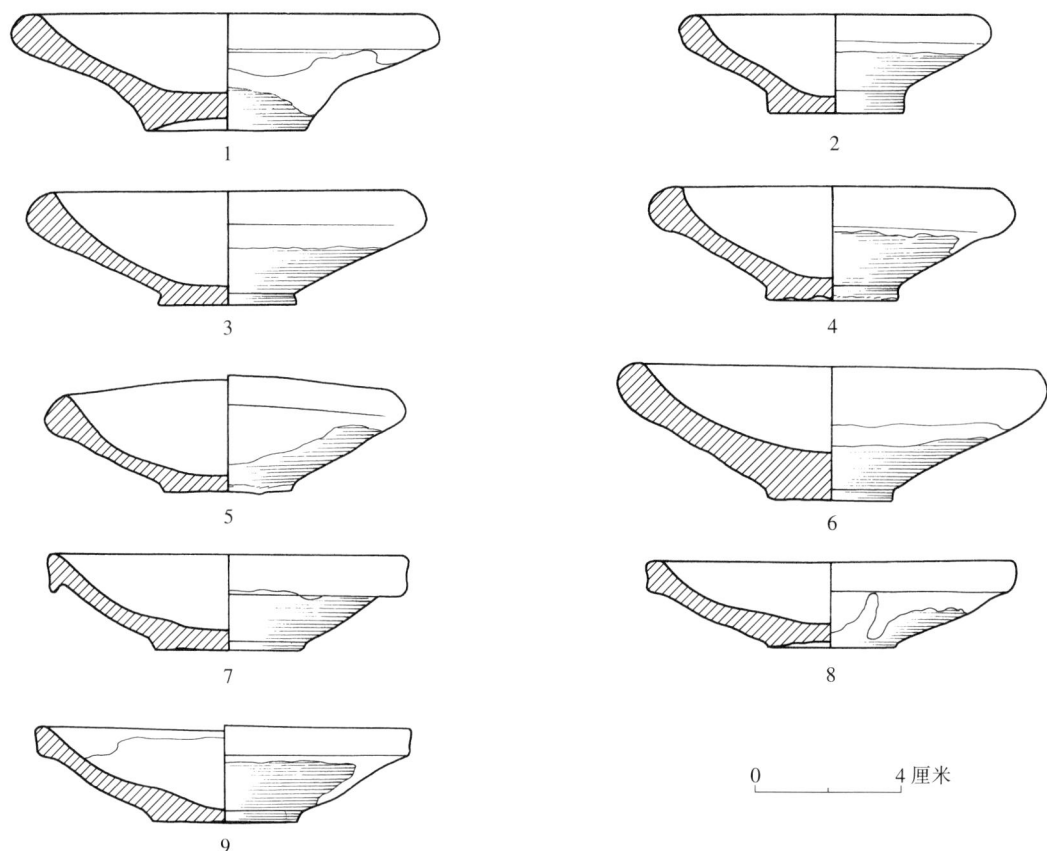

图一一八　琉璃厂窑 A 型瓷盏

1~6.I式（T1③：7、H3：98、H3：104、H3：107、H6：102、H16：5）　7.Ⅱ式（H10：3）　8、9.Ⅲ式（H10：14、H10：18）

标本 H3：107　棕胎，酱黑釉。口径9.8、底径3.6、高3.1厘米（图一一八，4）。

标本 H6：102　棕胎，酱釉。口径9.1~9.8、底径3.5、高3.2厘米（图一一八，5）。

标本 H16：5　棕胎，酱釉。口径11.5、底径3.4、高3.5厘米（图一一八，6）。

Ⅱ式　1件。方唇，唇部较宽，腹部变浅。

标本 H10：3　棕胎，挂化妆土，酱釉。口径9.8、底径4、高2.5厘米（图一一八，7）。

Ⅲ式　2件。方唇，唇部减薄。

标本 H10：14　灰黑胎，挂化妆土，酱釉。口径10、底径3.6、高2.2厘米（图一一八，8）。

标本 H10：18　棕胎，挂化妆土，酱釉。口径10.2、底径4、高2.5厘米（图一一八，9）。

B 型　10件。敞口，斜弧腹，平底。

标本 T9③：1　暗红胎，挂化妆土，釉面脱落。口径10.8、底径4.1、高3厘米（图一一九，1）。

标本 H10：4　暗红胎，挂化妆土，青黄釉，内底残留支钉痕。口径10.9、底径4.1、高3.3厘米（图一一九，2）。

标本 H10：5　棕胎，挂化妆土，青黄釉。口径11.2、底径4.1、高2.6厘米（图一一九，3）。

标本 H10：20　棕胎，挂化妆土，青灰釉。口径10.7、底径3.9、高2.9厘米（图一一九，4）。

C 型　2件。敞口，斜直腹，腹部较高，底部带圈足，即所谓"斗笠盏"。

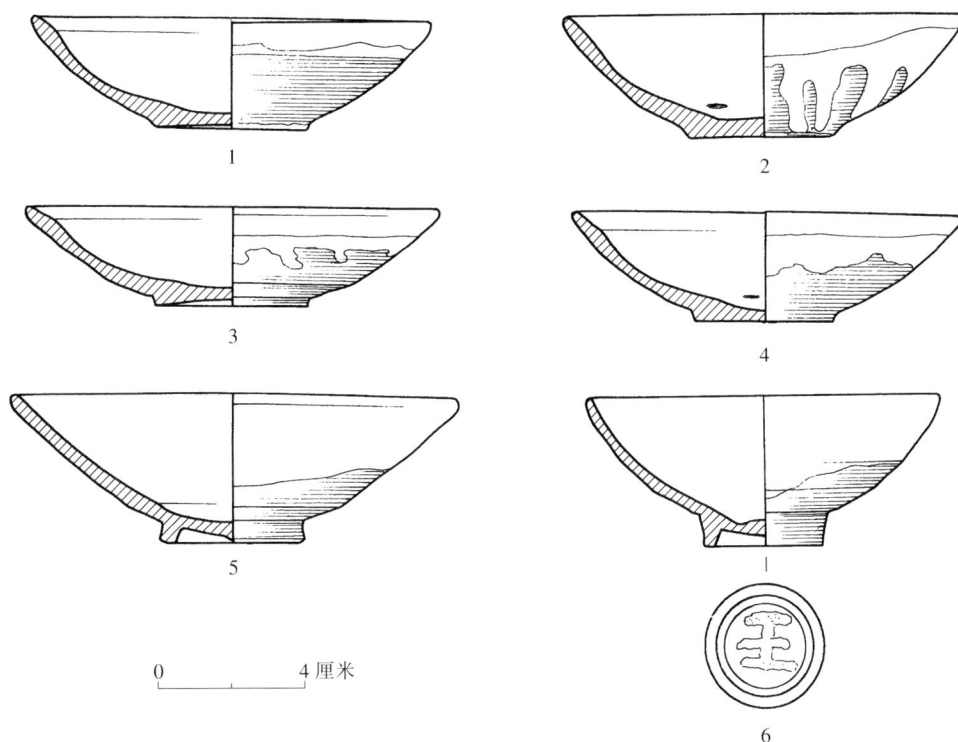

图一一九　琉璃厂窑瓷盏

1~4. B 型（T9③∶1、H10∶4、H10∶5、H10∶20）　5、6. C 型（H10∶23、H11∶7）

标本 H10∶23　棕胎，挂化妆土，酱釉。口径12.2、底径3.9、高4厘米（图一一九，5）。

标本 H11∶7　暗红胎，挂化妆土，酱黄釉，圈足底有朱书字款，似一"王"字。口径9.6、底径3.3、高4厘米（图一一九，6）。

3. 盘

5 件。按口、腹及底部形态的差异分为四型。

A 型　1件。折沿，敞口，斜弧腹，底部带饼足。

标本 H6∶170　棕胎，挂化妆土，青黄釉，口沿及内壁饰酱釉，内底残留支钉痕。口径13.4、底径6.2、高4.1厘米（图一二〇，3）。

B 型　1件。折沿，沿面较宽，斜直腹，底部带饼足。

标本 H6∶136　暗红胎，挂化妆土，釉面脱落，内底残留支钉痕。口径23.8、底径8.5、高6厘米（图一二〇，4）。

C 型　2件。侈口，折腹，腹部转折处居中，底部带饼足。

标本 H3∶136　棕胎，酱釉，内底残留支钉痕。口径14.8、底径6.1、高3.3厘米（图一二〇，1）。

标本 H6∶94　暗红胎，挂化妆土，青黄釉，内底残留支钉痕。口径16.4、底径6.2、高3.7厘米（图一二〇，2）。

D 型　1件。直口，唇部较厚，浅直腹，平底。

标本 H3∶208　棕胎，挂化妆土，青黄釉，内底残留支钉痕。口径21.4、底径19.8、高2.5厘米（图一二一）。

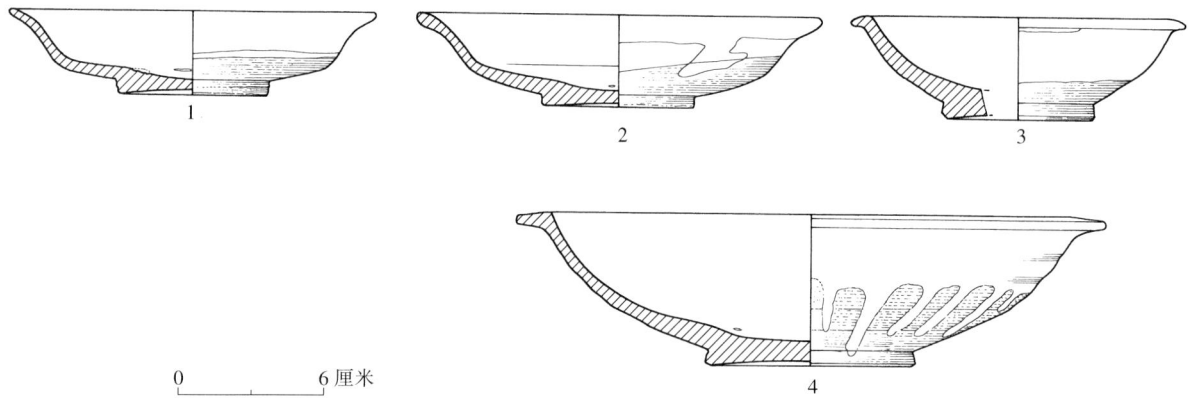

图一二〇　琉璃厂窑瓷盘

1、2. C 型（H3：136、H6：94）　　3. A 型（H6：170）　　4. B 型（H6：136）

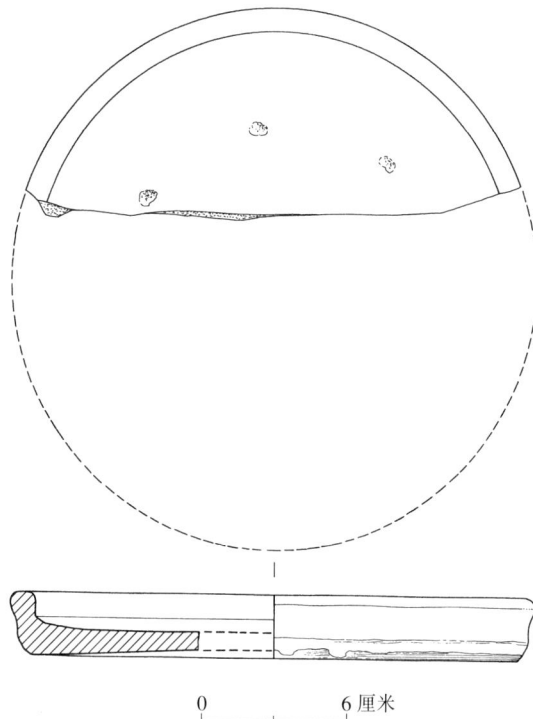

图一二一　琉璃厂窑 D 型瓷盘（H3：208）

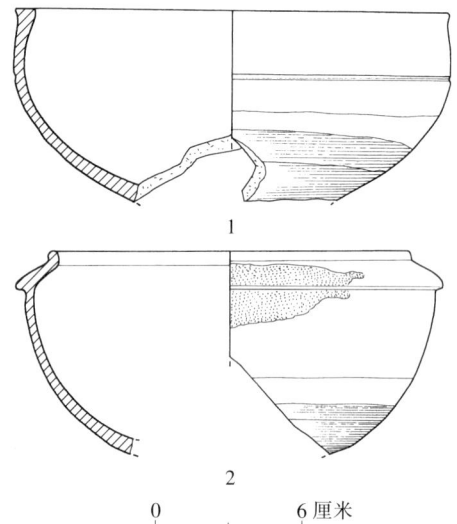

图一二二　琉璃厂窑瓷钵

1. A 型（H3：162）　　2. B 型（H3：159）

4. 钵

2 件。敛口，弧腹。按唇、肩部形态的差异分为两型。

A 型　1 件。方唇。

标本 H3：162　暗红胎，挂化妆土，青黄釉，口沿外侧饰酱釉。口径 17.6、残高 7.5 厘米（图一二二，1）。

B 型　1 件。尖唇，折肩。

标本 H3：159　暗红胎，挂化妆土，青黄釉，口沿外侧饰酱釉。口径 14.6、残高 7.9 厘米（图一二二，2）。

5. 盆

7 件。按口、腹及底部形态的差异分为两型。

A 型　3 件。斜直腹，平底。分为二亚型。

Aa 型　2 件。口沿外侧有一周凸棱。

标本 H3：155　棕胎，挂化妆土，青黄釉，内底残留支钉痕。口径 30.8、底径 22.2、高 9.6 厘米（图一二三，1）。

Ab 型　1 件。口沿外侧无凸棱。

标本 T10③：1　暗红胎，挂化妆土，青黄釉，内底残留支钉痕。口径 25.6、底径 18.2、高 4.9 厘米（图一二三，2）。

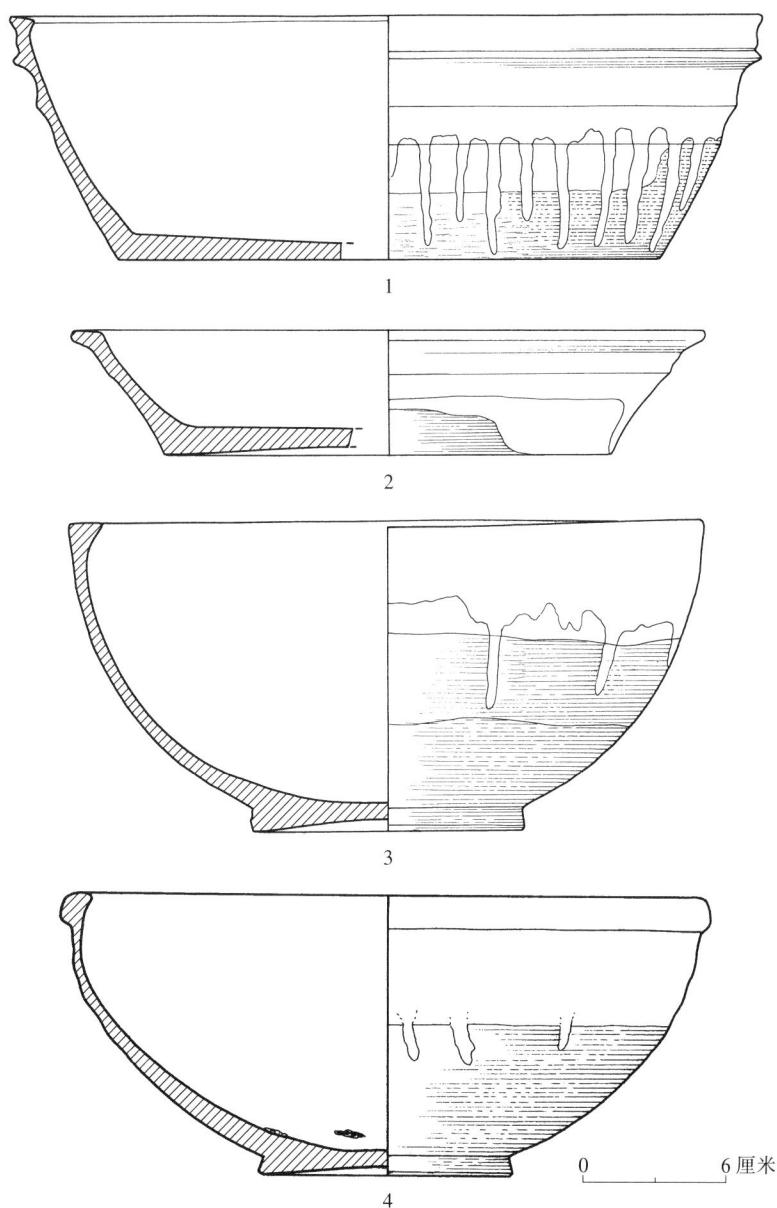

图一二三　琉璃厂窑瓷盆

1. Aa 型 H3：155　2. Ab 型 T10③：1　3. Ba 型 H3：156　4. Ba 型 H3：157

B 型　4 件。弧腹，底部带饼足。按口部形态的差异分为二亚型。

Ba 型　2 件。方唇，敛口。

标本 H3：156　棕胎，挂化妆土，淡青釉，内底残留支钉痕。口径 26.2、底径 11.2、高 12.2 厘米（图一二三，3）。

标本 H3：157　暗红胎，挂化妆土，酱釉，内底残留支钉痕。口径 26.4、底径 10.3、高 11.1 厘米（图一二三，4）。

Bb 型　2 件。尖唇，折沿，敛口。

标本 T4③：21　暗红胎，酱釉，内壁粘连大量石英砂砾。口径 24.2、底径 8.4、高 7.3 厘米（图一二四，1）。

标本 H6：89　棕胎，挂化妆土，青灰釉。口径 26.6、残高 9.2 厘米（图一二四，2）。

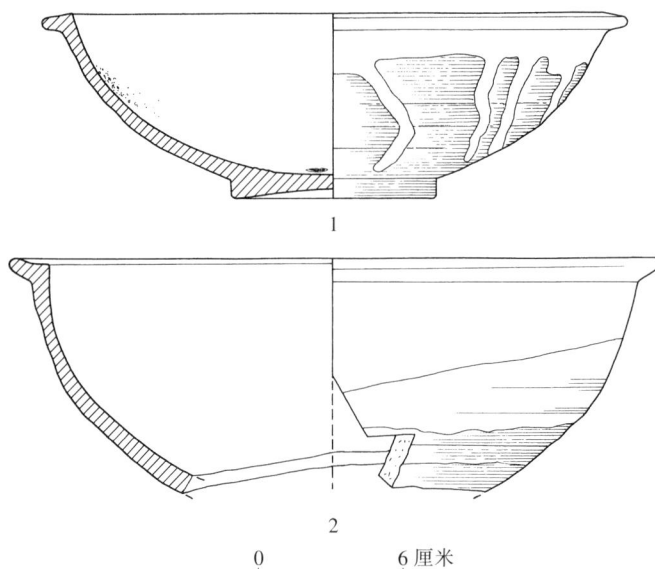

图一二四　琉璃厂窑 Bb 型瓷盆
1. T4③：21　2. H6：89

6. 瓶

4 件。按肩部和腹部形态的差异分为两型。

A 型　2 件。肩部带方桥系，腹部瘦高。

标本 J1：1　暗红胎，酱釉。口径 7.4、腹径 15.6、底径 9.2、高 34.6 厘米（图一二五，1；彩版七七，1）。

标本 J1：2　暗红胎，挂化妆土，黄釉。腹径 21.2、底径 10.3、残高 40.3 厘米（图一二五，2；彩版七八，2）。

B 型　2 件。肩部无系，腹部矮胖。按颈部形态的差异分为二亚型。

Ba 型　1 件。颈部短粗。

标本 J1：7　棕胎，酱釉。口径 6.3、底径 7.5、高 18 厘米（图一二五，3；彩版七六，3）。

Bb 型　1 件。无颈。

标本 H10：10，棕胎，酱釉。口径 6、残高 5.9 厘米（图一二五，4）。

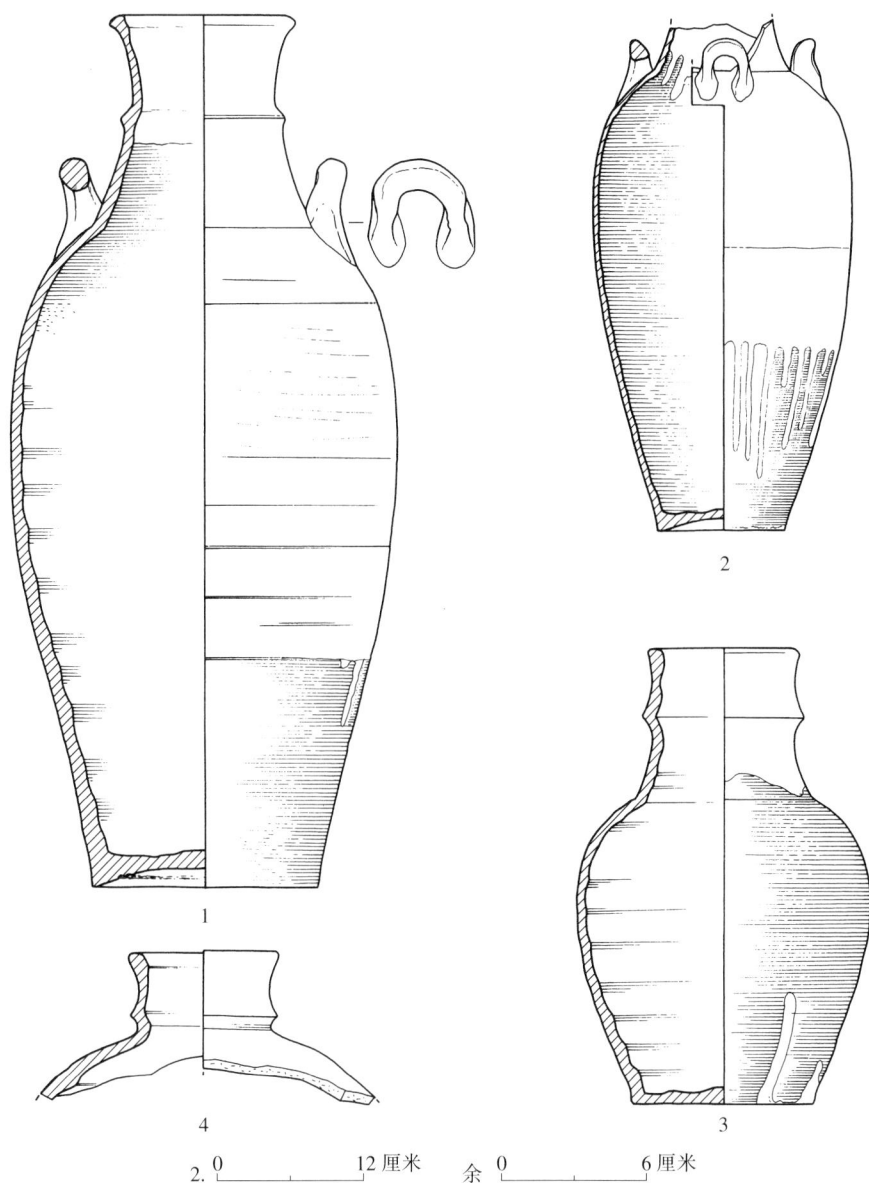

图一二五　琉璃厂窑瓷瓶

1、2. A 型（J1∶1、J1∶2）　3. Ba 型（J1∶7）　4. Bb 型（H10∶10）

7. 壶

7 件。按口、颈、肩及流部形态的差异分为两型。

A 型　3 件。直口，颈部粗壮，肩部带双系，流部长而弯曲。

标本 J1∶3　暗红胎，挂化妆土，黄釉，外壁下腹部化妆土之上墨书"塔主院"三字。口径 9.5、腹径 17.5、底径 10.2、高 28.1 厘米（图一二六；彩版七八，1）。

标本 J1∶4　暗红胎，挂化妆土，黄釉。口径 9.5、腹径 17.3、底径 10、高 29 厘米（图一二七；彩版七八，2）。

标本 H10∶27　暗红胎，挂化妆土，黄釉。口径 9.1、残高 12.7 厘米（图一二八，1）。

B 型　4 件。盘口，颈部细长，肩部无系，流部较短。

0　　　　　　6厘米

图一二六　琉璃厂窑 A 型瓷壶（J1：3）

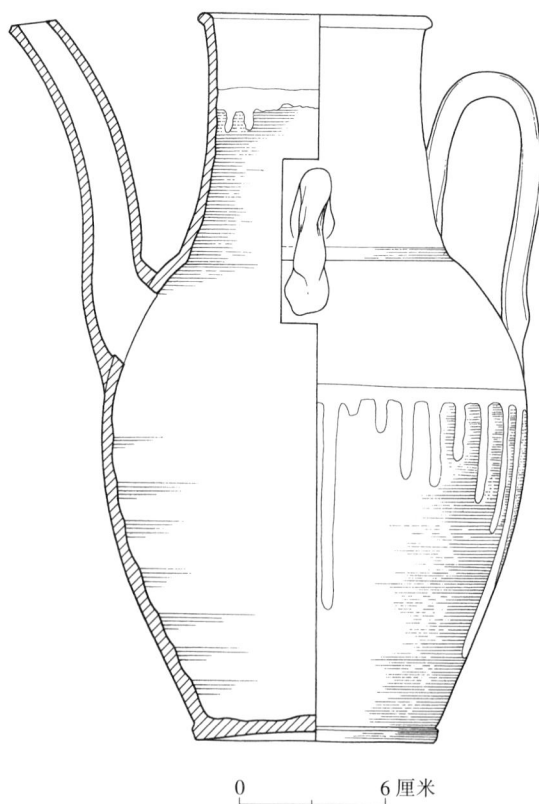

0　　　　　　6厘米

图一二七　琉璃厂窑 A 型瓷壶（J1：4）

图一二八　琉璃厂窑瓷壶、罐

1. A 型瓷壶（H10：27）　　2～4. B 型瓷壶（H3：176、H3：214、T1③：8）　　5、6. Aa 型瓷罐（H3：161、H3：217）　　7. Ab 型瓷罐（H3：167）

标本 H3：176　暗红胎，酱釉。残高 16.4 厘米（图一二八，2）。

标本 H3：214　棕胎，酱釉。口径 6.8、底径 8.3、高 20.8 厘米（图一二八，3；彩版七八，3）。

标本 T1③：8　棕胎，酱釉。口径 8、残高 9.4 厘米（图一二八，4）。

8. 罐

24 件。按口、颈及腹部形态的差异分为七型。

A 型　3 件。盘口，颈部短而粗壮。分为二亚型。

Aa 型　2 件。盘口较深，体型偏大。

标本 H3：161　棕胎，酱釉。残高 13.3 厘米（图一二八，5）。

标本 H3：217　棕胎，酱釉。口径 29.5、残高 14.8 厘米（图一二八，6）。

Ab 型　1 件。盘口较浅，体型偏小。

标本 H3：167　暗红胎，挂化妆土，青黄釉。口径 13.4、残高 14.1 厘米（图一二八，7）。

B 型　11 件。颈部表面饰数周弦纹，肩部带系。分为二亚型。

Ba 型　9 件。颈部短粗。

标本 H3：163　暗红胎，挂化妆土，青黄釉。口径 14、残高 12 厘米（图一二九，1）。

标本 H3：171　暗红胎，挂化妆土，外壁饰褐色彩绘，釉面脱落。口径 9.7、残高 6.4 厘米（图一二九，2）。

标本 H6：117　暗红胎，挂化妆土，青黄釉，外壁饰褐色彩绘。口径 14、残高 11.3 厘米（图一二九，3）。

标本 H6：123　棕胎，挂化妆土，青灰釉，釉面有窑变的乳浊色。口径 8.8、残高 9.8 厘米（图一二九，4）。

Bb 型　2 件。颈部略高。

标本 H3：170　棕胎，挂化妆土，青黄釉。口径 10.2、残高 8.3 厘米（图一二九，5）。

标本 H6：118　棕胎，挂化妆土，青黄釉，釉面有窑变的乳浊色。口径 10.7、残高 8.7 厘米（图一二九，6）。

C 型　3 件。颈部短粗，表面无弦纹，肩部带系。

标本 H6：124　灰胎，釉面脱落。口径 10.5、残 8.3 厘米（图一二九，7）。

标本 H3：216　棕胎，酱釉。口径 8.7、底径 9.4、高 13.5 厘米（图一二九，8）。

标本 T4③：1　暗红胎，挂化妆土，酱釉。口径 11.6、残高 7.4 厘米（图一二九，9）。

D 型　4 件。敛口，双唇。按肩部及腹部形态的差异分为二亚型。

Da 型　3 件。肩部无系，腹部瘦高。

标本 H3：172　灰胎，褐釉。口径 10、残高 15 厘米（图一三〇，1）。

标本 H3：173　灰胎，褐釉。口径 6、残高 5.6 厘米（图一三〇，2）。

标本 H6：128　灰胎，釉面脱落。口径 9.4、残高 8.6 厘米（图一三〇，3）。

Db 型　1 件。肩部带方桥系，腹部矮胖。

标本 H6：119　灰胎，酱釉。口径 11.6、残高 5.6 厘米（图一三〇，4）。

E 型　1 件。颈部短粗，腹部呈瓜棱状。

标本 H6：129　棕胎，酱釉。口径 9.2、残高 8.4 厘米（图一三〇，5）。

F 型　1 件。腹部较直，肩部带系。

标本 T8③：4　暗红胎，挂化妆土，釉面脱落。残高 7.1 厘米（图一三〇，6）。

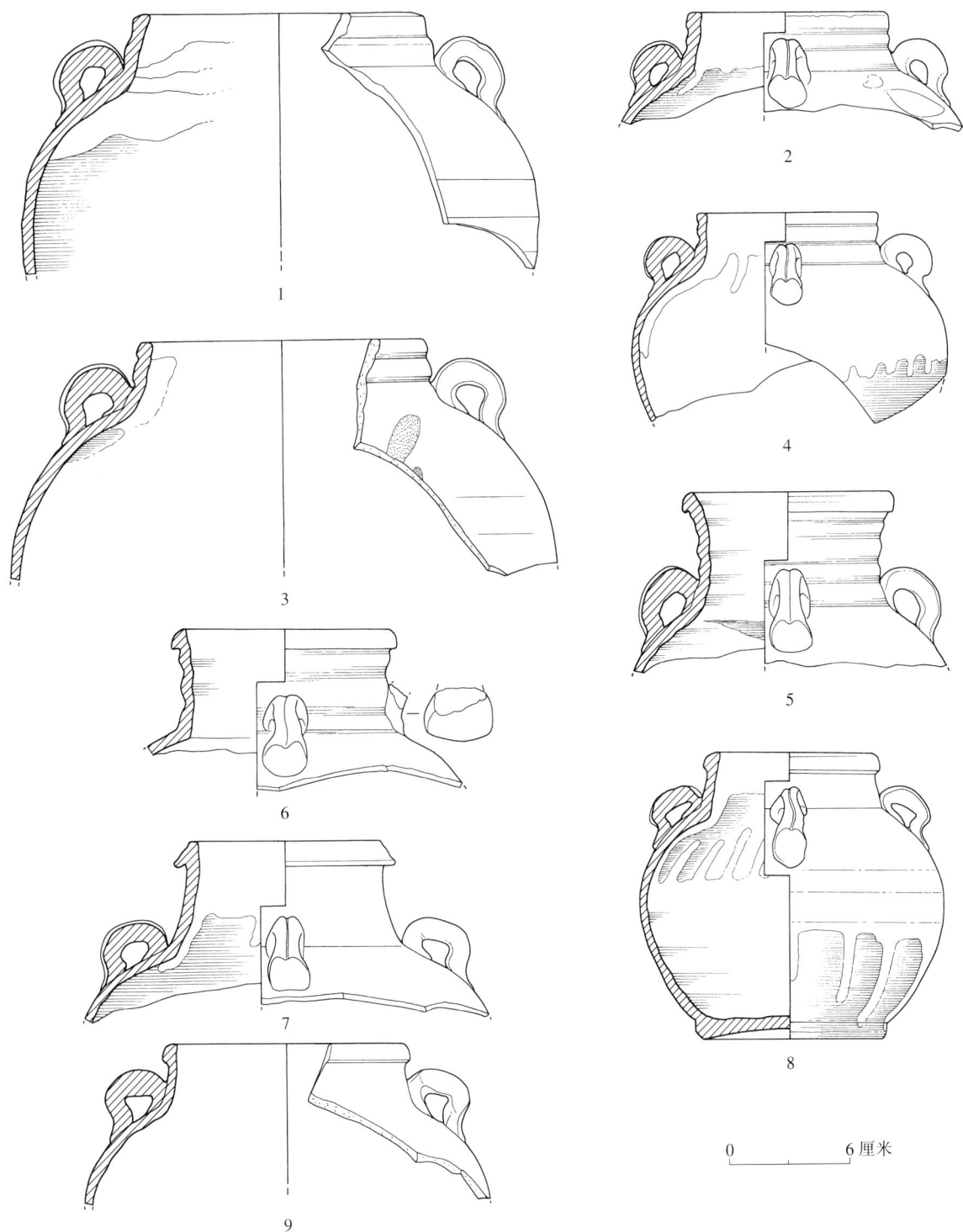

图一二九　琉璃厂窑瓷罐

1～4. Ba 型（H3：163、H3：171、H6：117、H6：123）　　5、6. Bb 型（H3：170、H6：118）　　7～9. C 型（H6：124、H3：216、T4③：1）

G 型　1件。敛口，鼓腹。

标本 H6：127　灰胎，挂化妆土，青黄釉，口沿处饰酱釉。口径 9、残高 5.5 厘米（图一三〇，7）。

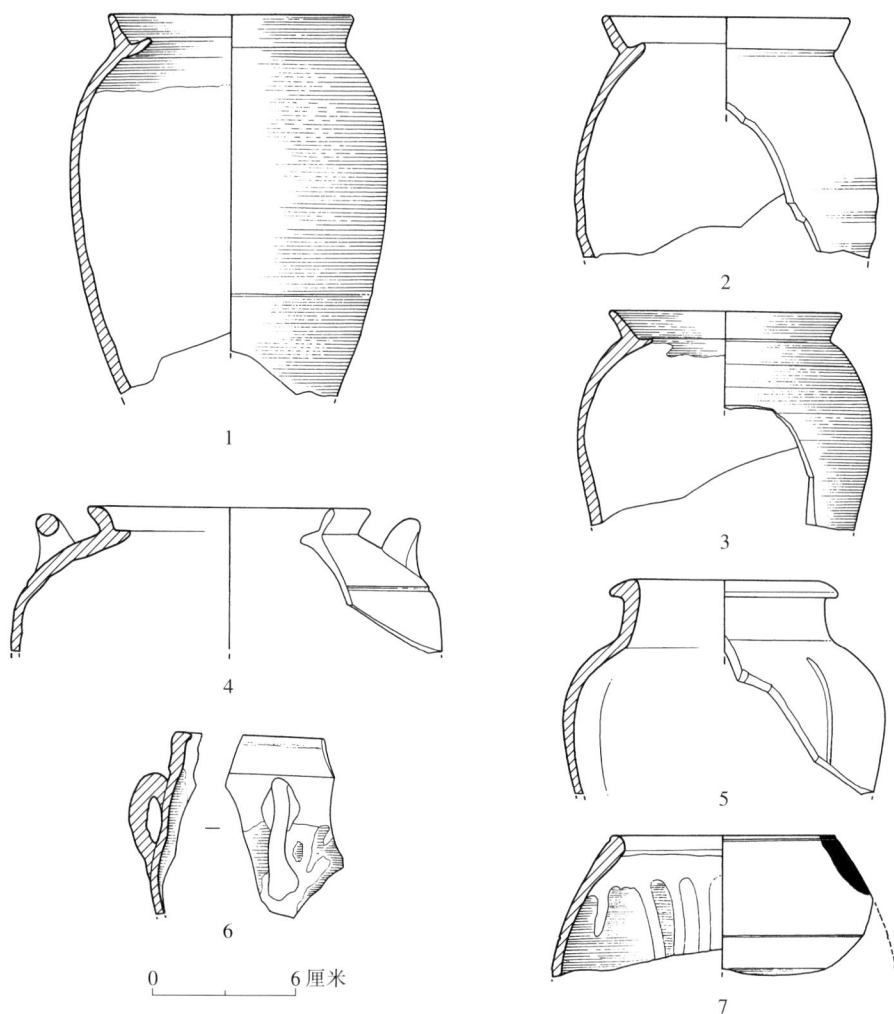

0 ————— 6 厘米

图一三〇　琉璃厂窑瓷罐

1～3. Da 型（H3：172、H3：173、H6：128）　4. Db 型（H6：119）　5. E 型（H6：129）　6. F 型（T8③：4）　7. G 型（H6：127）

9. 炉

8 件。按口、腹及底部形态的差异分为四型。

A 型　1 件。口沿宽折，口沿两侧对称置双耳，直筒形腹。

标本 H6：85　棕胎，酱釉。口径 19.5、残高 20.3 厘米（图一三一，1；彩版七六，2）。

B 型　4 件。口沿宽折，筒形腹较矮。按腹、底部形态的差异分为二亚型。

Ba 型　1 件。底部带喇叭形足。

标本 H10：28　暗红胎，挂化妆土，酱黄釉，底部粘连垫饼。口径 12.2、底径 5.9、高 6.9 厘米（图一三一，2）。

Bb 型　3 件。腹部折出一周凸棱，底部外侈。

标本 T4③：12　暗红胎，挂化妆土，青黄釉。口径 13.2、残高 7 厘米（图一三一，3）。

标本 H6：72　棕胎，酱釉。口径 12.5、残高 6.8 厘米（图一三一，4）。

标本 H3：181　棕胎，酱釉。残高 5.1 厘米（图一三一，5）。

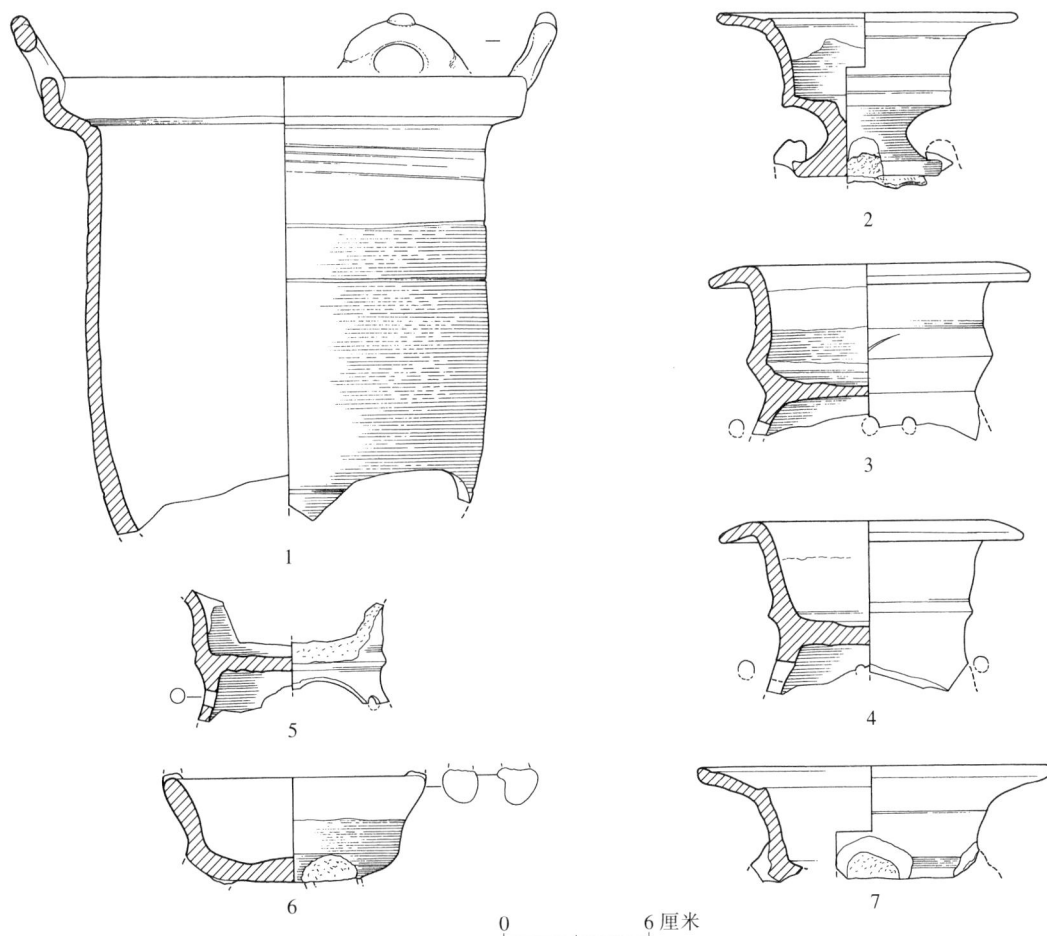

图一三一　琉璃厂窑瓷炉

1. A 型（H6∶85）　2. Ba 型（H10∶28）　3、4、5. Bb 型（T4③∶12、H6∶72、H3∶181）　6、7. C 型（T4③∶7、H10∶11）

C 型　2 件。筒形腹较矮，平底，底部带三足。

标本 T4③∶7　灰胎，黄釉。口径 10.6、底径 6.2、残高 4.2 厘米（图一三一，6）。

标本 H10∶11　棕胎，挂化妆土，酱黄釉。口径 14.4、残高 4.6 厘米（图一三一，7）。

D 型　1 件。筒形腹较矮，平底，底部带五足。足底连接圆形器座。

标本 H3∶244　红胎，挂化妆土，酱釉。底径 16.4、残高 16 厘米（图一三二；彩版七八，4）。

10. 盒

2 件。子口，上腹垂直，下腹斜折内收，底部带饼足。

标本 H3∶230　暗红胎，酱釉。口径 15.3、底径 8.6、高 7.9 厘米（图一三三，1）。

标本 H6∶87　粉红胎，挂化妆土，青黄釉。口径 15.4、残高 6.5 厘米（图一三三，2）。

11. 砚台

3 件。均为"风"字形砚。

标本 H11∶13　暗红胎，酱釉。残长 10.2、高 3.4 厘米（图一三三，3）。

标本 H6∶83　暗红胎，挂化妆土，酱釉。残长 9.8 厘米（图一三三，4）。

标本 H6∶84　灰胎，挂化妆土，酱釉。残长 7.2、宽 9.6、高 3 厘米（图一三三，5）。

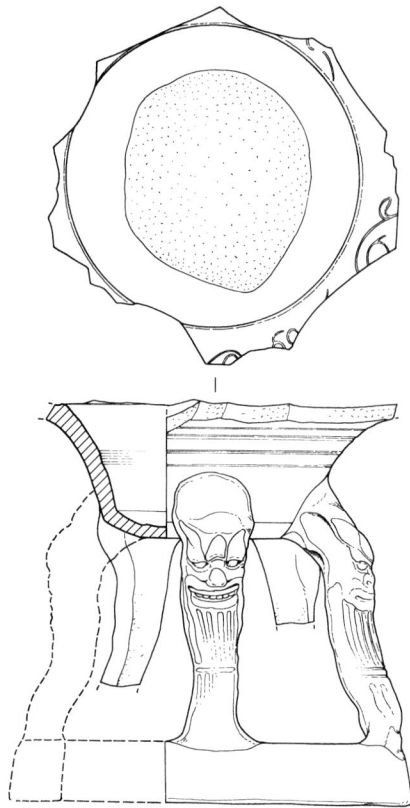

0   6厘米

图一三二　琉璃厂窑 D 型瓷炉（H3：244）

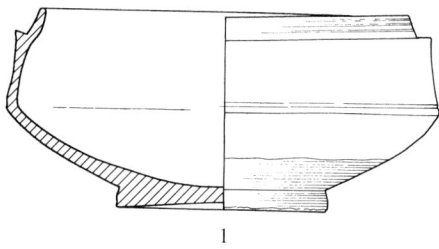

1

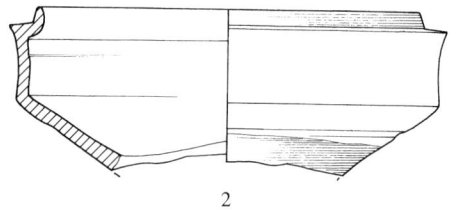

2

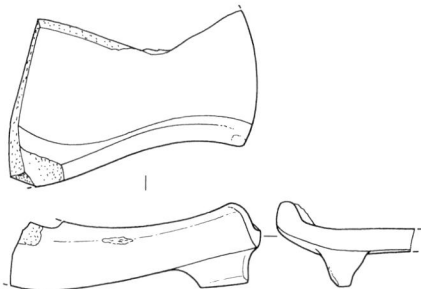

3

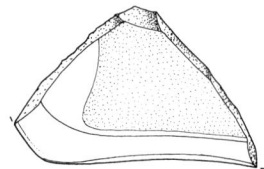

4

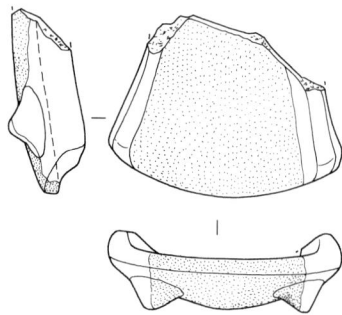

5

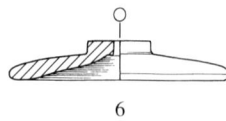

6

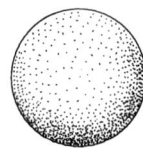

7

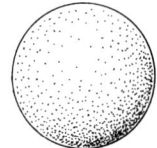

8

1~6. 0   6厘米   7、8. 0   2厘米

图一三三　琉璃厂窑瓷盒、砚台、器盖、弹珠

1、2. 瓷盒（H3：230、H6：87）　　3～5. 瓷砚台（H11：13、H6：83、H6：84）　　6. 瓷器盖（H6：69）　　7、8. 瓷弹珠
（H3：207、J1：23）

12. 器盖

1 件。盖面略隆起，顶部带圆纽。

标本 H6∶69　棕胎，酱釉。直径 9、高 1.6 厘米（图一三三，6）。

13. 弹珠

19 件。

标本 H3∶207　暗红胎，无釉。直径 1.8 厘米（图一三三，7）。

标本 J1∶23　暗红胎，无釉。直径 2 厘米（图一三三，8）。

（二）　邛窑

邛窑瓷器的出土数量少于琉璃厂窑，有高温釉和低温釉两种，以前者占绝大多数。高温釉瓷器的胎质烧结致密，一般呈灰色，少量呈红色或粉黄色，挂化妆土的做法较为普遍，釉色有青釉和酱釉两种，青釉占绝大多数，色调有青黄、青灰、天青、淡青等之分。低温釉瓷器的胎质较疏松，一般呈红色或粉白色，釉色有黄釉和绿釉两种。瓷器的器形较丰富，可辨碗、盘、盏、钵、盆、壶、罐、炉、盒、器盖、供果等，碗、盘类的内底面常留有支钉叠烧痕。

1. 碗

33 件。按口、腹及底部形态的差异分为六型。

A 型　8 件。花口，斜直腹，底部带圈足或饼足。按口部形态的差异分为三亚型。

Aa 型　5 件。侈口。

标本 H3∶130　灰胎，挂化妆土，青黄釉。口径 18.6、底径 7.5、高 7.1 厘米（图一三四，1）。

标本 H6∶135　灰胎，天青釉，釉面呈乳浊失透状。口径 20.8、底径 7.9、高 8.7 厘米（图一三四，2）。

标本 H6∶138　灰胎，天青釉，釉面呈乳浊失透状。口径 22.2、底径 8.1、高 9.4 厘米（图一三四，3）。

标本 H6∶148　灰胎，淡青釉，釉面呈乳浊失透状。口径 20.4、残高 4.6 厘米（图一三四，4）。

Ab 型　1 件。敞口。

标本 H3∶116　灰胎，挂化妆土，青灰釉。口径 15.8、底径 6.9、高 6.1 厘米（图一三四，5）。

Ac 型　2 件。口沿内折成直口。

标本 H6∶131　灰胎，挂化妆土，青灰釉，内底残留支钉痕。口径 18.6、底径 7.7、高 6.9 厘米（图一三四，6）。

标本 H3∶151　灰胎，挂化妆土，青黄釉，内底残留支钉痕。口径 17.3、底径 7.4、高 7.1 厘米（图一三四，7）。

B 型　11 件。圆口，斜直腹。按底部形态的差异分为三亚型。

Ba 型　6 件。底部带饼足。

标本 H3∶115　灰胎，天青釉，釉面呈乳浊失透状。口径 14.1、底径 5.1、高 4.6 厘米（图一三四，8）。

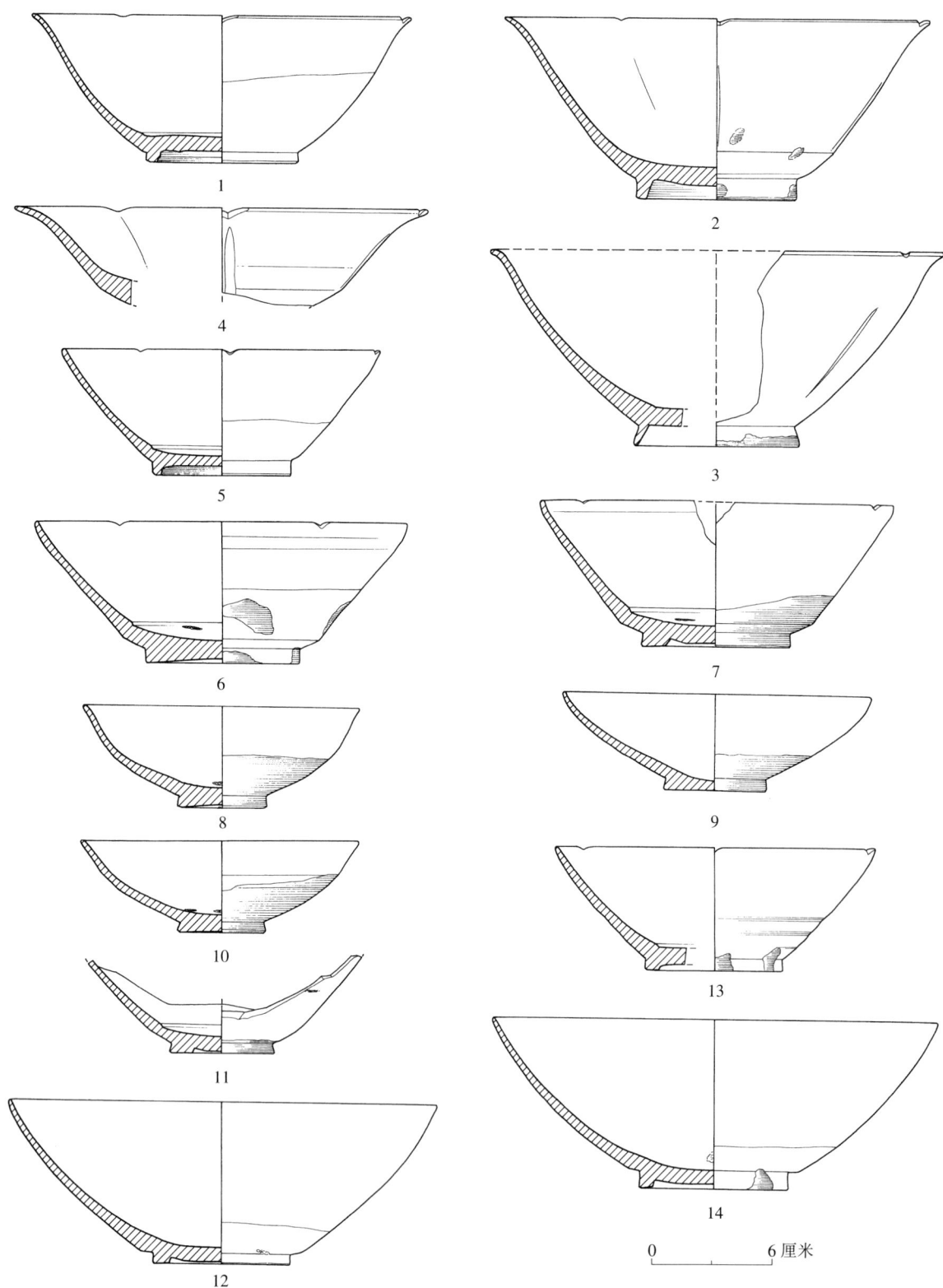

图一三四　邛窑瓷碗

1～4. Aa 型（H3：130、H6：135、H6：138、H6：148）　　5. Ab 型（H3：116）　　6、7. Ac 型（H6：131、H3：151）　　8～
10. Ba 型（H3：115、H3：211、H6：133）　　11. Bb 型（H6：165）　　12～14. Bc 型（H3：118、H3：142、H3：143）

标本 H3∶211　　灰胎，青灰釉，内底残留支钉痕。口径 15.3、底径 4.4、高 4.9 厘米（图一三四，9）。

标本 H6∶133　　灰胎，青灰釉，内底残留支钉痕。口径 13.8、底径 4.4、高 4.4 厘米（图一三四，10）。

Bb 型　　1 件。底部带玉璧足。

标本 H6∶165　　灰胎，天青釉，釉面呈乳浊失透状。底径 5.3、残高 4.7 厘米（图一三四，11）。

Bc 型　　4 件。底部带圈足。

标本 H3∶118　　灰胎，挂化妆土，青黄釉。口径 21.3、底径 6.8、高 7.8 厘米（图一三四，12）。

标本 H3∶142　　灰胎，挂化妆土，淡青釉。口径 15.8、底径 6.8、高 5.9 厘米（图一三四，13）。

标本 H3∶143　　灰胎，挂化妆土，青黄釉，内底残留支钉痕。口径 21.9、底径 7.4、高 8.2 厘米（图一三四，14）。

C 型　　2 件。圆口，口部外侈，斜直腹，底部带圈足。

标本 H10∶2　　灰胎，淡青釉，釉面呈乳浊失透状，口沿饰一周绿釉，内底残留支钉痕。口径 16、底径 6.3、高 5.5 厘米（图一三五，1）。

D 型　　3 件。圆口，弧腹，腹部较深。按底部形态的差异分为三亚型。

Da 型　　1 件。底部带饼足。

标本 T1③∶9　　灰褐胎，挂化妆土，青灰釉，外壁饰酱釉，内底残留支钉痕。口径 13.9、底径 5.9、高 6.2 厘米（图一三五，2）。

Db 型　　1 件。底部带玉璧足。

标本 T4③∶4　　灰胎，挂化妆土，青黄釉。底径 6.3、残高 6.8 厘米（图一三五，3）。

Dc 型　　1 件。底部带圈足。

标本 H6∶162　　红胎，挂化妆土，青黄釉，外壁模印席编纹。底径 7.1、残高 3.7 厘米（图一三五，4）。

E 型　　8 件。圆口，弧腹，腹部较浅，底部带饼足。按口部形态的差异分为二亚型。

Ea 型　　7 件。侈口。

标本 T1③∶2　　灰胎，挂化妆土，青黄釉，内底残留支钉痕。口径 11.6、底径 6.6、高 4.5 厘米（图一三五，5）。

标本 H3∶145　　灰胎，挂化妆土，青灰釉，内底残留支钉痕。口径 17.8、底径 8、高 5.9 厘米（图一三五，6）。

标本 H6∶149　　灰胎，挂化妆土，青黄釉，内底残留支钉痕。口径 13.1、底径 6、高 4.7 厘米（图一三五，7）。

标本 H6∶166　　红胎，挂化妆土，青黄釉，内底残留支钉痕。口径 12～13.3、底径 6.2、高 5.4 厘米（图一三五，8）。

Eb 型　　1 件。敞口。

标本 H3∶135　　红胎，挂化妆土，青黄釉，内底残留支钉痕。口径 13.2、底径 6.2、高 4.6 厘米（图一三五，9）。

F 型　　1 件。圆口，折腹，底部带圈足。

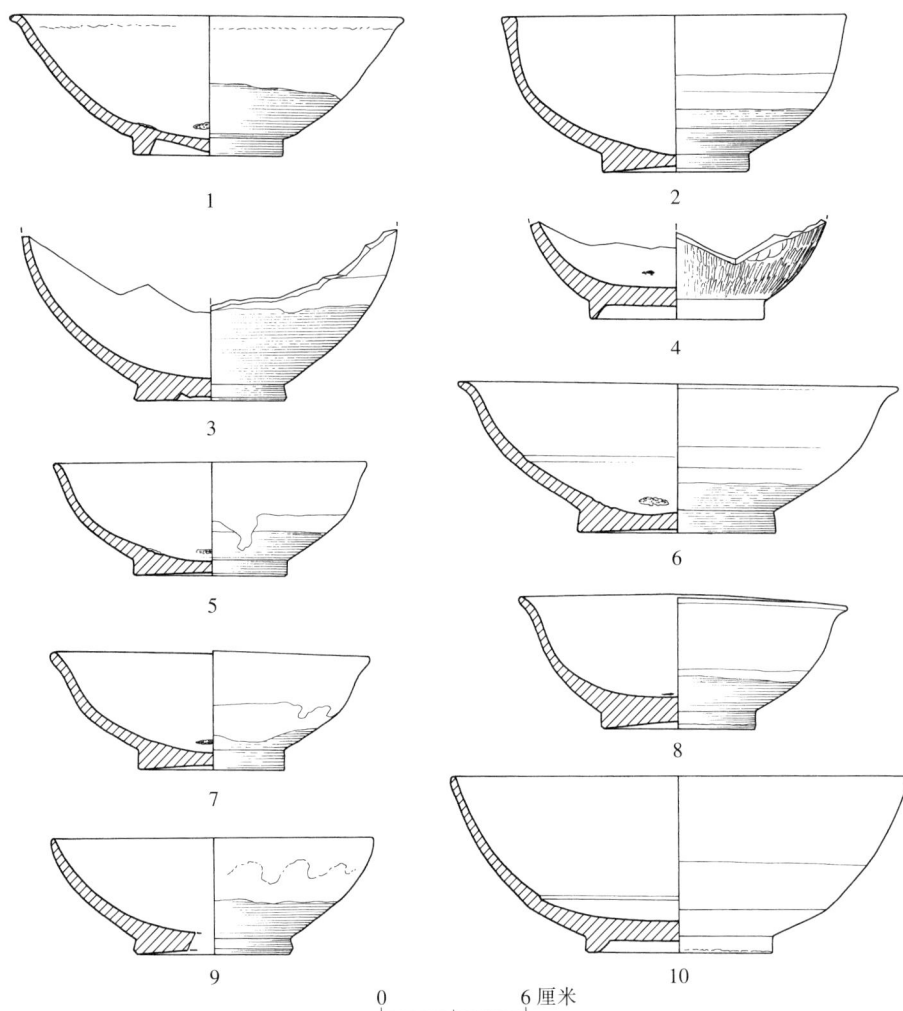

图一三五　邛窑瓷碗

1. C 型（H10：2）　　2. Da 型（T1③：9）　　3. Db 型（T4③：4）　　4. Dc 型（H6：162）　　5~8. Ea 型（T1③：2、H3：145、H6：149、H6：166）　　9. Eb 型（H3：135）　　10. F 型（H3：117）

标本 H3：117　灰胎，挂化妆土，青黄釉。口径18.4、底径7.6、高6.9厘米（图一三五，10）。

2. 盏

9 件。圆唇，唇部较厚，敞口，腹部较浅，底部带饼足。

标本 T4③：16　灰胎，酱釉。口径13、底径5.2、高3.5厘米（图一三六，1）。

标本 T4③：17　灰胎，青黄釉，釉面呈乳浊失透状。口径12.5、底径4.7、高3.4厘米（图一三六，2）。

标本 H3：101　灰胎，酱釉。口径13、底径4.7、高3.1厘米（图一三六，3）。

标本 H11：6　灰胎，酱釉。口径13.6、底径5.2、高3.1厘米（图一三六，4）。

3. 盘

12 件。按口、腹及底部形态的差异分为三型。

A 型　3 件。花口，折腹，底部带饼足或玉璧足。按口、腹部形态的差异分为二亚型。

Aa 型　1 件。敞口，腹部转折处居中。

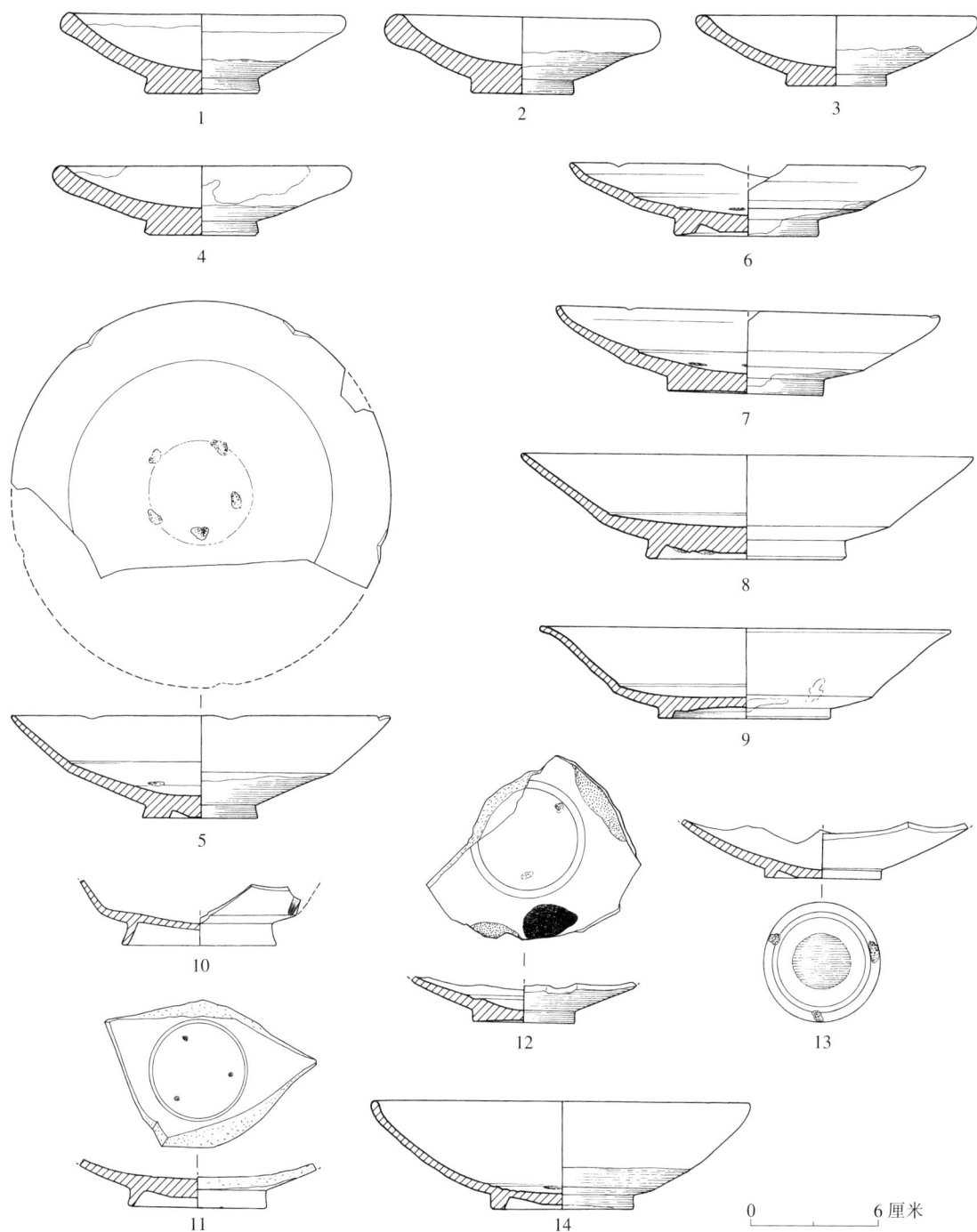

图一三六　邛窑瓷盏、盘

1～4. 瓷盏（T4③：16、T4③：17、H3：101、H11：6）　5. Aa 型瓷盘（H6：93）　6、7. Ab 型瓷盘（H6：95、H6：96）
8、9. Ba 型瓷盘（H3：123、H3：124）　10、11. Bb 型瓷盘（H3：209、T1③：3）　12. Ca 型瓷盘（T4③：22）　13. Cb 型
I 式瓷盘（H3：147）　14. Cb 型 II 式瓷盘（H10：15）

　　标本 H6：93　灰胎，挂化妆土，青黄釉，内底残留支钉痕。口径 17.2、底径 5.2、高 4.6
厘米（图一三六，5）。

　　Ab 型　2 件。口沿内折成直口，腹部转折处偏下。

标本 H6：95　　灰胎，挂化妆土，青黄釉，内底残留支钉痕。口径16.2、底径6.7、高3.2厘米（图一三六，6）。

标本 H6：96　　灰胎，挂化妆土，青黄釉，内底残留支钉痕。口径17.5、底径7.2、高3.7厘米（图一三六，7）。

B 型　　5件。圆口，折腹，底部带圈足。按圈足形态的差异分为二亚型。

Ba 型　　2件。圈足低矮。

标本 H3：123　　灰胎，天青釉，釉面呈乳浊失透状，足底残留支烧痕。口径20.7、底径9.3、高4.6厘米（图一三六，8）。

标本 H3：124　　灰胎，天青釉，釉面呈乳浊失透状。口径18.8、底径8、高4厘米（图一三六，9）。

Bb 型　　3件。圈足较高，足墙外侈。

标本 H3：209　　黑胎，绿釉，内底残留细小的支钉痕。底径7、残高2.8厘米（图一三六，10）。

标本 T1③：3　　红胎，挂化妆土，黄釉，内底残留细小的支钉痕。底径6.6、残高1.5厘米（图一三六，11）。

C 型　　4件。斜直腹。按底部形态的差异分为二亚型。

Ca 型　　2件。底部带饼足。

标本 T4③：22　　红胎，挂化妆土，黄釉，内壁饰褐、绿二彩，内底残留细小的支钉痕。底径4.7、残高1.7厘米（图一三六，12）。

Cb 型　　2件。底部带圈足。按圈足形态的变化分为二式。

Ⅰ式　　1件。挖足较浅，足墙较窄。

标本 H3：147　　灰胎，挂化妆土，青灰釉，足底残留支烧痕。底径5.3、残高2.6厘米（图一三六，13）。

Ⅱ式　　1件。挖足较深，足墙较宽。

标本 H10：15　　灰胎，青蓝釉，釉面呈乳浊失透状，内底残留支钉痕。口径17.3、底径6.5、高4.7厘米（图一三六，14）。

4. 钵

3件。敛口，底部带饼足。按腹部形态的差异分为两型。

A 型　　2件。丰肩，斜直腹。

标本 H3：43　　灰胎，挂化妆土，淡青釉，内底残留支钉痕。口径15.3、底径8.9、高11.7厘米（图一三七，1；彩版七九，1）。

标本 H3：160　　灰胎，挂化妆土，青黄釉。口径15.6、残高9.1厘米（图一三七，2）。

B 型　　1件。鼓腹。

标本 H3：221　　浅红胎，挂化妆土，青黄釉，内底残留支钉痕。口径17.4、底径7.5、高9.6厘米（图一三七，3）。

5. 盆

3件。按腹、底部形态的差异分为两型。

A 型　　2件。斜直腹，平底。

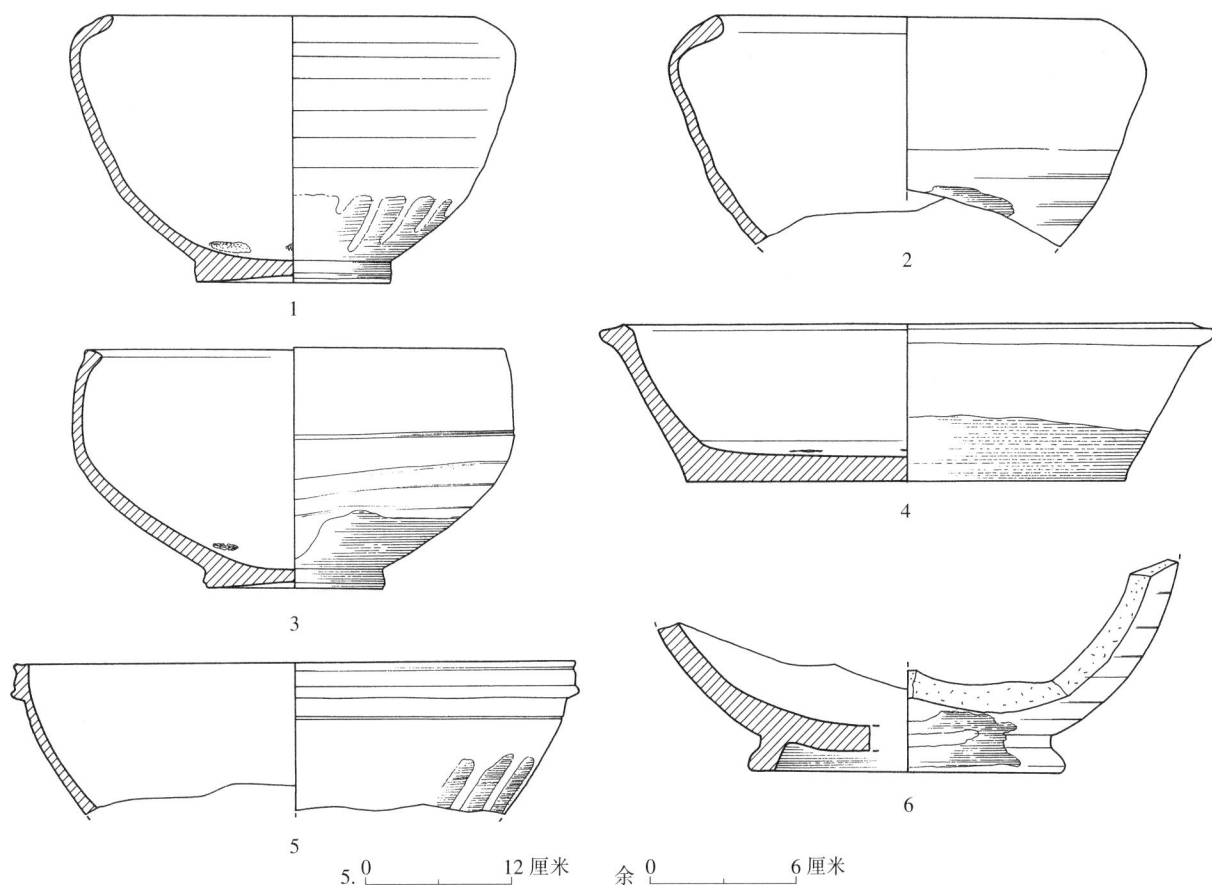

图一三七　邛窑瓷钵、盘

1、2. A 型瓷钵（H3：43、H3：160）　3. B 型瓷钵（H3：221）　4、5. A 型瓷盆（H6：88、H6：90）　6. B 型瓷盆（H11：14）

标本 H6：88　灰胎，挂化妆土，青灰釉，内底残留支钉痕。口径 23.4、底径 18、高 6.2 厘米（图一三七，4）。

标本 H6：90　灰胎，挂化妆土，淡青釉。口径 45.4、残高 12 厘米（图一三七，5）。

B 型　1 件。弧腹，底部带圈足。

标本 H11：14　灰胎，挂化妆土，青灰釉，釉面呈乳浊失透状。底径 13、残高 8.4 厘米（图一三七，6）。

6. 壶

3 件。分为两型。

A 型　1 件。肩部无流和柄，细长颈，丰肩，肩部带双桥系。

标本 H3：78　灰胎，挂化妆土，青黄釉，釉面呈乳浊失透状。腹径 13.7、底径 9.1、残高 22 厘米（图一三八，1；彩版七九，2）。

B 型　2 件。肩部带流和柄。按口、颈部形态的差异分为二亚型。

Ba 型　2 件。喇叭口，颈部较粗。

标本 H3：177　灰胎，挂化妆土，青灰釉，釉面呈乳浊失透状。口径 8、底径 7、高 15.1 厘米（图一三八，2；彩版七九，3）。

标本 H3：242　褐胎，挂化妆土，青黄釉。口径 8.8、底径 8.4、高 12.4 厘米（图一三八，3）。

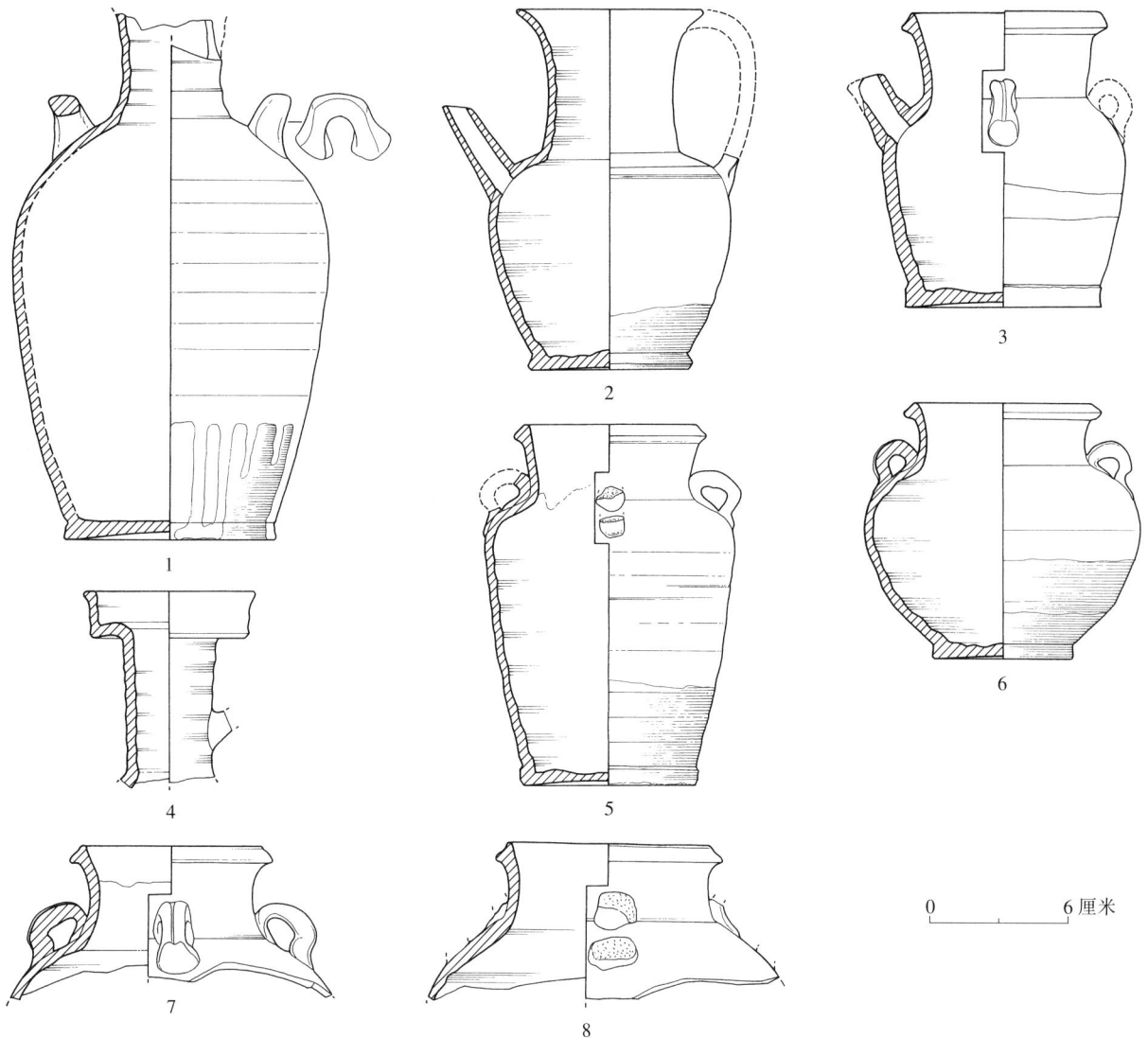

图一三八　邛窑瓷壶、罐

1. A 型瓷壶（H3：78）　　2、3. Ba 型瓷壶（H3：177、H3：242）　　4. Bb 型瓷壶（H6：104）　　5. A 型瓷罐（H3：174）
6～8. Ba 型瓷罐（H3：220、T1③：1、H6：121）

　　Bb 型　1 件。盘口，颈部较细。

　　标本 H6：104　灰胎，青灰釉，釉面呈乳浊失透状。口径 7.4、残高 8.1 厘米（图一三八，4）。

　　7. 罐

　　11 件。分为三型。

　　A 型　1 件。颈部短直，丰肩，肩部带系，斜直腹，腹部较瘦高。

　　标本 H3：174　浅红胎，挂化妆土，青灰釉。口径 8.1、底径 7.6、高 15.1 厘米（图一三八，5）。

　　B 型　5 件。颈部短直，肩部带系，腹部圆鼓矮胖。按系部形态的差异分为二亚型。

　　Ba 型　4 件。肩部带耳形系。

　　标本 H3：220　灰胎，挂化妆土，淡青釉。口径 8.4、底径 6、高 10.8 厘米（图一三八，

6；彩版七九，4）。

标本 T1③：1 灰胎，挂化妆土，青灰釉。口径8.7、残高6.1厘米（图一三八，7）。

标本 H6：121 红胎，挂化妆土，釉面脱落。口径9.7、残高6.5厘米（图一三八，8）。

Bb 型 1件。肩部带桥形系。

标本 H10：16 灰胎，挂化妆土，青黄釉，釉面带褐彩。口径9.6、残高6.2厘米（图一三九，1）。

C 型 5件。直径，颈部较高，肩部带系。

标本 H3：94 灰胎，淡青釉，釉面呈乳浊失透状。口径5.8、残高7厘米（图一三九，2）。

标本 H6：125 灰胎，挂化妆土，青黄釉。口径6.6、残高7.2厘米（图一三九，3）。

8. 盒

9件。子口，上腹垂直，下腹斜折内收，底部带圈足或玉璧足。

标本 H3：178 粉白胎，内壁施黄釉，外壁施绿釉。口径4、底径3.1、高2.7厘米（图一三九，4；彩版八〇，1）。

标本 H3：180 灰胎，青灰釉，釉面呈乳浊失透状。口径9.2、底径4.5、高3.9厘米（图一三九，5）。

标本 H3：241 灰胎，内外壁施青黄釉。口径8.8、底径4.2、残高4.3厘米（图一三九，6）。

标本 H6：86 灰胎，天青釉，釉面呈乳浊失透状。口径9.4、底径4.5、高3.9厘米（图一三九，7）。

标本 H6：98 粉白胎，内壁施黄釉，外壁施绿釉。底径3.4、残1.7厘米（图一三九，8）。

标本 T1③：6 灰胎，淡青釉。口径8.8、底径4、高4.3厘米（图一三九，9）。

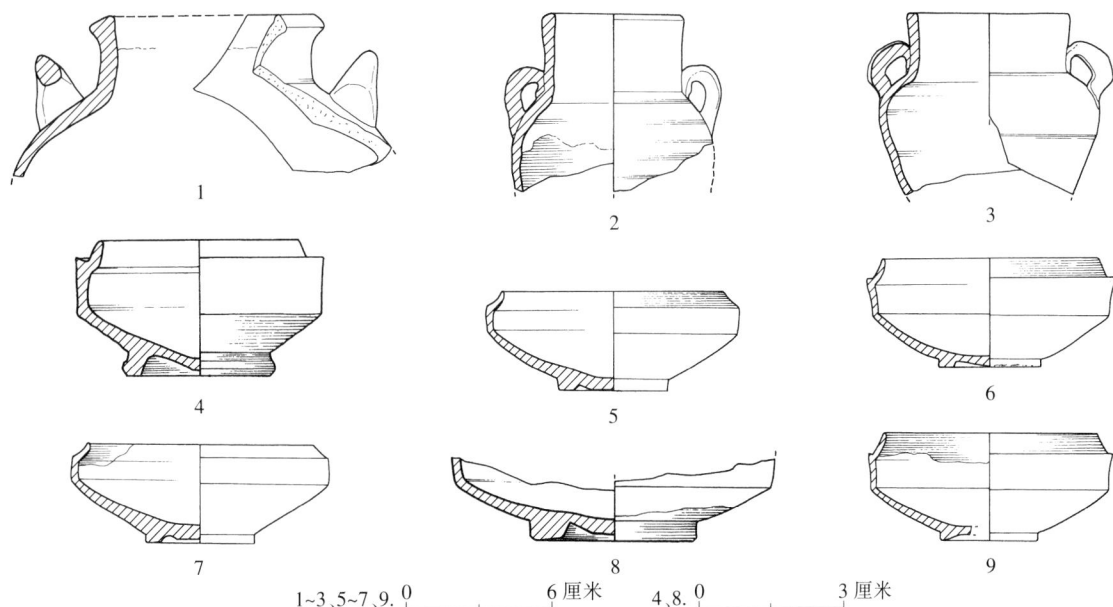

图一三九 邛窑瓷罐、盒

1. Bb 型瓷罐（H10：16） 2、3. C 型瓷罐（H3：94、H6：125） 4～9. 瓷盒（H3：178、H3：180、H3：241、H6：86、H6：98、T1⑤：6）

9. 器盖

7 件。分为五型。

A 型　2 件。盖面斜直，平顶，顶面带圆纽。

标本 H6：70　浅红胎，挂化妆土，青黄釉。直径 18.2、高 5.2 厘米（图一四〇，1）。

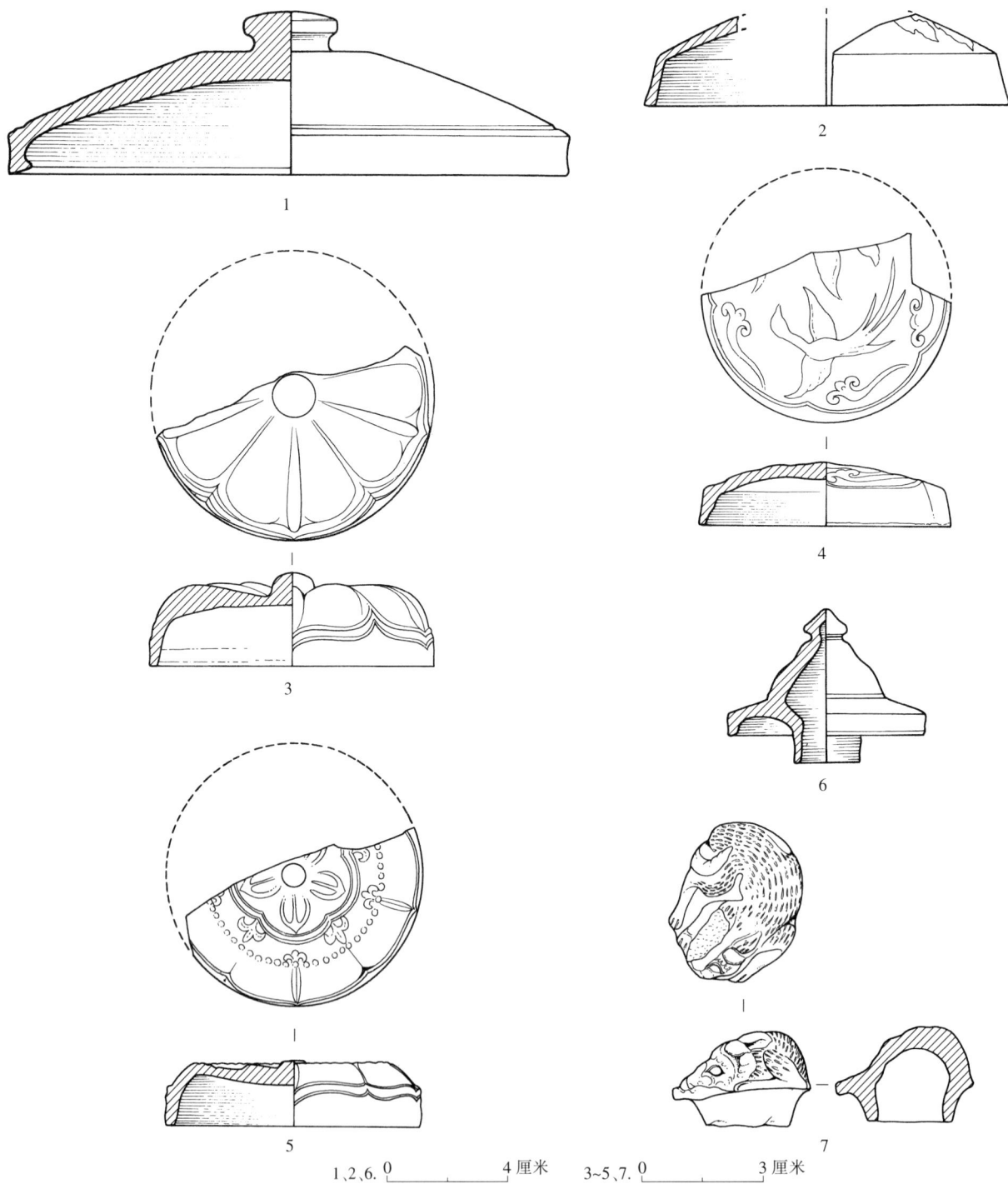

图一四〇　邛窑瓷器盖

1、2. A 型（H6：70、T3③：2）　3. B 型（H6：67）　4、5. C 型（H3：179、H6：68）　6. D 型（T1③：5）　7. E 型（J1：8）

标本 T3③：2　灰胎，淡青釉，釉面呈乳浊失透状，盖面带绿釉彩绘。直径11.8、残高2.9 厘米（图一四〇，2）。

B 型　1 件。盖面隆起，中心带圆纽。

标本 H6：67　粉白胎，黄釉，盖面模印莲花纹，饰绿、褐二彩。直径7、高2.2 厘米（图一四〇，3）。

C 型　2 件。盖面隆起，中心无纽。

标本 H3：179　灰胎，青灰釉，釉面呈乳浊失透状，盖面模印花纹。直径6.1、高1.4 厘米（图一四〇，4）。

标本 H6：68　灰胎，青灰釉，釉面呈乳浊失透状，盖面模印花纹。直径6.4、高1.6 厘米（图一四〇，5）。

D 型　1 件。通体呈宝塔形。

标本 T1③：5　灰胎，青灰釉。直径6.4、高4.8 厘米（图一四〇，6）。

E 型　1 件。盖面为一卧兽。

标本 J1：8　粉白胎，绿釉。高2.3 厘米（图一四〇，7）。

10. 炉

8 件。分为两型。

A 型　5 件。宽折沿，圆筒形腹，平底，底部带蹄足，足面模印兽头纹。

标本 H3：42　灰白胎，绿釉。口径10.6、高6.4 厘米（图一四一，1；彩版八〇，2）。

标本 H6：79　浅红胎，挂化妆土，绿釉。底径4.5、残高2.5 厘米（图一四一，3）。

B 型　3 件。上半部分与 A 型接近，底部带喇叭形圈足。

标本 H6：80　红胎，外壁施绿釉，足底施黄釉。底径17、残高4.2 厘米（图一四一，2）。

11. 炉足

4 件。足面模印兽头纹。

标本 H3：216　红胎，挂化妆土，绿釉。残高7.1 厘米（图一四一，4）。

标本 H6：75　粉白胎，绿釉。残高5.5 厘米（图一四一，5）。

12. 供果

3 件。通体似柑橘。

标本 H3：33　灰白胎，黄釉。直径5.2、高5.1 厘米（图一四一，6；彩版八〇，3）。

标本 H3：50　灰白胎，黄釉褐彩。直径5.4、高4.7 厘米（图一四一，7）。

标本 H3：85　灰白胎，黄釉，局部饰褐、绿二彩。直径5.4、高5.2 厘米（图一四一，8；彩版八〇，4）。

（三）青羊宫窑

数量很少。可辨碗、杯、罐等。

1. 碗

1 件。敞口，斜直腹，底部带饼足。

标本 H3：231　暗红胎，挂化妆土，白釉。口径17.8、底径7.4、高6.6 厘米（图一四二，1）。

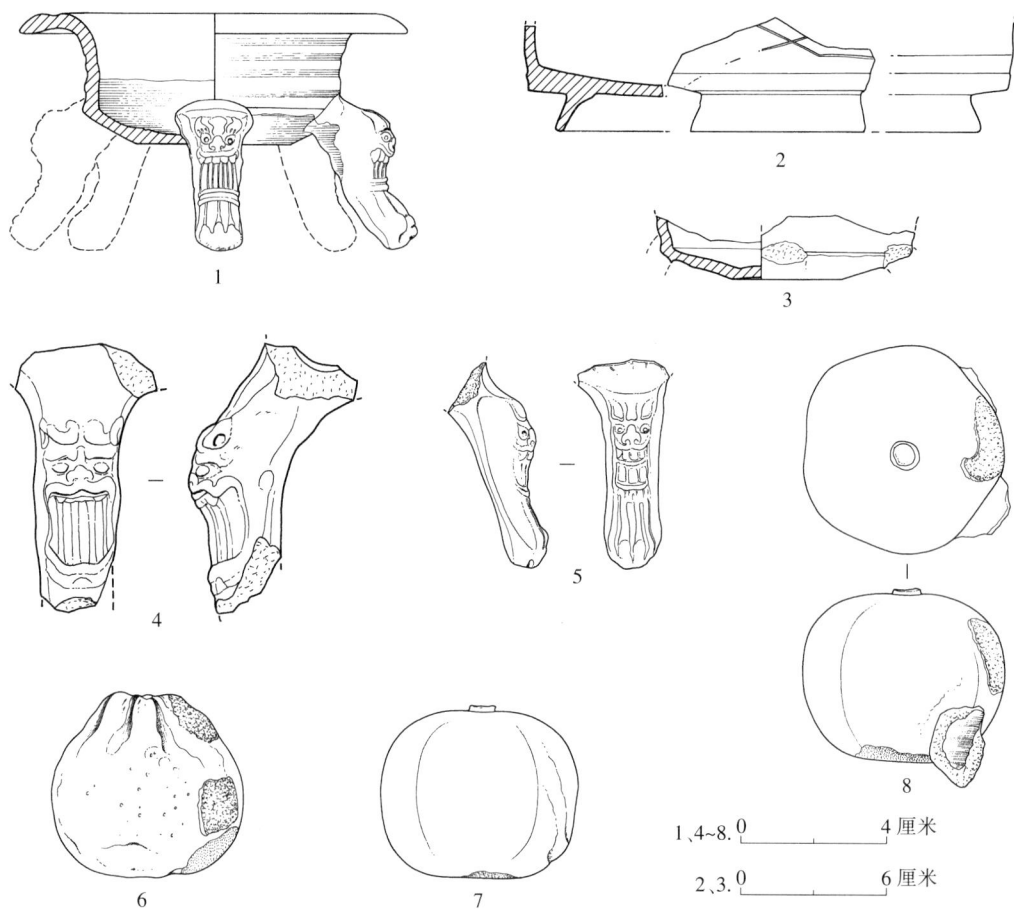

图一四一　邛窑瓷炉、炉足及供果

1、3. A 型瓷炉（H3∶42、H6∶79）　2. B 型瓷炉（H6∶80）　4、5. 瓷炉足（H3∶216、H6∶75）　6 ~ 8. 瓷供果（H3∶33、H3∶50、H3∶85）

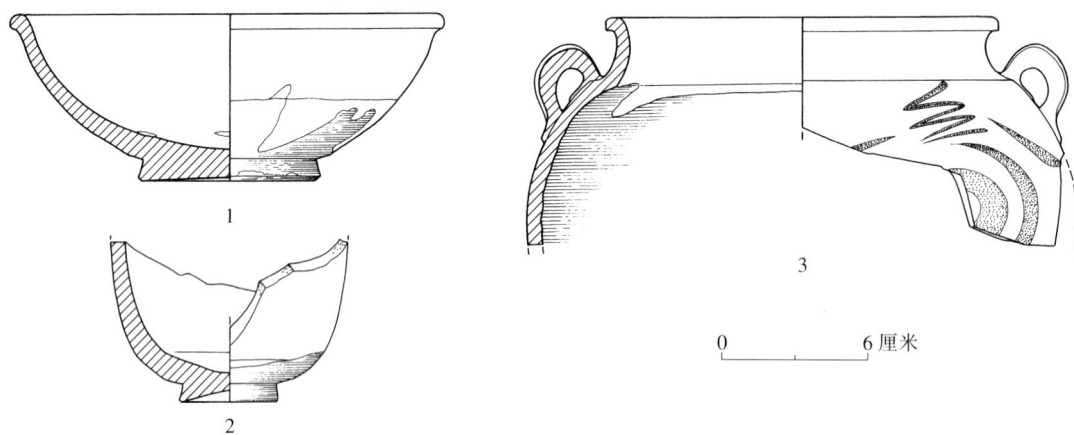

图一四二　青羊宫窑瓷器

1. 瓷碗（H3∶231）　2. 瓷杯（H3∶125）　3. 瓷罐（H16∶2）

2. 杯

1 件。深弧腹，底部带小饼足，足底内凹。

标本 H3∶125　棕胎，挂化妆土，淡青釉。底径 4.1、残高 6.3 厘米（图一四二，2）。

3. 罐

1 件。短颈，丰肩，肩部带系。

标本 H16：2　棕胎，挂化妆土，淡青釉，外壁有褐色彩绘。口径 16、残高 8.5 厘米（图一四二，3）。

（四）龙泉窑

数量很少。可辨碗、杯、盏、盘等。

1. 碗

3 件。弧腹，底部带圈足。

标本 T2③：5　白胎，青釉。底径 6.2、残高 4.2 厘米（图一四三，1）。

标本 T5②：1　灰白胎，青灰釉，内底无釉呈红褐色。口径 16.7、底径 6.4、高 7.6 厘米（图一四三，2）。

2. 杯

3 件。底部带较高的喇叭足。

标本 T4③：10　白胎，青釉。底径 3.6、残高 5.8 厘米（图一四三，3）。

标本 H11：4　灰胎，青灰釉。底径 4.6、残高 6.5 厘米（图一四三，4）。

3. 盏

2 件。按底部形态的差异分为两型。

A 型　1 件。底部带小圈足。

标本 H11：3　白胎，青釉。底径 3、残高 2.2 厘米（图一四三，5）。

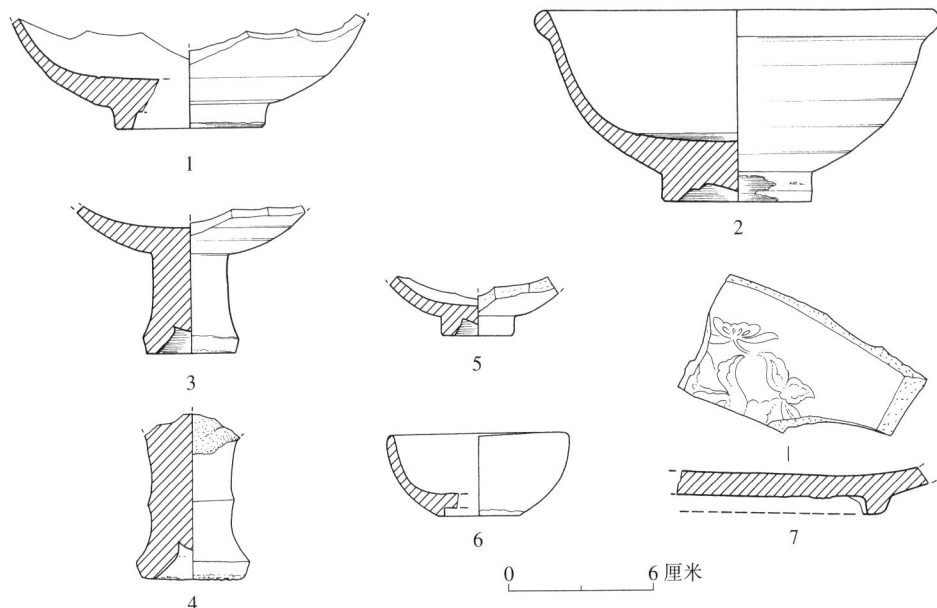

图一四三　龙泉窑瓷器

1、2. 瓷碗（T2③：5、T5②：1）　3、4. 瓷杯（T4③：10、H11：4）　5. A 型瓷盏（H11：3）　6. B 型瓷盏（T4③：8）　7. 瓷盘（T4③：14）

B 型　1 件。卧足。

标本 T4③：8　白胎，青釉。口径 7.4、底径 3.3、高 3.2 厘米（图一四三，6）。

4. 盘

1 件。平底，底部带圈足。

标本 T4③：14　白胎，青釉，内底模印花卉纹。残高 1.8 厘米（图一四三，7）。

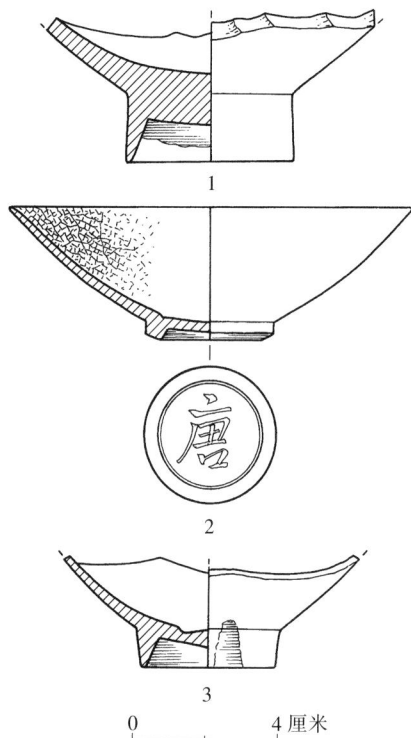

图一四四　湖田窑瓷盏
1～3. H10：22、J1：12、J1：13

（五）湖田窑

数量很少，只见有盏一类。

盏

4 件。均为斗笠盏。

标本 H10：22　白胎，青白釉。底径 4.6、残高 3.7 厘米（图一四四，1）。

标本 J1：12　白胎，青白釉，釉面有细密的开片，足底带朱书款，似一"唐"字。口径 11、底径 3.8、高 3.5 厘米（图一四四，2）。

标本 J1：13　白胎，青白釉。底径 3.7、残高 2.9 厘米（图一四四，3）。

（六）定窑

数量很少。只见有盘一类。

盘

3 件。腹略折，平底，底部带圈足。

标本 H3：129　白胎，白釉。底径 5.6、残高 1.7 厘米（图一四五，2）。

（七）耀州窑

数量很少。只见有碗一类。

碗

1 件。敞口，斜直腹，底部带圈足。

标本 J1：18　灰白胎，青釉。口径 18.2～19、底径 5.8、高 9.4 厘米（图一四五，1；彩版八一，1）。

（八）未定窑口

数量较少，釉色品种有青釉、酱釉、青花等，器形可辨碗、盏、盘、罐等。

青釉

1. 碗

3 件。口微敛，口沿外侧饰一周弦纹，斜直腹。

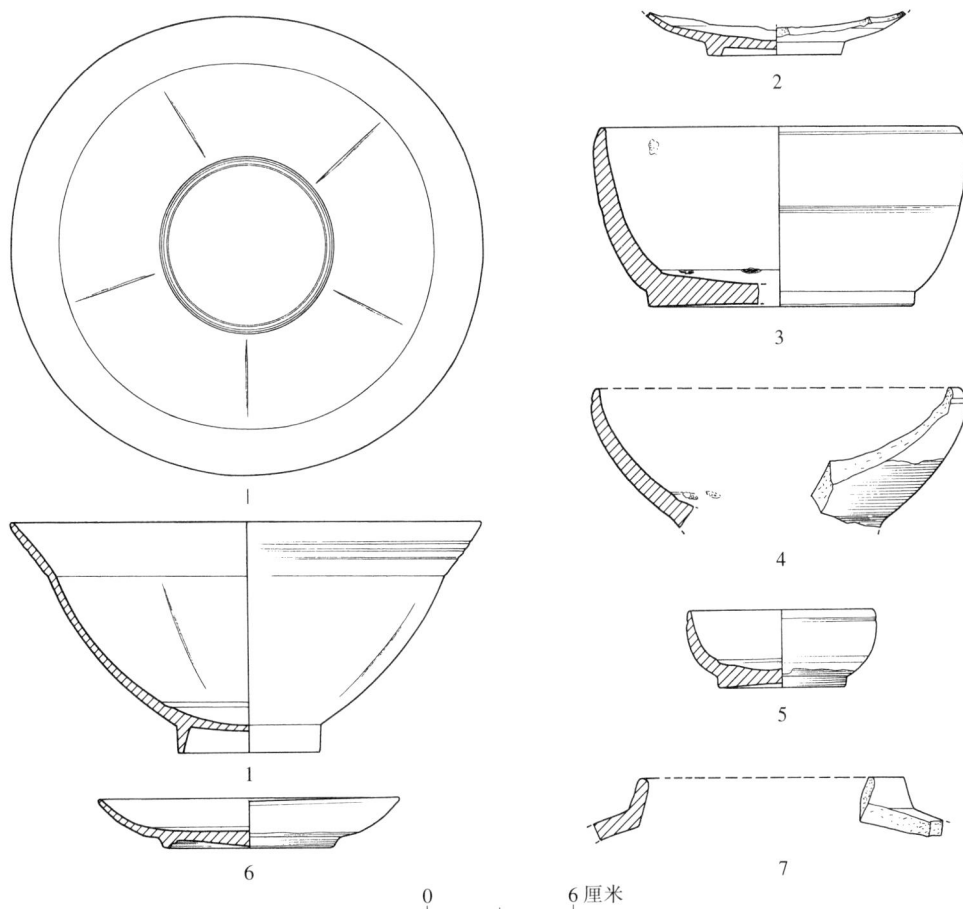

图一四五　定窑、耀州窑及未定窑口青釉瓷器
1. 耀州窑瓷碗（J1∶18）　　2. 定窑瓷盘（H3∶129）　　3、4. 未定窑口青釉碗
（T10③∶5、H12∶6）　　5. 未定窑口青釉盏（H10∶6）　　6. 未定窑口青釉盘
（T1②∶2）　　7. 未定窑口青釉罐（H13∶4）

标本 T10③∶5　灰胎，青釉，内外底残留支钉痕。口径 15.2、底径 11、高 7.1 厘米（图一四五，3）。

标本 H12∶6　灰胎，淡青釉，内底残留支钉痕。口径 14.9、残高 5.5 厘米（图一四五，4）。

2. 盏

1 件。直口，口沿外侧饰一周弦纹，弧腹，底部带饼足。

标本 H10∶6　灰胎，淡青釉。口径 7.7、底径 5.2、高 3.1 厘米（图一四五，5）。

3. 盘

1 件。敞口，斜直腹，平底，底部带矮圈足。

标本 T1②∶2　灰胎，淡青釉。口径 12.2、底径 6.8、高 1.7 厘米（图一四五，6）。

4. 罐

1 件。直口，短颈。

标本 H13∶4　灰胎，青釉。口径 10.9、残高 2.3 厘米（图一四五，7）。

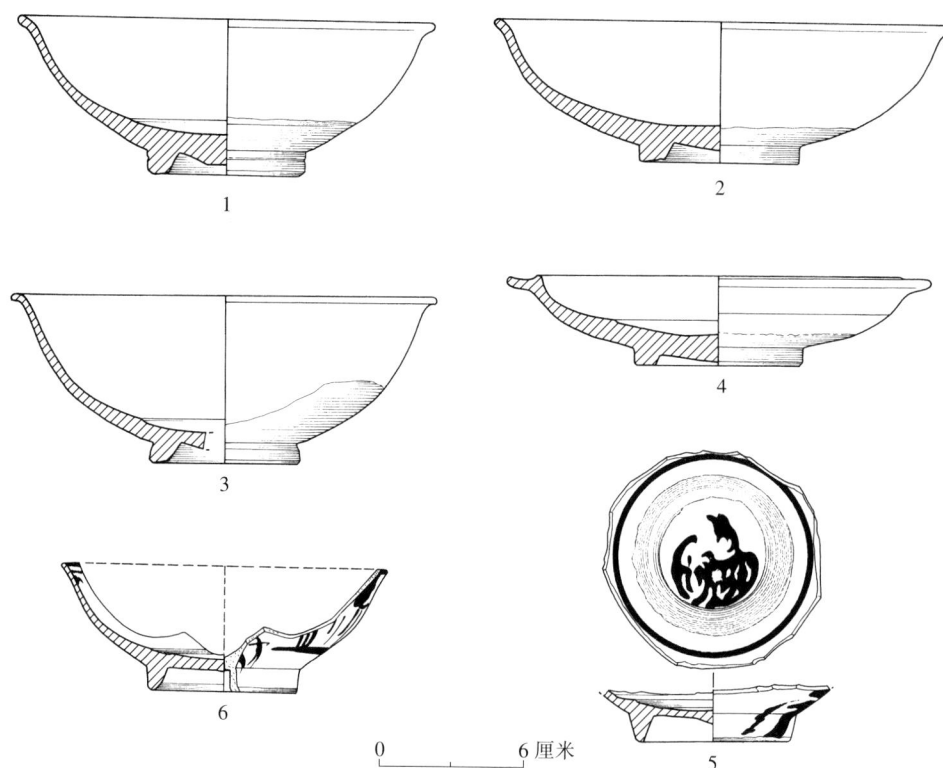

图一四六　未定窑口酱釉、青花瓷器

1~3. 酱釉碗（T4③：18、H11：10、H11：12）　4. 酱釉盘（T8③：2）　5、6. 青花碗（T1②：3、T1②：4）

酱釉

1. 碗

4 件。侈口，弧腹，底部带圈足。

标本 T4③：18　灰白胎，酱釉。口径 17、底径 6.5、高 6.2 厘米（图一四六，1）。

标本 H11：10　灰胎，酱釉。口径 18.3、底径 6.5、高 5.6 厘米（图一四六，2）。

标本 H11：12　灰白胎，酱釉。口径 17.3、底径 6.2、高 6.7 厘米（图一四六，3）。

2. 盘

1 件。折沿，敞口，浅弧腹，底部带圈足。

标本 T8③：2　红褐胎，酱釉，釉面泛银光。口径 17、底径 6.8、高 3.5 厘米（图一四六，4）。

青花

碗

2 件。斜直腹，底部带圈足。

标本 T1②：3　灰胎，灰白釉，青花泛蓝色，内底残留涩圈。底径 6.3、残高 2.1 厘米（图一四六，5）。

标本 T1②：4　灰胎，灰白釉，青花泛蓝色，内底残留涩圈。口径 13.2、底径 6.1、高 5 厘米（图一四六，6）。

二　陶器及窑具

（一）　陶器

数量较多，按其陶胎质地可分为泥质和夹砂两类，器形较丰富，可辨钵、罐、瓮、盆、釜、盉、灯、杯、豆、盏、盘、炉、瓶、器盖、器足、器柄、器座、器耳、纺轮、俑、动物模型等。器表少纹饰，以素面居多。

1. 钵

31 件，根据器物口、腹及底部形态的差异分为五型。

A 型　13 件。敞口，折腹、平底。根据腹部转折处的变化分为两式。

Ⅰ式　4 件。腹部转折处偏上，上腹部略微内曲。

标本 T1④：2　泥质灰陶，器表带黑色陶衣。口径 20.4、底径 6.4、高 6.8 厘米（图一四七，1）。

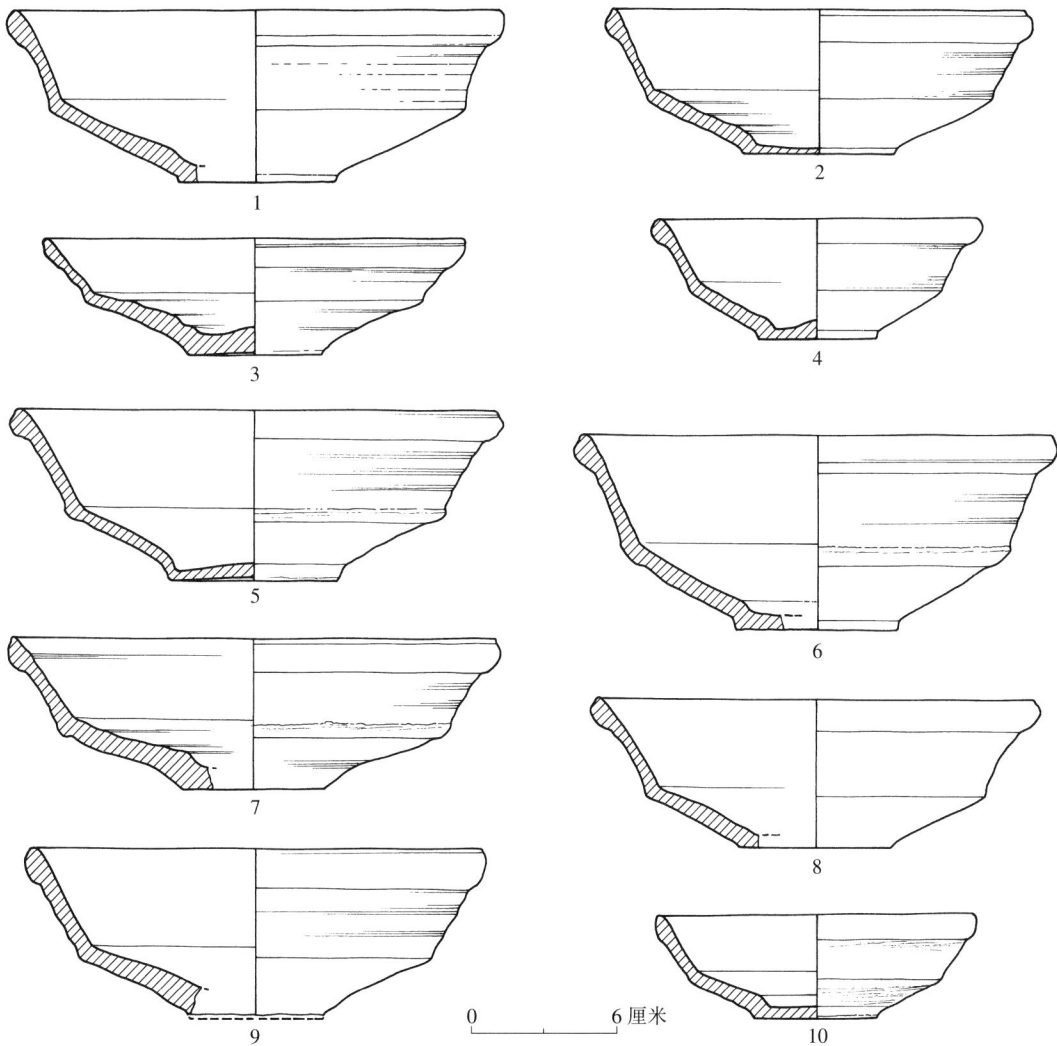

图一四七　A 型陶钵

1～4. Ⅰ式（T1④：2、H3：202、H3：201、H1：5）　　5～10. Ⅱ式（H1：4、H1：6、H3：200、H4：5、H8：3、H15：3）

标本 H3：202　泥质褐陶，器表带黑色陶衣。口径 17.5、底径 6.4、高 5.8 厘米（图一四七，2）。

标本 H3：201　泥质褐陶，器表带黑色陶衣。口径 17.1、底径 5.4、高 4.5 厘米（图一四七，3）。

标本 H1：5　泥质灰陶，器表带黑色陶衣。口径 13.6、底径 5、高 4.8 厘米（图一四七，4）。

Ⅱ式　9 件。腹部转折处居中，上腹部较直，内曲不明显。

标本 H1：4　泥质灰陶，器表带黑色陶衣。口径 20.1、底径 6.9、高 6.8 厘米（图一四七，5；彩版八一，2）。

标本 H1：6　泥质褐陶，器表带黑色陶衣。口径 19.8、底径 6.7、高 7.7 厘米（图一四七，6）。

标本 H3：200　泥质褐陶，器表带黑色陶衣。口径 20、底径 5.8、高 6 厘米（图一四七，7）。

标本 H4：5　泥质褐陶，器表带黑色陶衣，口径 18.4、底径 6.3、高 5.9 厘米（图一四七，8）。

标本 H8：3　泥质褐陶，器表带黑色陶衣。口径 18.8、底径 5.5、高 6.7 厘米（图一四七，9）。

标本 H15：3　泥质灰陶，器表带黑色陶衣。口径 13.2、底径 5.2、高 4.2 厘米（图一四七，10）。

B 型　11 件。敛口，折腹，腹部转折处偏下，上腹部略带弧度。根据底部的变化分为两式。

Ⅰ式　10 件。平底或底部带饼足。

标本 H5：7　泥质褐陶，器表带黑色陶衣。口径 23.4、底径 14.5、高 7.8 厘米（图一四八，1）。

标本 H8：16　泥质褐陶，器表带黑色陶衣。口径 20.2、底径 9、高 8.6 厘米（图一四八，2；彩版八一，3）。

标本 H14：12　泥质灰陶，器表带黑色陶衣。口径 20、底径 8.3、高 6.5 厘米（图一四八，3）。

标本 H16：8　泥质褐陶，器表带黑色陶衣。底径 10.2、残高 5.3 厘米（图一四八，4）。

标本 T8④：2　泥质褐陶，器表带黑色陶衣。口径 19.2、底径 8.6、高 7.3 厘米（图一四八，5）。

标本 T8④：5　泥质灰陶。口径 12、底径 6、高 4.3 厘米（图一四八，6）。

Ⅱ式　1 件。底部带圈足。

标本 H5：10　泥质褐陶，器物内底带印花，器表带黑色陶衣。口径 18.9、底径 10.4、高 9.8 厘米（图一四八，7）。

C 型　4 件。敛口，圆鼓腹，底部带饼足或圈足。

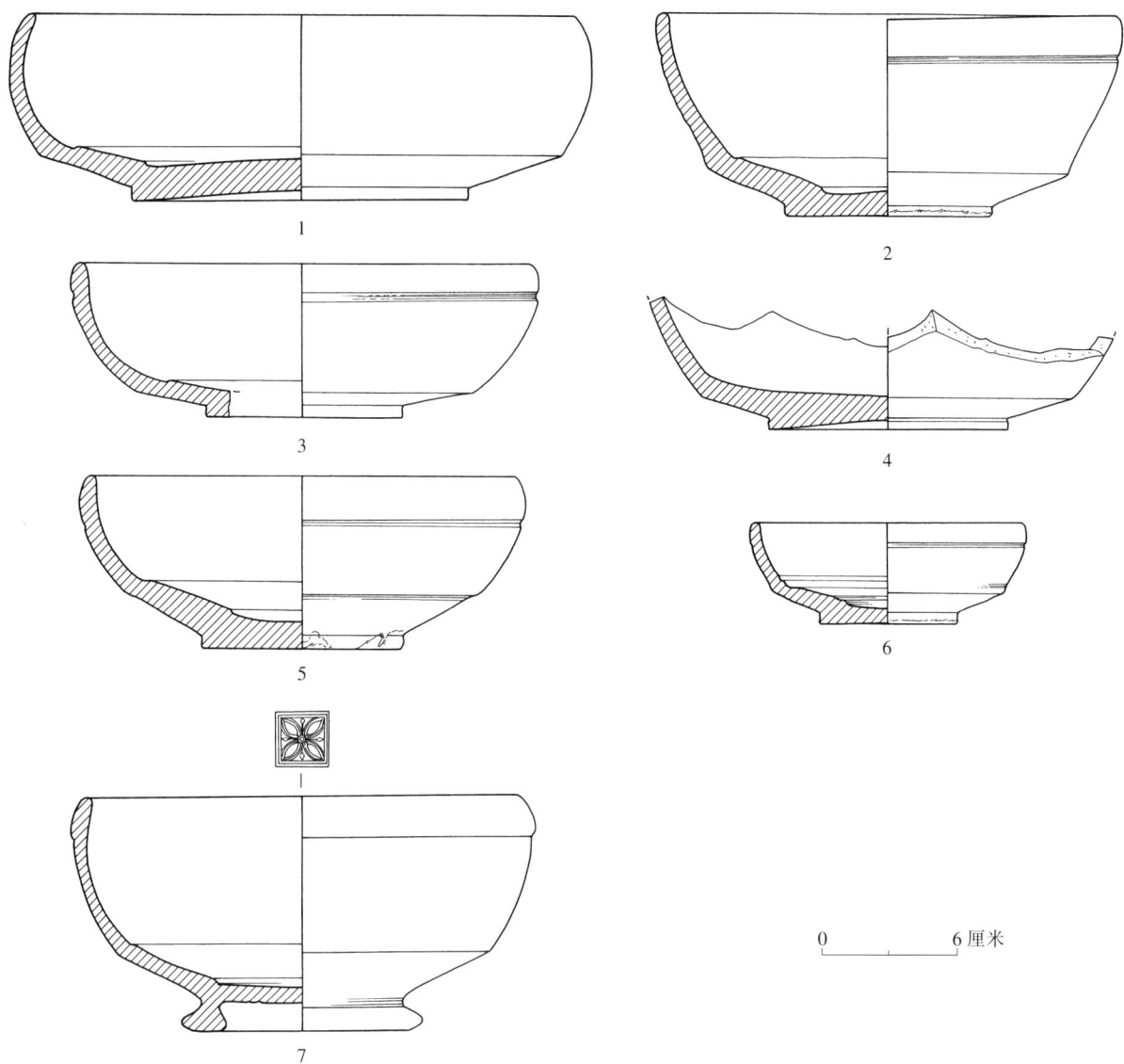

图一四八　B 型陶钵

1~6. I 式（H5：7、H8：16、H14：12、H16：8、T8④：2、T8④：5）　7. II 式（H5：10）

标本 H2：10　灰陶。底径 8.6、高 5.2 厘米（图一四九，1）。

标本 H8：15　泥质灰陶。口径 12.1、底径 7.4、高 6.2 厘米（图一四九，2；彩版八一，4）。

标本 H13：7　泥质灰陶，器表带黑色陶衣。高 8 厘米（图一四九，3）。

标本 H7⑤：2　泥质灰陶，器表带黑色陶衣，外壁口沿以下饰弦纹。口径 17.4、残高 6.6 厘米（图一四九，4）。

D 型　2 件。直口，口沿外带一周弦纹，弧腹，平底。

标本 H3：196　泥质灰陶。口径 14.3、底径 8、高 5.9 厘米（图一四九，5）。

标本 H13：6　泥质褐陶，器表带黑色陶衣。口径 15、底径 9.2、高 7 厘米（图一四九，6）。

E 型　1 件。敛口，斜弧腹，底部带圈足。

标本 H12：10　泥质灰陶。口径 30.8、底径 16、高 11.5 厘米（图一四九，7）。

钵残件　8 件。

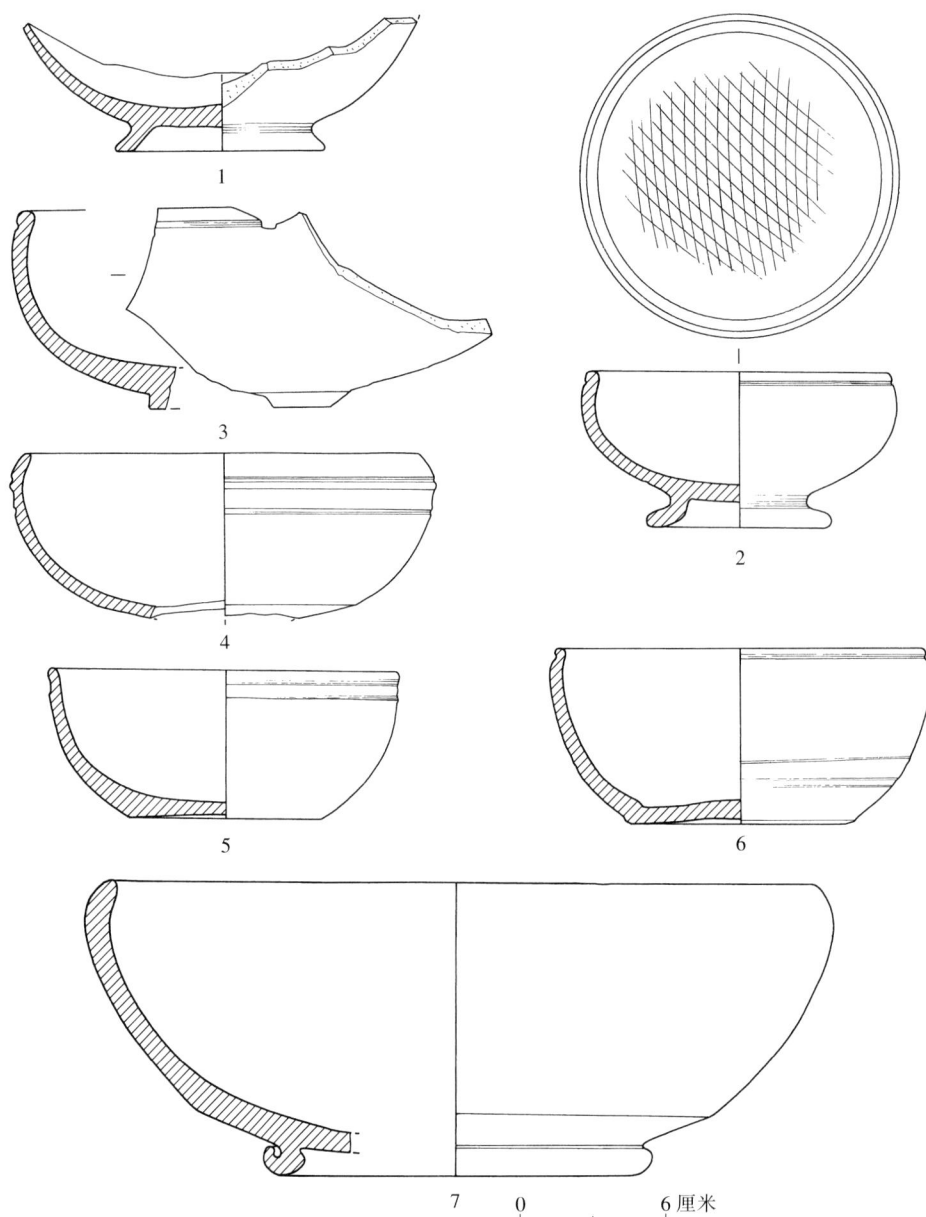

图一四九　陶钵

1~4. C 型（H2∶10、H8∶15、H13∶7、H7⑤∶2）　　5、6. D 型（H3∶196、H13∶6）　　7. E 型（H12∶10）

标本 H12∶9　圈足。泥质灰陶。底径 9、残高 4.3 厘米（图一五〇，1）。

标本 H12∶12　圈足。泥质灰陶，器表带黑色陶衣，内底有印花纹。底径 14.2、残高 4.2 厘米（图一五〇，2）。

标本 H13∶8　圈足。泥质灰陶，内底有印花纹。底径 13、残高 3.1 厘米（图一五〇，3）。

标本 H15∶4　圈足。泥质灰陶。底径 10、残高 4.2 厘米（图一五〇，4）。

标本 J2∶2　圈足。泥质灰陶。底径 10.6、残高 4.6 厘米（图一五〇，5）。

2. 罐

110 件。根据口、颈、腹及底部形态的差异分为九型。

A 型　10 件。圆唇、敛口、鼓腹、平底。根据肩部是否带系分为两式。

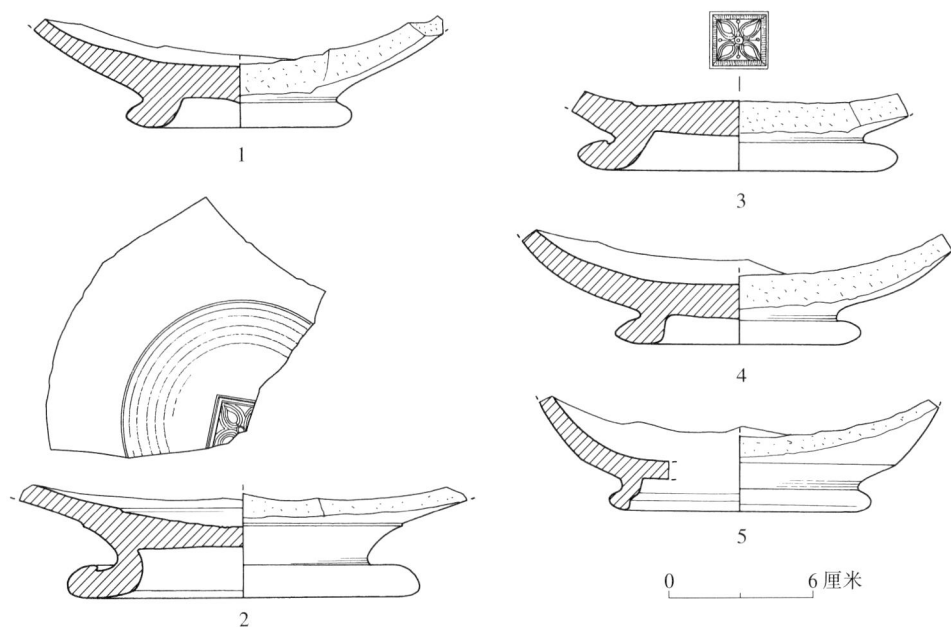

图一五〇　陶钵残件

1. H12：9　2. H12：12　3. H13：8　4. H15：4　5. J2：2

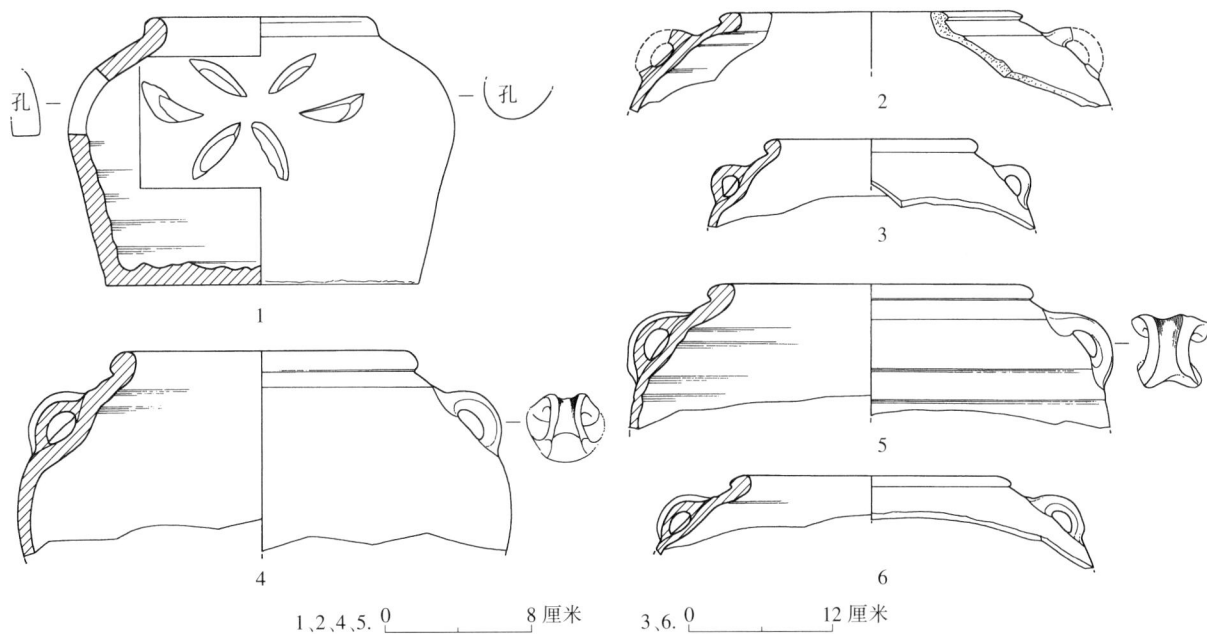

图一五一　A 型陶罐

1. Ⅰ式（H3：92）　2~6. Ⅱ式（H2：1、H2：2、H2：3、H2：4、H13：10）

Ⅰ式　1件。肩部无系。

标本 H3：92　泥质褐陶，带黑色陶衣，腹部有镂空花纹。口径 12.6、底径 17.1、高 14 厘米（图一五一，1；彩版八二，1）。

Ⅱ式　9件。肩部双系。

标本 H2：1　泥质灰陶。口径 16.6、残高 5.1 厘米（图一五一，2）。

标本 H2：2　泥质灰陶。口径 17.6、残高 7 厘米（图一五一，3）。

标本 H2：3　泥质灰陶。口径 16.3、残高 10.6 厘米（图一五一，4）。

标本 H2：4　泥质灰陶。口径 18、残高 7.7 厘米（图一五一，5）。

标本 H13：10　泥质灰陶。口径 23、残高 7.3 厘米（图一五一，6）。

B 型　10 件。口沿外翻，颈部低矮，鼓腹，平底。根据口沿厚度分为二亚型。

Ba 型　8 件。口沿较厚。

标本 H3：204　肩部带一周短斜线纹，泥质灰陶。口径 10.6、残高 4.2 厘米（图一五二，1）。

标本 H8：8　灰陶。口径 10.4、残高 4.4 厘米（图一五二，2）。

标本 H13：13　肩部带一周短斜线纹，泥质灰陶。口径 11、残高 4.5 厘米（图一五二，3）。

标本 H14：9　泥质灰陶。口径 11.9、残高 2.5 厘米（图一五二，4）。

标本 T1④：1　肩部带一周短斜线纹，泥质灰陶。口径 13、残高 9.3 厘米（图一五二，5）。

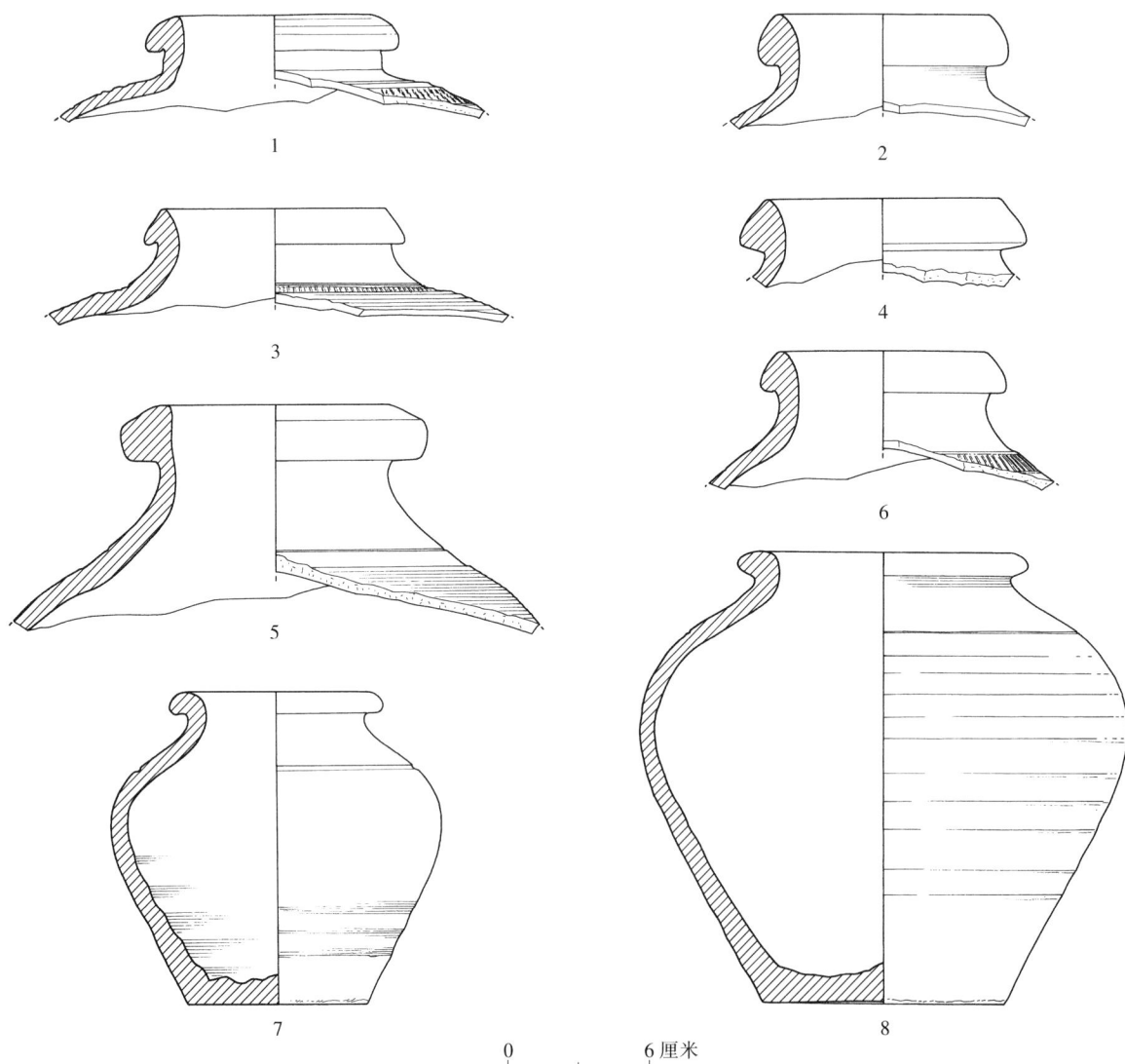

图一五二　B 型陶罐

1～6. Ba 型（H3：204、H8：8、H13：13、H14：9、T1④：1、T5④：7）　　7、8. Bb 型（H5：12、H5：13）

标本 T5④：7　肩部带一周短斜线纹，泥质灰陶。口径 10.2、残高 5.5 厘米（图一五二，6）。

Bb 型　2 件，口沿较薄。

标本 H5：12　肩部一周凹弦纹，泥质褐陶，器表带黑色陶衣。口径 7.5、底径 7.6、高 12.6 厘米（图一五二，7；彩版八二，3）。

标本 H5：13　肩部一周凹弦纹，泥质灰陶。口径 12、底径 10.2、高 18.4 厘米（图一五二，8；彩版八二，2）。

C 型　8 件。方唇，直口，颈部低矮。根据口部深浅分为二亚型。

Ca 型　3 件。口部较深。

标本 H13：3　泥质灰陶。口径 10、残高 4.5 厘米（图一五三，1）。

标本 H14：2　泥质灰陶。口径 10.8、残高 8.7 厘米（图一五三，2）。

标本 J2：4　泥质灰陶。口径 11.3、残高 7 厘米（图一五三，3）。

Cb 型　5 件。口部较浅。

标本 H8：1　泥质灰陶。口径 13、残高 3.7 厘米（图一五三，4）。

标本 H8：7　肩部带一周短斜线纹，泥质灰陶。口径 12、残高 7 厘米（图一五三，5）。

标本 H14：10　泥质灰陶。口径 12.4、残高 4.2 厘米（图一五三，6）。

标本 T1④：3　腹部带绳纹，泥质灰陶。口径 13.3、残高 8.4 厘米（图一五三，7）。

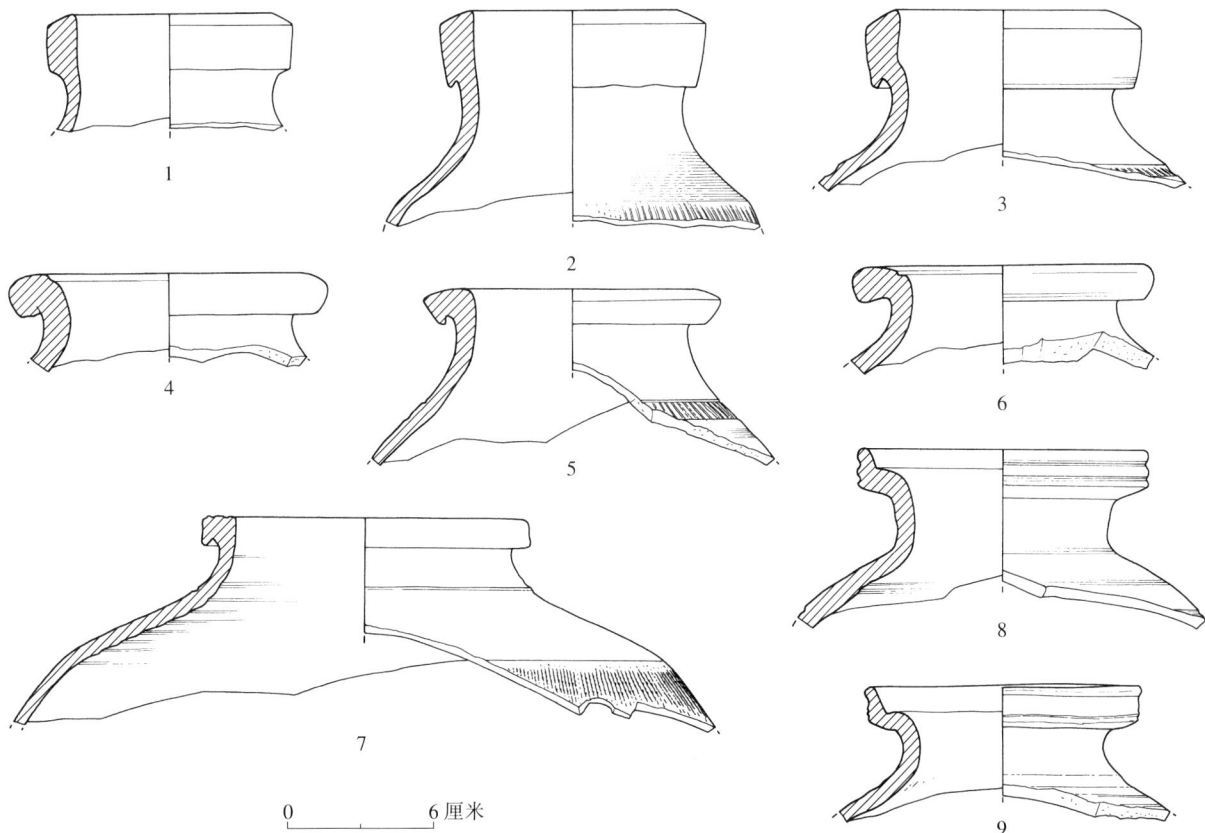

图一五三　陶罐

1~3. Ca 型（H13：3、H14：2、J2：4）　4~7. Cb 型（H8：1、H8：7、H14：10、T1④：3）　8、9. D 型（H13：1、H13：2）

D 型　2 件。盘口，颈部较低矮。

标本 H13：1　泥质灰陶，器表带黑色陶衣。口径 12、残高 7 厘米（图一五三，8）。

标本 H13：2　泥质灰陶，器表带黑色陶衣。口径 11.4、残高 5.4 厘米（图一五三，9）。

E 型　1 件。敛口，颈部低矮，折肩，肩部一周水波纹。

标本 H5：6　泥质灰陶，器表带黑色陶衣，口径 11、残高 5.5 厘米（图一五四，1）。

F 型　52 件。侈口，颈部不明显，丰肩，斜直腹，小平底。

标本 H7②：10　夹砂褐陶，器表带黑色陶衣。口径 15.5、底径 3.8、高 10 厘米（图一五四，2；彩版八二，4）。

标本 H7③：25　夹砂灰陶。口径 16.6、底径 4.6、高 10 厘米（图一五四，3）。

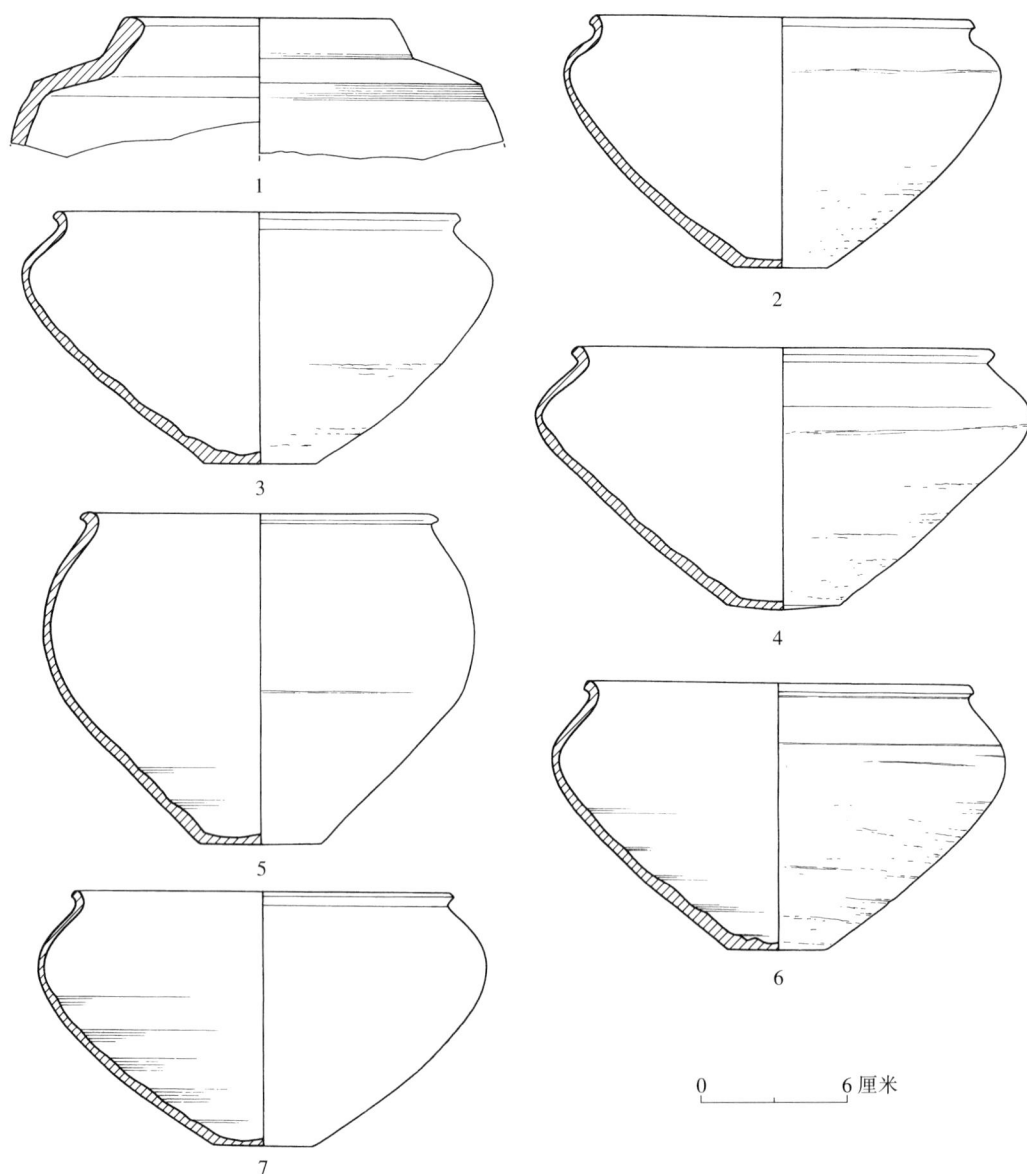

图一五四　陶罐

1. E 型（H5：6）　　2～7. F 型（H7②：10、H7③：25、H7③：28、H7⑤：18、H7⑥：19、H7⑦：13）

标本 H7③：28 夹砂褐陶，器表带黑色陶衣。口径 17、底径 4.5、高 10.4 厘米（图一五四，4；彩版八二，5）。

标本 H7⑤：18 夹砂褐陶，器表带黑色陶衣。口径 14.5、底径 5、高 13.3 厘米（图一五四，5）。

标本 H7⑥：19 夹砂褐陶，器表带黑色陶衣。口径 15.7、底径 4、高 10.6 厘米（图一五四，6）。

标本 H7⑦：13 夹砂褐陶，器表带黑色陶衣。口径 15.6、底径 4.2、高 10.1 厘米（图一五四，7）。

G 型 7 件。侈口，颈部较高。

标本 H7⑤：20 夹砂灰陶。口径 15、腹径 14.7、底径 8.2、高 19.2 厘米（图一五五，1；彩版八三，1）。

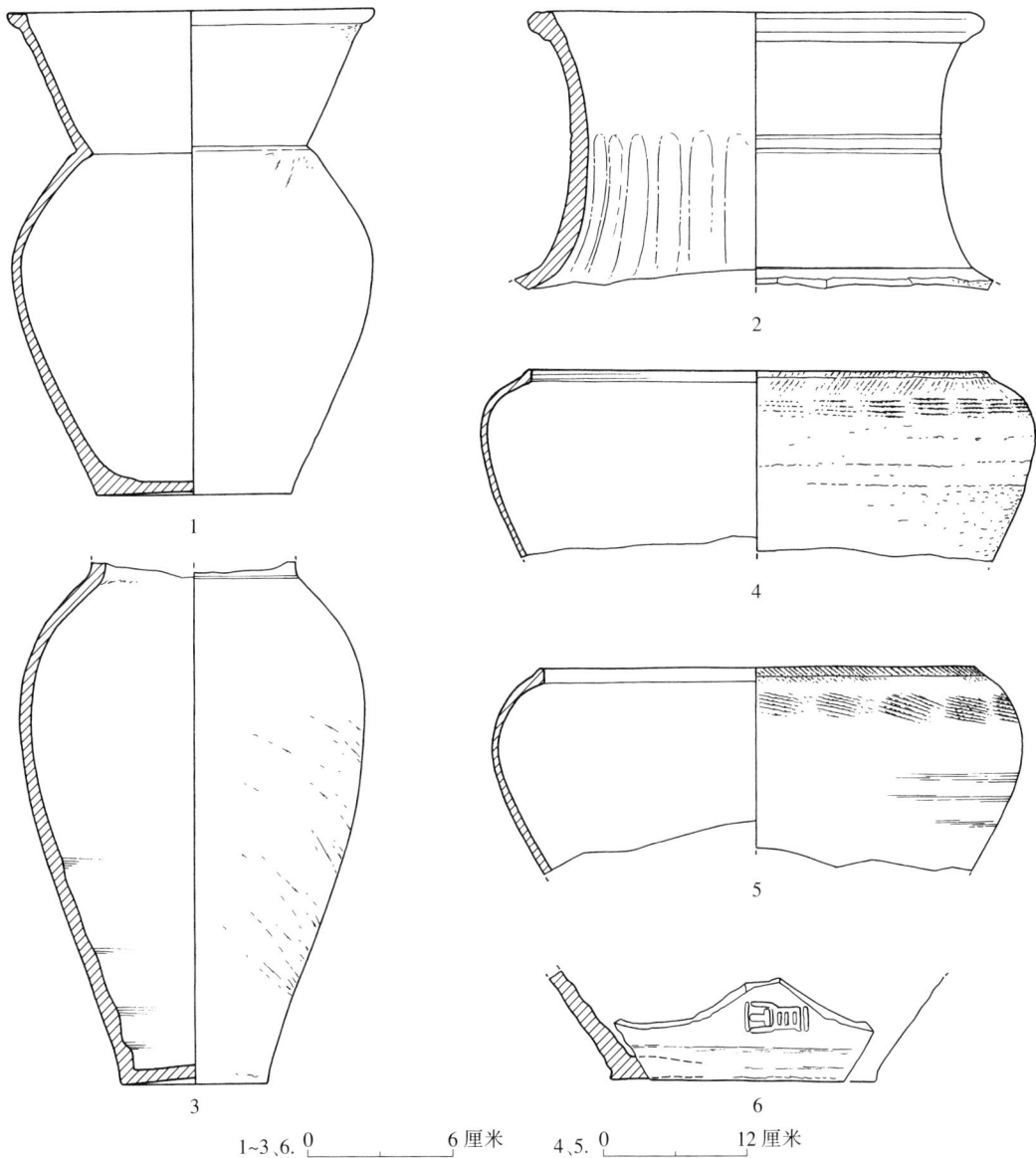

1～3、6. 0 ⊥_____⊥ 6 厘米   4、5. 0 ⊥_____⊥ 12 厘米

图一五五 陶罐

1、2. G 型（H7⑤：20、T2④：2） 3. H 型（H7②：17） 4、5. I 型（H7③：37、H7④：12） 6. 罐底残片（H12：3）

标本 T2④：2 夹砂灰陶。口径18.6、残高11.2厘米（图一五五，2）。

H型 2件。倒卵形腹，腹部较瘦长，小平底。

标本 H7②：17 夹砂红陶。腹径14.1、底径6、残高20.8厘米（图一五五，3；彩版八三，2）。

I型 18件。方唇，敛口，丰肩，肩部以下斜直内收。

标本 H7③：37 夹砂褐陶，器表饰绳纹，带黑色陶衣。口径38、残高14.3厘米（图一五五，4）。

标本 H7④：12 夹砂灰陶，器表饰绳纹。口径35.6、残高16厘米（图一五五，5）。

罐底残片 1件。

标本 H12：3 平底。夹砂褐陶，器表带黑色陶衣，外壁模印一"亭"字。底径11、残高4.2厘米（图一五五，6）。

3. 瓮

12件。敛口。根据肩部及颈部形态的差异分为三型。

A型 4件。口沿外翻，无颈，折肩，上腹部带网格纹。

标本 T1④：13 泥质褐陶，器表带黑色陶衣。口径42.3、残高7厘米（图一五六，1）。

标本 H3：219 口沿下一周凹弦纹，肩部模印网格纹，泥质褐陶，器表带黑色陶衣。口径56、残高14厘米（图一五六，2）。

标本 H13：5 泥质灰陶。口径62、残高7.1厘米（图一五六，3）。

标本 H16：9 泥质灰陶，器表带黑色陶衣。口径56、残高9.2厘米（图一五六，4）。

B型 6件。口沿外翻，无颈，溜肩。

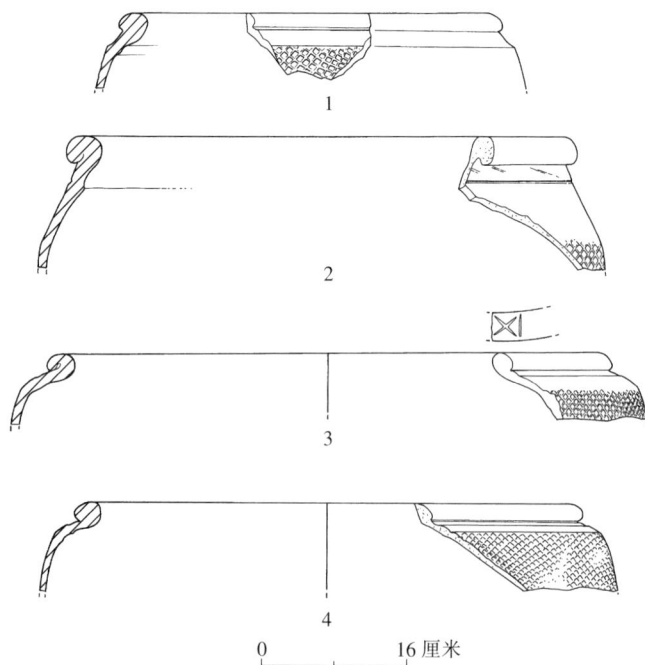

图一五六 A型陶瓮
1. T1④：13 2. H3：219 3. H13：5 4. H16：9

标本 H13：11 泥质灰陶。口径 23、残高 9 厘米（图一五七，1）。

标本 J2：1 泥质褐陶。口径 56、残高 7.5 厘米（图一五七，2）。

标本 T5③：1 口沿下刻划一周水波纹，肩部模印几何纹，泥质灰陶。口径 51、残高 13.7 厘米（图一五七，3）。

标本 T10③：2 褐陶。口径 31.6、残高 7.7 厘米（图一五七，4）。

C 型 2 件。直口，短颈，溜肩，鼓腹。

标本 H14：5 肩部带弦纹及锯齿纹，泥质褐陶，器表带黑色陶衣。口径 16.6、残高 7.7 厘米（图一五七，5）。

标本 T8④：6 肩部带一周凹弦纹，泥质褐陶，器表带黑色陶衣。口径 20.2、残高 7 厘米（图一五七，6）。

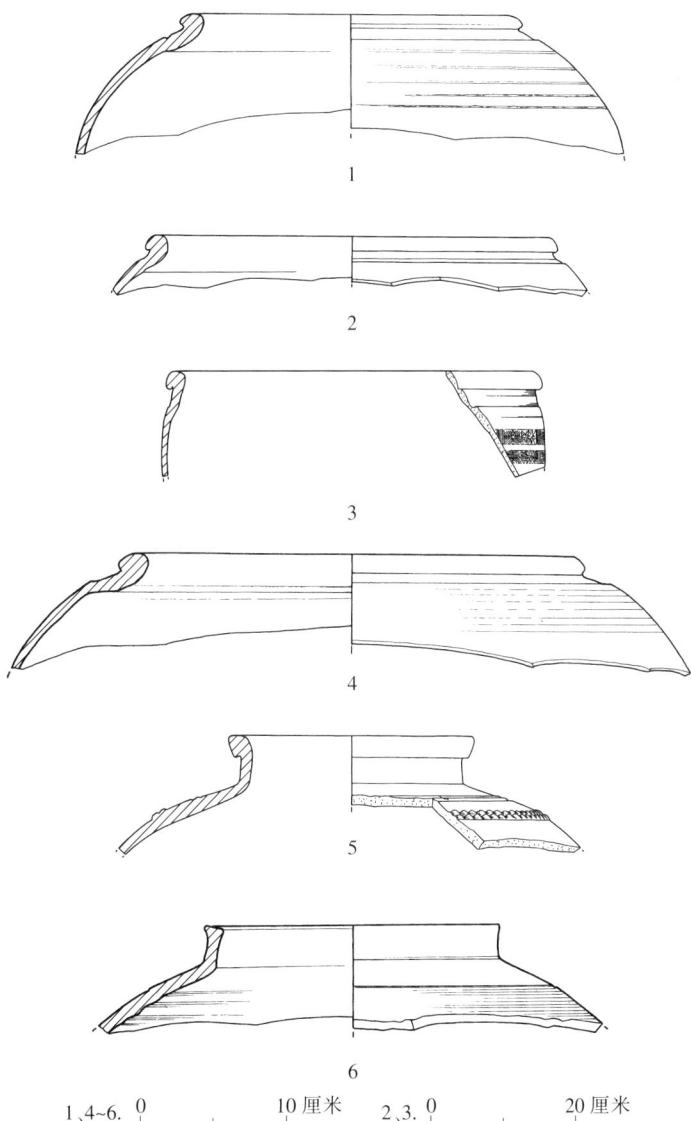

图一五七 陶瓮

1～4. B 型（H13：11、J2：1、T5③：1、T10③：2） 5、6. C 型（H14：5、T8④：6）

4. 盉

4 件。带状足较瘦长。

标本 H7②：1　夹砂褐陶，器表带黑色陶衣。残高 17 厘米（图一五八，1）。

标本 H7④：3　夹砂灰陶。残高 19.8 厘米（图一五八，2）。

标本 H7⑤：6　夹砂褐陶，器表带灰黑色陶衣。残高 15.8 厘米（图一五八，3）。

5. 盆

31 件。根据口、颈及腹部的差异分为三型。

A 型　4 件。折沿，颈部略内束，弧腹，腹较浅。

标本 H1：6　泥质灰陶。口径 34、底径 17.6、高 15.2 厘米（图一五八，4）。

标本 H8：4　泥质灰陶，器物表面带黑色陶衣。口径 25.8、残高 6.9 厘米（图一五八，5）。

标本 T5④：4　泥质灰陶，器表带黑色陶衣。口径 29、残高 8.1 厘米（图一五八，6）。

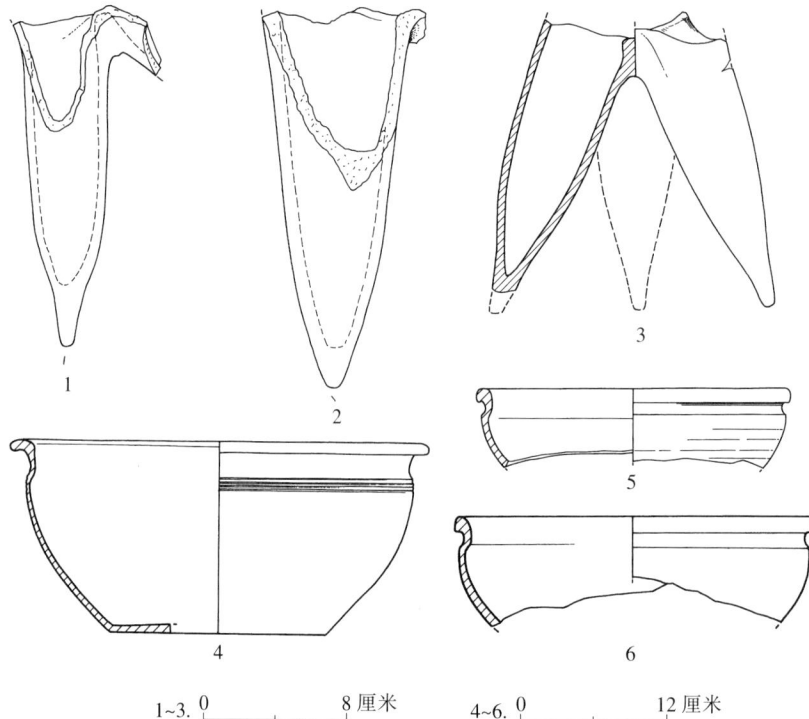

图一五八　陶盉、盆

1～3. 陶盉（H7②：1、H7④：3、H7⑤：6）　4～6. A 型陶盆（H1：6、H8：4、T5④：4）

B 型　22 件。直腹较深。根据口沿的差异分为二亚型。

Ba 型　10 件。方唇，平折沿，部分腹部带折棱。

标本 H4：2　泥质灰陶。口径 44、残高 10.7 厘米（图一五九，1）。

标本 H5：4　泥质灰陶，器表带黑色陶衣。口径 38、残高 10 厘米（图一五九，2）。

标本 H14：1　泥质灰陶。口径 37、残高 12.7 厘米（图一五九，3）。

标本 H14：3　泥质灰陶，器物内壁带黑色陶衣。口径 42.6、残高 8 厘米（图一五九，4）。

标本 H15：6　泥质灰陶，器表带黑色陶衣。口径 32、残高 10 厘米（图一五九，5）。

标本 T1④：14　泥质灰陶，器表带黑色陶衣。口径 50、残高 8.4 厘米（图一五九，6）。

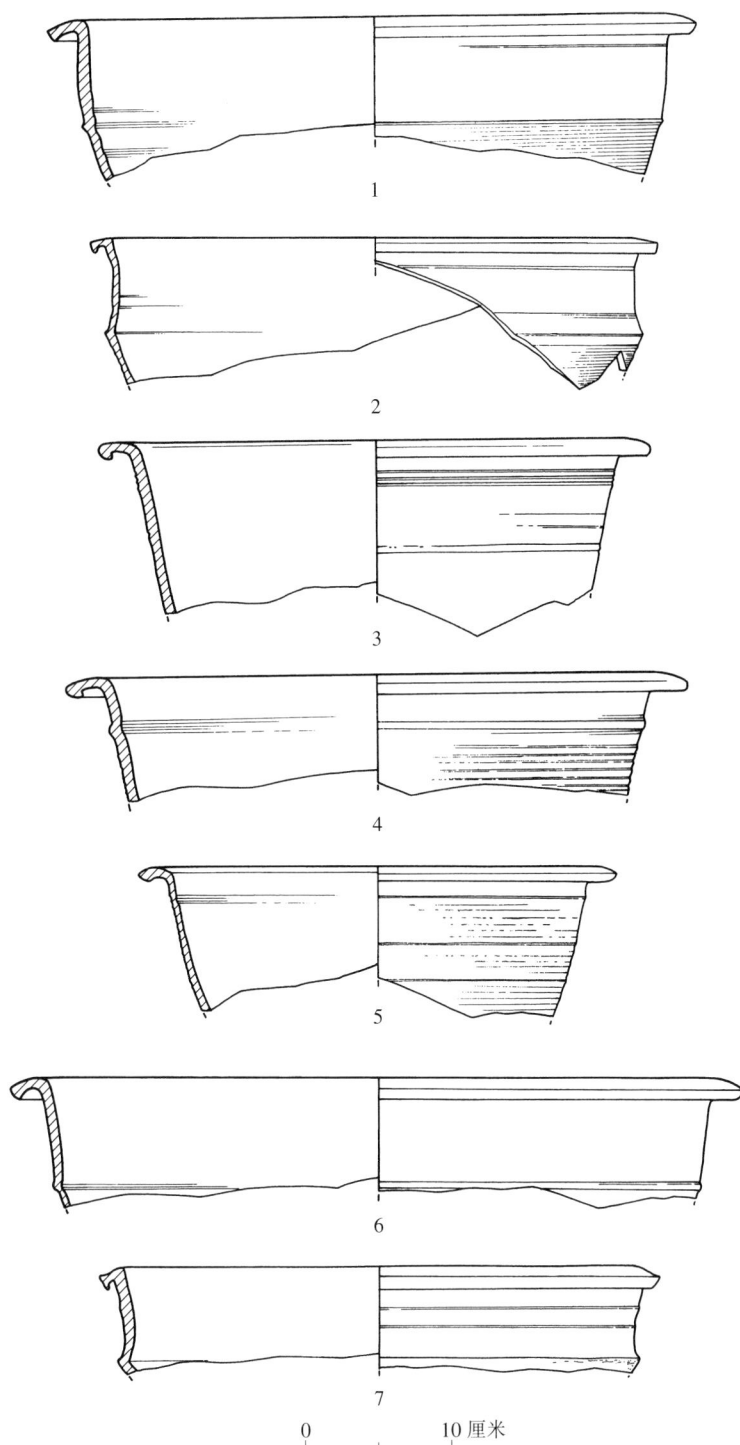

图一五九　Ba 型陶盆

1. H4:2　2. H5:4　3. H14:1　4. H14:3　5. H15:6　6. T1④:14　7. T2④:4

标本 T2④:4，泥质灰陶。口径 38、残高 6.9 厘米（图一五九，7）。

Bb 型　12 件。方唇，卷沿，部分腹部带折棱。

标本 H2:6　泥质灰陶，器表带黑色陶衣。口径 31.6、残高 12.2 厘米（图一六○，1）。

标本 H7⑤:12　泥质灰陶，器表带黑色陶衣。口径 28.4、残高 11.5 厘米（图一六○，2）。

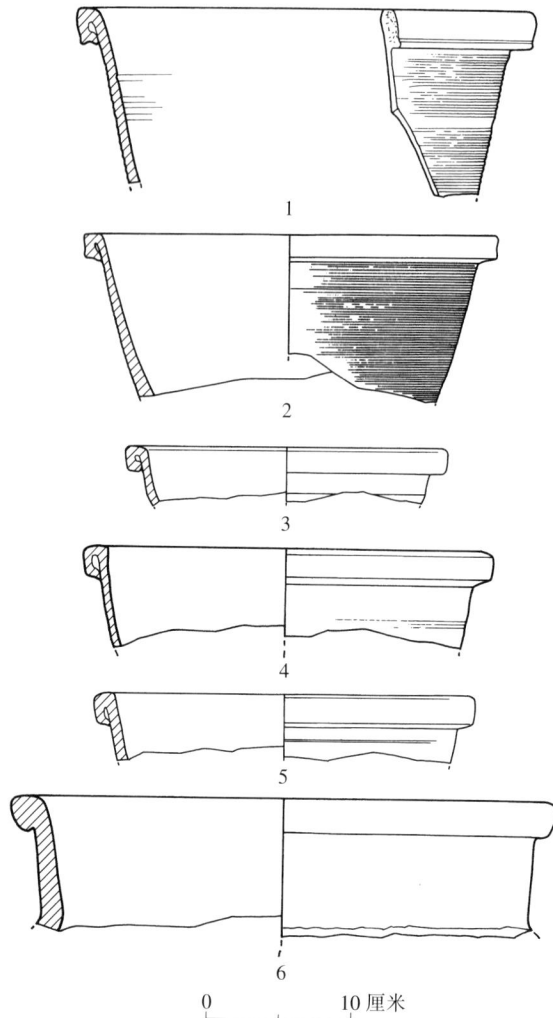

图一六〇　Bb 型陶盆
1. H2：6　2. H7⑤：12　3. H8：28　4. H12：7　5. H15：2　6. H16：7

标本 H8：28　泥质灰陶。口径 22、残高 3.6 厘米（图一六〇，3）。

标本 H12：7　泥质褐陶，器表带黑色陶衣。口径 28、残高 6.1 厘米（图一六〇，4）。

标本 H15：2　泥质灰陶，器表带黑色陶衣。口径 26、残高 4.4 厘米（图一六〇，5）。

标本 H16：7　泥质褐陶，器表带黑色陶衣。口径 37、残高 9 厘米（图一六〇，6）。

C 型　5 件。斜直或斜弧腹，平底。根据器物口沿的差异分为二亚型。

Ca 型　3 件。平折沿。

标本 H3：72　泥质灰陶，器表带黑色陶衣。口径 46、底径 25.4、高 18 厘米（图一六一，4）。

标本 H3：197　泥质灰陶。口径 41.4、底径 26、高 15.7 厘米（图一六一，3）。

标本 T5③：2　泥质灰陶，器表带黑色陶衣。口径 41、底径 31、高 10.4 厘米（图一六一，1）。

Cb 型　2 件。圆唇外凸。

标本 H6：92　泥质红陶，带化妆土，釉面脱落。口径 31、底径 19、高 9.7 厘米（图一六一，2）。

标本 T4③：13　泥质灰陶，器表带黑色陶衣。口径 42、残高 17 厘米（图一六一，5）。

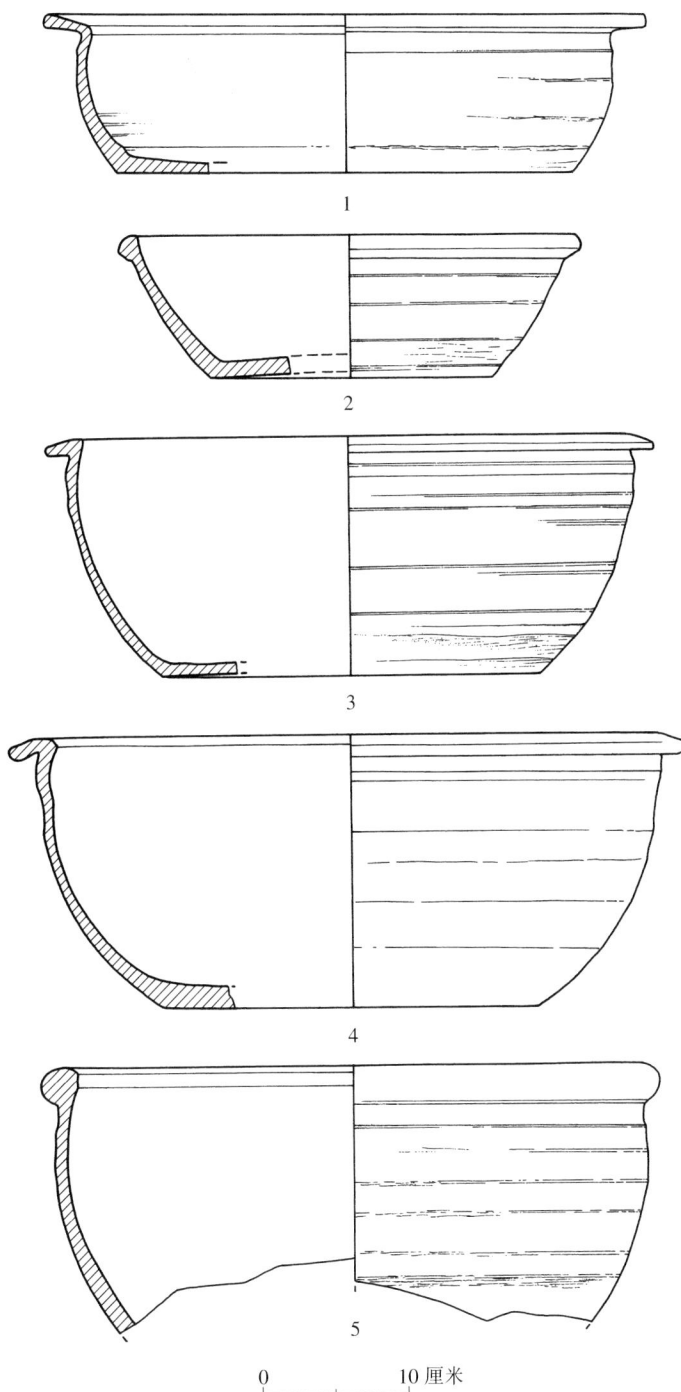

图一六一　C型陶盆

1、3、4. Ca 型（T5③：2、H3：197、H3：72）　　2、5. Cb 型（H6：92、T4③：13）

6. 釜

6件。根据口沿及颈部的差异分为四型。

A 型　2件。敛口，平折沿，无颈，腹部带戳印纹。

标本 H5：5　泥质灰陶，器表带黑色陶衣。口径 17.2、残高 5.6 厘米（图一六二，1）。

标本 H5：9　泥质灰陶，器表带黑色陶衣。残高 6.5 厘米（图一六二，2）。

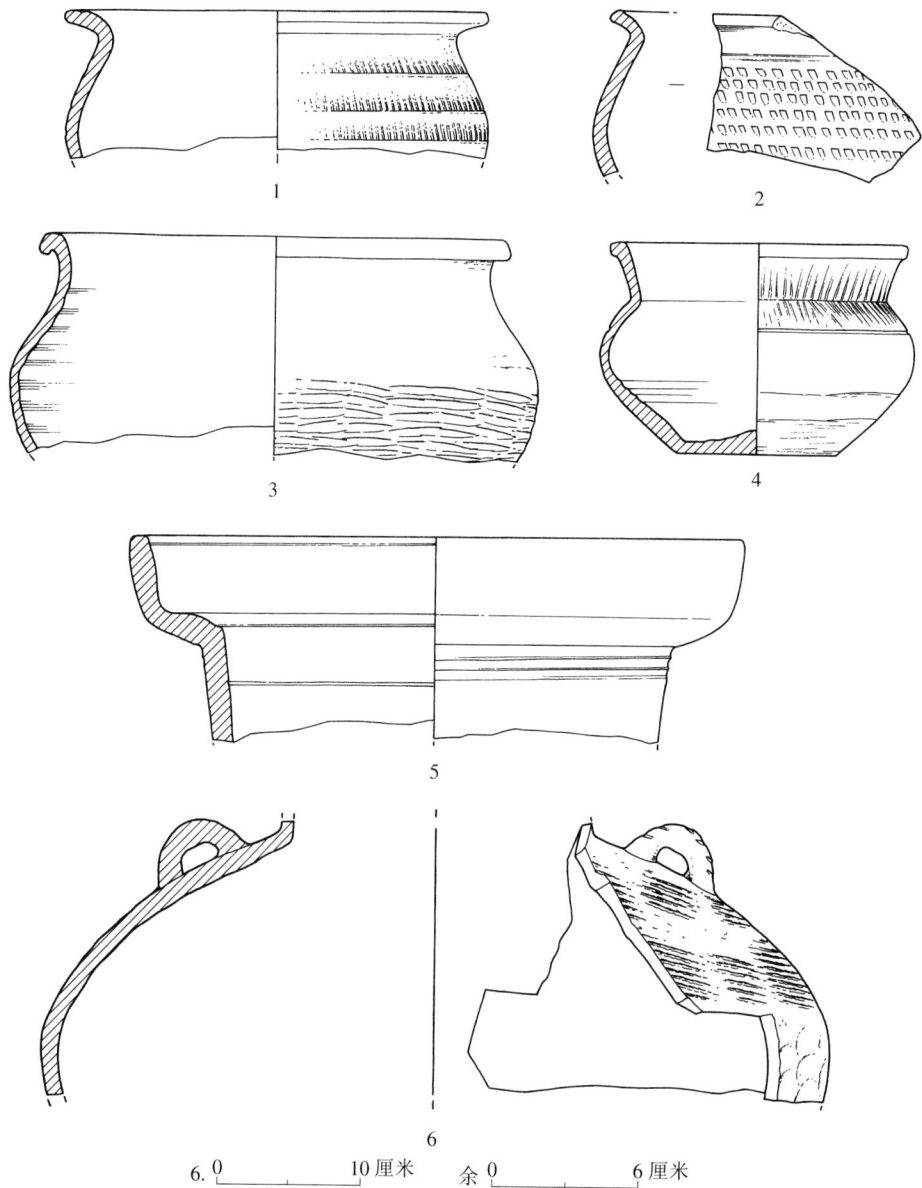

图一六二　陶釜

1、2. A 型（H5：5、H5：9）　3、4. B 型（H4：3、H14：11）　5. C 型（J2：3）　6. D 型（H7③：41）

B 型　2 件。敞口，卷沿，颈部较低矮。

标本 H4：3　腹部带绳纹，泥质褐陶，器表带黑色陶衣。口径 19.2、残高 8.8 厘米（图一六二，3）。

标本 H14：11　颈部及肩部带刻划纹及弦纹，平底，泥质灰陶，器表带黑色陶衣。口径 12、底径 6.5、高 8.4 厘米（图一六二，4）。

C 型　1 件。盘口。

标本 J2：3　灰陶。口径 25.2、残高 8 厘米（图一六二，5）。

D 型　1 件。敛口，带较宽的沿部，垂腹，圜底，腹部有耳。

标本 H7③：41　夹砂灰陶，器表带绳纹。腹径 54、残高 18.4 厘米（图一六二，6）。

7. 灯

9件。根据灯体高矮的差异分为两型。

A 型　7件。灯体较矮，灯柱呈喇叭状。

标本 H2∶7　泥质褐陶，器表带黑色陶衣。残高6.7厘米（图一六三，1）。

标本 H7③∶5　泥质灰陶。底径7.2、残高7.7厘米（图一六三，2）。

标本 H8∶2　泥质褐陶，器表带黑色陶衣。残高8.8厘米（图一六三，3）。

标本 H12∶4　泥质灰陶，器表带黑色陶衣。底径12.8、高11.8厘米（图一六三，4）。

标本 H12∶5　泥质灰陶，器表带黑色陶衣。残高8.7厘米（图一六三，5）。

B 型　2件。灯体较高，灯柱呈圆柱状。

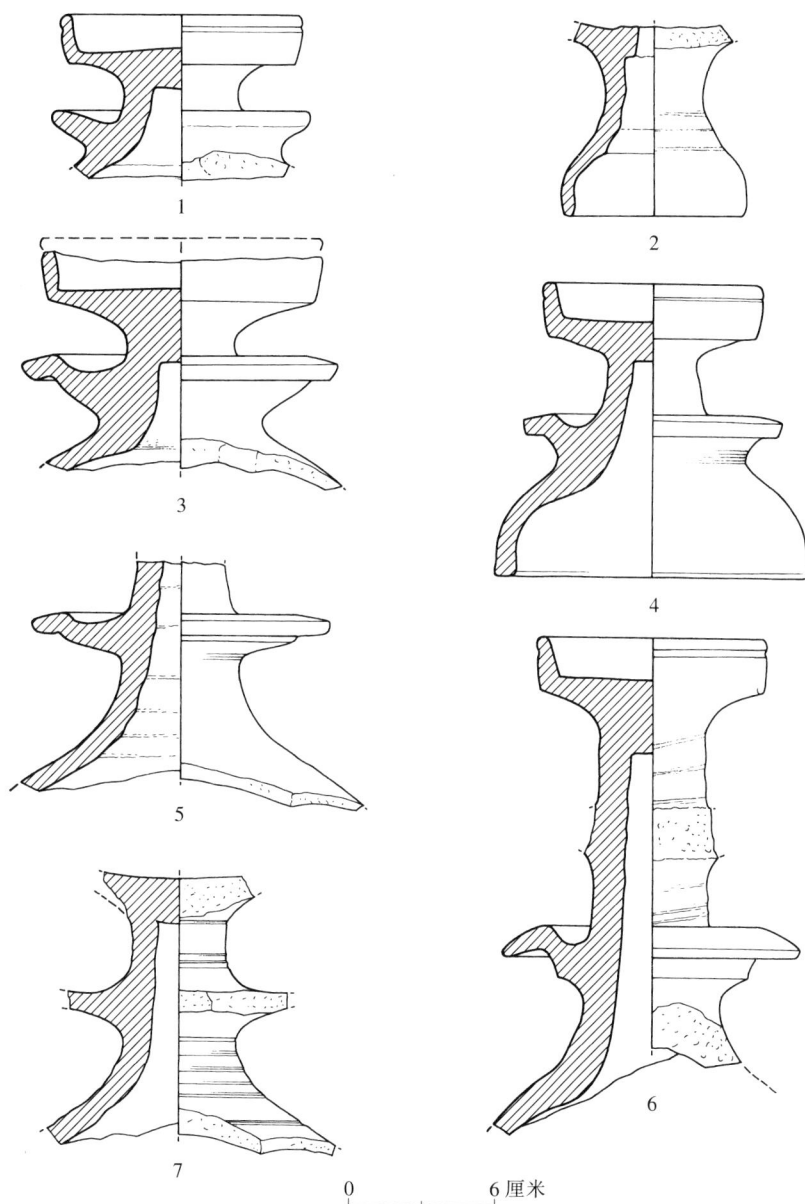

图一六三　陶灯

1～5. A 型（H2∶7、H7③∶5、H8∶2、H12∶4、H12∶5）　6、7. B 型（H8∶9、T10③∶4）

标本 H8：9　泥质灰陶，器表带黑色陶衣。残高 20 厘米（图一六三，6；彩版八三，3）。

标本 T10③：4　泥质灰陶。残高 11.3 厘米（图一六三，7）。

8. 杯

3 件。根据器物底部形态的差异分为两型。

A 型　2 件。斜弧腹，尖底。

标本 T5④：5　泥质黑陶。残高 7.1 厘米（图一六四，1）。

标本 T8③：1　泥质灰陶，器表带黑色陶衣。残高 3.9 厘米（图一六四，2）。

B 型　1 件。直口，斜直腹，器身有穿孔，平底。

标本 H3：195　泥质红陶。口径 8.3、底径 4.1、高 6.8 厘米（图一六四，3）。

9. 豆

129 件。按足、柄部形态的差异可分为矮圈足豆和高柄豆两类。

（1）矮圈足豆

4 件。直口，斜弧腹，腹较浅，圈足。

标本 H14：6　泥质红陶。口径 12.1、底径 3.8、高 4.9 厘米（图一六四，4）。

标本 H14：7　泥质灰陶。底径 5.6、残高 4.7 厘米（图一六四，5）。

标本 H14：13　泥质灰陶，器表带黑色陶衣。口径 10、底径 4.6、高 4.2 厘米（图一六四，6）。

（2）高柄豆

125 件。数量较多，无一完整者，只能分成豆盘、豆柄（足），分别加以介绍。

豆盘　36 件。按口、腹部形态的差异分为三型。

A 型　21 件。侈口，沿外翻，斜直腹较浅。

标本 H7④：31　夹砂灰陶。口径 16、残高 4.2 厘米（图一六五，1）。

标本 H7⑥：25　夹砂灰陶，器表带黑色陶衣。口径 14.1、残高 6.2 厘米（图一六五，2）。

B 型　5 件。侈口，折沿，折腹。

标本 H7②：40　泥质褐陶，带黑色陶衣。口径 18.4、残高 6.6 厘米（图一六五，3）。

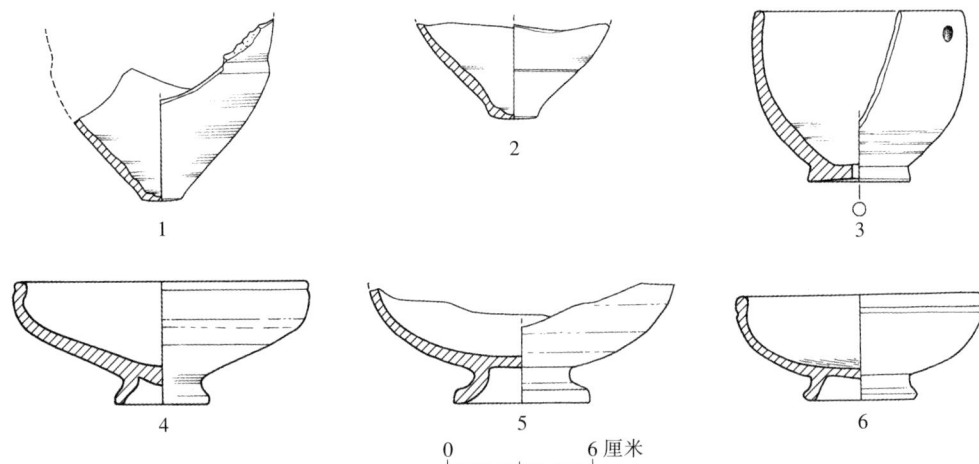

图一六四　陶杯、矮圈足豆

1、2. A 型陶杯（T5④：5、T8③：1）　3. B 型陶杯（H3：195）　4～6. 陶矮圈足豆（H14：6、H14：7、H14：13）

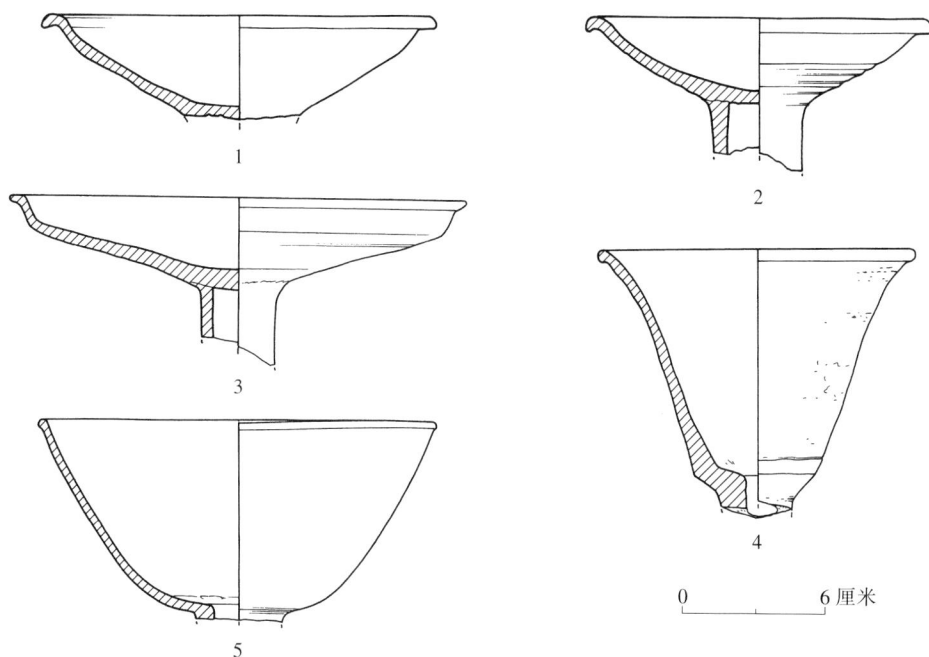

图一六五 高柄陶豆豆盘

1、2. A 型（H7④：31、H7⑥：25） 3. B 型（H7②：40） 4、5. C 型（H7②：39、H7⑧：17）

C 型 10 件。斜弧腹，腹部较深。

标本 H7②：39 夹砂褐陶，器表带黑色陶衣。口径 13、残高 10.7 厘米（图一六五，4）。

标本 H7⑧：17 泥质褐陶，带黑色陶衣。口径 16、残高 7.9 厘米（图一六五，5）。

豆柄（足） 89 件。按形制差异分为三型。

A 型 67 件。圆柱形，柄部较细，下接喇叭形圈足。

标本 H2：9 泥质灰陶，器表带黑色陶衣，足柄部下端刻划两道凹弦纹。底径 17.7、残高 9.3 厘米（图一六六，1）。

标本 H8：20 夹砂褐陶，器表带黑色陶衣，柄部有修坯留下的刮削纹。残高 30 厘米（图一六六，2）。

标本 H7③：42 泥质灰陶，器表带黑色陶衣。底径 8、残高 10.3 厘米（图一六六，3）。

标本 H7④：25 泥质灰黑陶，器表带黑色陶衣。底径 17.5、残高 28.6 厘米（图一六六，4；彩版八三，4）。

标本 H7⑦：34 泥质灰黑陶，器表带黑色陶衣，足柄部下端刻划两道凹弦纹。底径 15.2、残高 14.5 厘米（图一六六，5）。

标本 H7⑦：37 泥质灰陶，器表带黑色陶衣，足柄部下端刻划两道凹弦纹。底径 13.9、残高 14.5 厘米（图一六六，6）。

B 型 18 件。圆柱形，柄部一端鼓凸较粗大。

标本 H7②：51 夹砂灰陶，器表带黑色陶衣，鼓凸处带刻划的凹弦纹和圆形镂孔。残高 26 厘米（图一六七，1；彩版八三，5）。

标本 H7②：58 泥质灰陶，器表带黑色陶衣，鼓凸处带刻划的凹弦纹和圆形镂孔。残高 27.4 厘米（图一六七，2）。

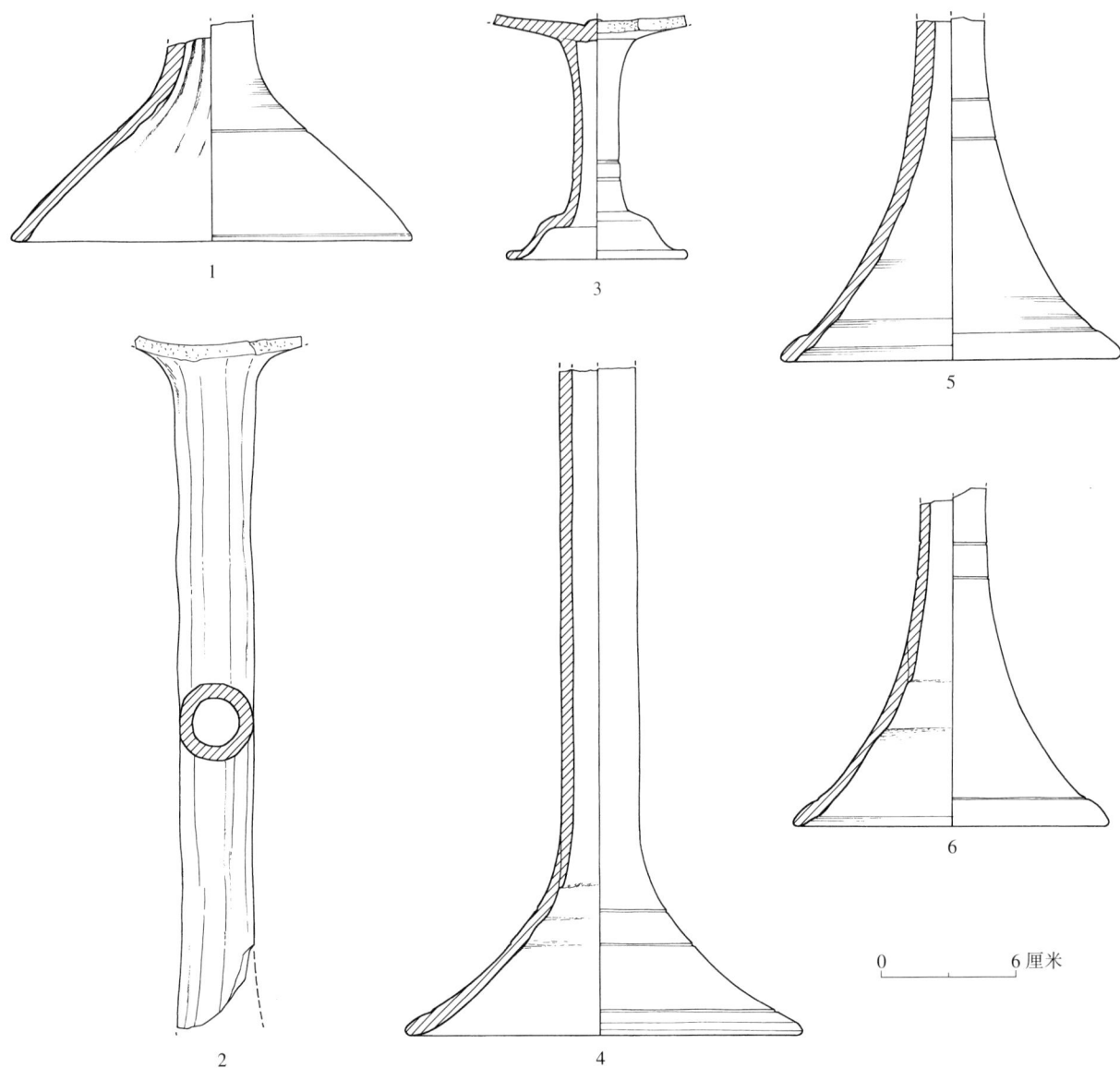

图一六六　A 型高柄陶豆豆柄

1. H2∶9　2. H8∶20　3. H7③∶42　4. H7④∶25　5. H7⑦∶34　6. H7⑦∶37

C 型　4 件。圆柱形，柄部粗壮。

标本 H8∶65　泥质灰陶，柄部一端带圆形镂孔。残高 41 厘米（图一六七，3）。

10. 盏

3 件。直口，口沿外带一周凹弦纹，斜弧腹，平底。

标本 H13∶9　泥质灰陶，器表带黑色陶衣。口径 9.2、底径 4.5、高 3.5 厘米（图一六七，5）。

标本 H16∶4　泥质褐陶。口径 8.2、底径 5.4、高 2.9 厘米（图一六七，4）。

标本 T1④∶5　泥质灰陶，器表带黑色陶衣。口径 11、底径 5.6、高 2.7 厘米（图一六七，6）。

11. 盘

3 件。按口、腹及底部形态的差异分为三型。

A 型　1 件。直口，浅腹，平底。

标本 H2∶5　泥质灰陶，器表带黑色陶衣。口径 23.2、底径 21、高 2 厘米（图一六七，9）。

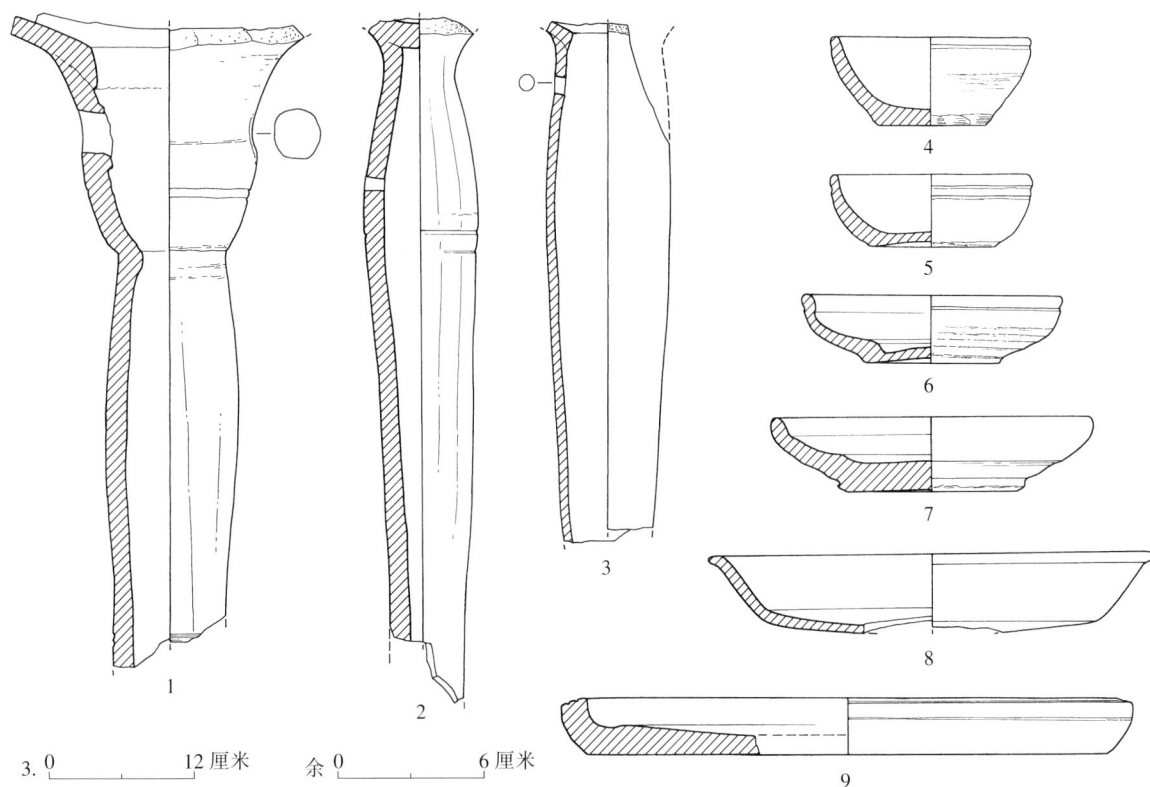

图一六七 高柄陶豆豆柄、陶盏、盘

1、2. B 型高柄陶豆豆柄（H7②：51、H7②：58） 3. C 型高柄陶豆豆柄（H8：65） 4~6. 陶盏（H16：4、H13：9、T1④：5） 7. C 型陶盘（H7③：9） 8. B 型陶盘（H7⑥：4） 9. A 型陶盘（H2：5）

B 型 1 件。侈口，折腹。

标本 H7⑥：4 泥质红陶。口径 18.4、残高 3.3 厘米（图一六七，8）。

C 型 1 件。敞口，斜直腹，底部带低矮的饼足。

标本 H7③：9 泥质灰陶。口径 13、底径 7.6、高 3 厘米（图一六七，7）。

12. 炉

3 件。根据炉身的差异分为两型。

A 型 2 件。炉身呈浅盘状。

标本 H3：203 泥质褐陶，器表带白色化妆土。口径 11.6、残高 3.1 厘米（图一六八，1）。

标本 H6：81 炉身模印莲花纹，泥质褐陶，器表带白色化妆土。直径 12.8、残高 3.6 厘米（图一六八，2）。

B 型 1 件。炉身弧腹，带矮圈足。

标本 T5③：3 泥质褐陶，带白色化妆土，施黄釉。底径 16.4、残高 8.3 厘米（图一六八，3）。

13. 瓶

5 件。颈部内束，圆筒形腹。

标本 H7⑥：7 夹砂褐陶，器表带黑色陶衣。口径 4.5、底径 5.1、高 11.7 厘米（图一六八，4）。

标本H7⑦：4　夹砂褐陶，器表带黑色陶衣。口径4.2、底径4.6、高13厘米（图一六八，5；彩版八四，1）。

14. 器盖

3件。根据盖面差异分为两型。

A型　2件。器盖隆起，带纽。

标本H8：11　器盖表面带两周弦纹，泥质褐陶，器表带黑色陶衣。直径15、高5.1厘米（图一六八，6）。

标本H12：1　器盖表面带附加堆纹，泥质褐陶，器表带黑色陶衣。直径15、高4.6厘米（图一六八，7）。

B型　1件。子母口。

标本H15：5　泥质灰陶。直径14.9、高3.7厘米（图一六八，8）。

15. 器柄

8件。根据柄部差异分为两型。

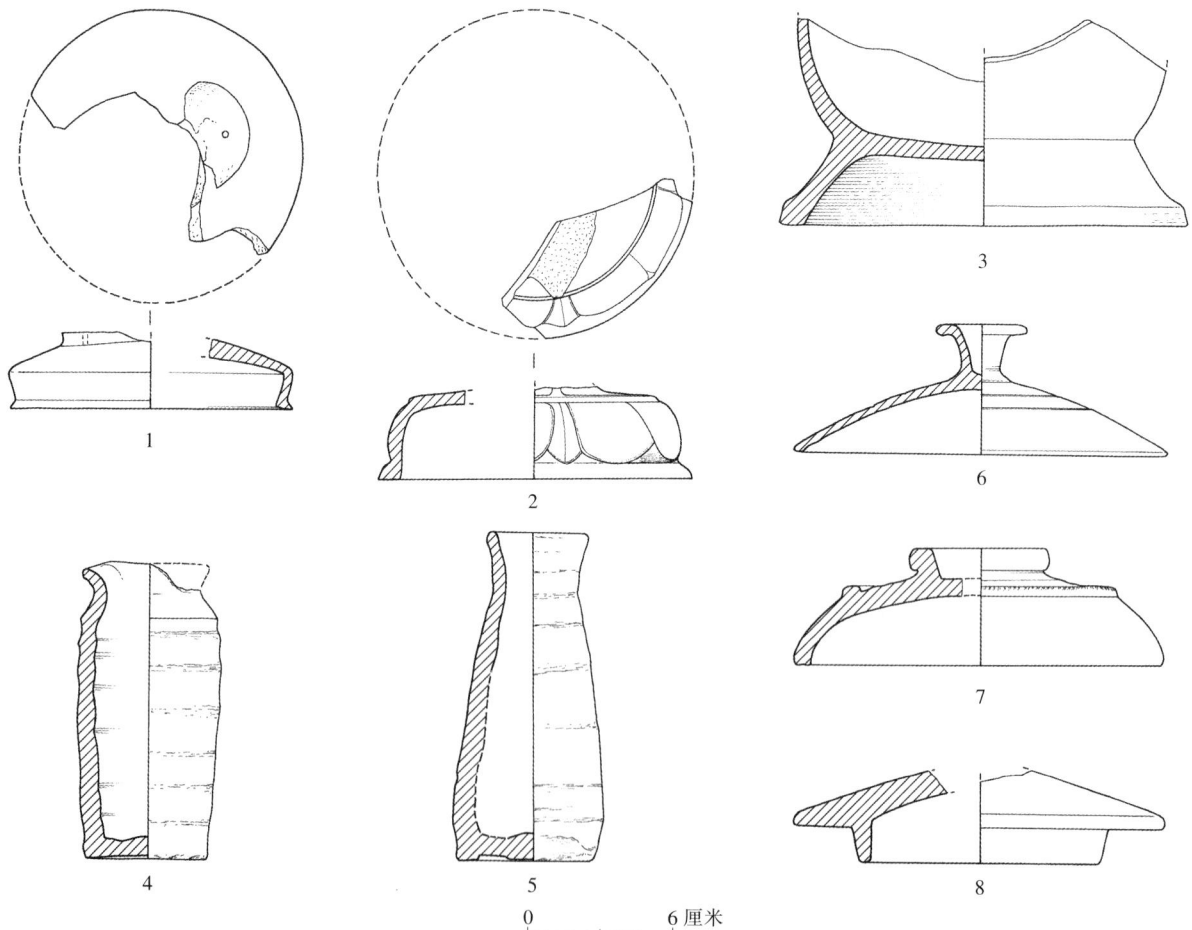

图一六八　陶炉、瓶、器盖

1、2. A型陶炉（H3：203、H6：81）　3. B型陶炉（T5③：3）　4、5. 陶瓶（H7⑥：7、H7⑦：4）　6、7. A型陶器盖（H8：11、H12：1）　8. B型陶器盖（H15：5）

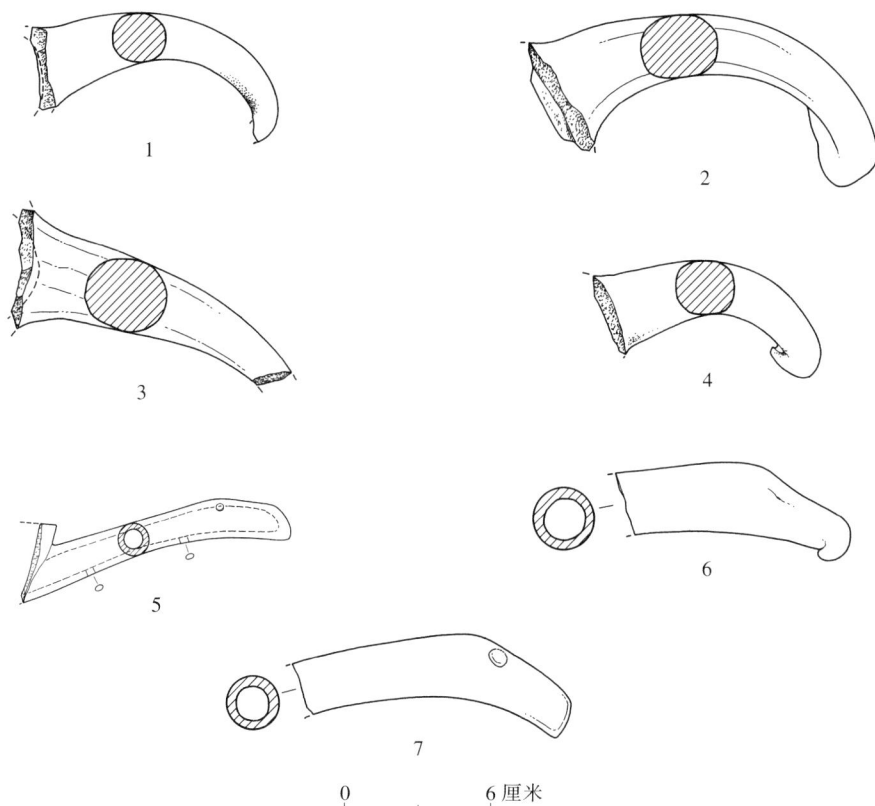

图一六九　陶器柄

1～4. A 型（H2：12、H5：2、H16：1、T1④：7）　5～7. B 型（H5：11、H7③：14、T1④：11）

A 型　5 件。柄部较短，柄端上卷。

标本 H2：12　泥质灰陶，器表带黑色陶衣。残长 11.6 厘米（图一六九，1）。

标本 H5：2　泥质灰陶，器表带黑色陶衣。残长 15 厘米（图一六九，2）。

标本 H16：1　泥质灰陶，器表带黑色陶衣。残长 12 厘米（图一六九，3）。

标本 T1④：7　泥质灰陶，器表带黑色陶衣。残长 9.7 厘米（图一六九，4）。

B 型　3 件。柄端呈鸟头形。

标本 H5：11　灰陶。残长 11.4 厘米（图一六九，5）。

标本 H7③：14　泥质红陶。残长 9.9 厘米（图一六九，6）。

标本 T1④：11　泥质灰陶，器表带黑色陶衣。残长 11.3 厘米（图一六九，7）。

16. 器足

36 件。根据足部差异分为三型。

A 型　34 件。喇叭形。分为三亚型。

Aa 型　23 件。足部较矮。

标本 H7②：22　夹砂褐陶，器表带黑色陶衣，足壁有圆形穿孔。底径 14、残高 3.9 厘米（图一七〇，1）。

标本 H7③：35　夹砂褐陶。底径 12.1、残高 4.8 厘米（图一七〇，2）。

标本 H8：52　泥质褐陶，器表带黑色陶衣。底径 7.8、残高 4 厘米（图一七〇，3）。

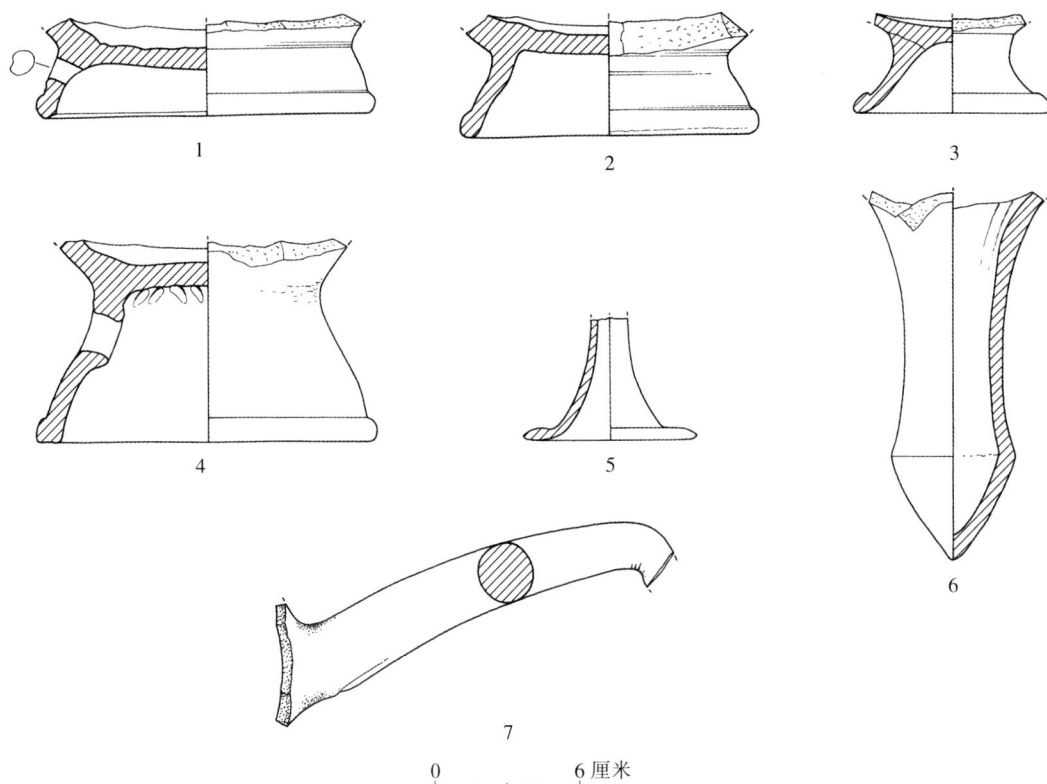

图一七〇　陶器足

1～3. Aa 型（H7②：22、H7③：35、H8：52）　4. Ab 型（H7⑦：26）　5. Ac 型（H8：29）　6. B 型（T4④：2）　7. C
型（H16：6）

　　Ab 型　9 件。足部较高。

　　标本 H7⑦：26　夹砂褐陶。底径 14、残高 8 厘米（图一七〇，4）。

　　Ac 型　2 件。足柄较细。

　　标本 H8：29　泥质灰陶，器表带黑色陶衣。底径 7、残高 4.9 厘米（图一七〇，5）。

　　B 型　1 件。袋形，足端呈圆锥状。

　　标本 T4④：2　泥质黑陶。残高 14.5 厘米（图一七〇，6）。

　　C 型　1 件。圆柱状，足端外撇。

　　标本 H16：6　泥质褐陶，器表带黑色陶衣。残长 16.9 厘米（图一七〇，7）。

　　17. 器座

　　2 件。分为两型。

　　A 型　1 件。平面呈长方形。

　　标本 T4③：11　泥质灰白陶。长 12.3、宽 7.3、残高 5.7 厘米（图一七一，1）。

　　B 型　1 件。通体呈较高的喇叭形。

　　标本 H7⑧：5　泥质灰白陶，器表带黑色陶衣。口径 8.9、底径 13.9、高 13 厘米（图一七一，2；彩版八四，2）。

　　18. 器耳

　　1 件。

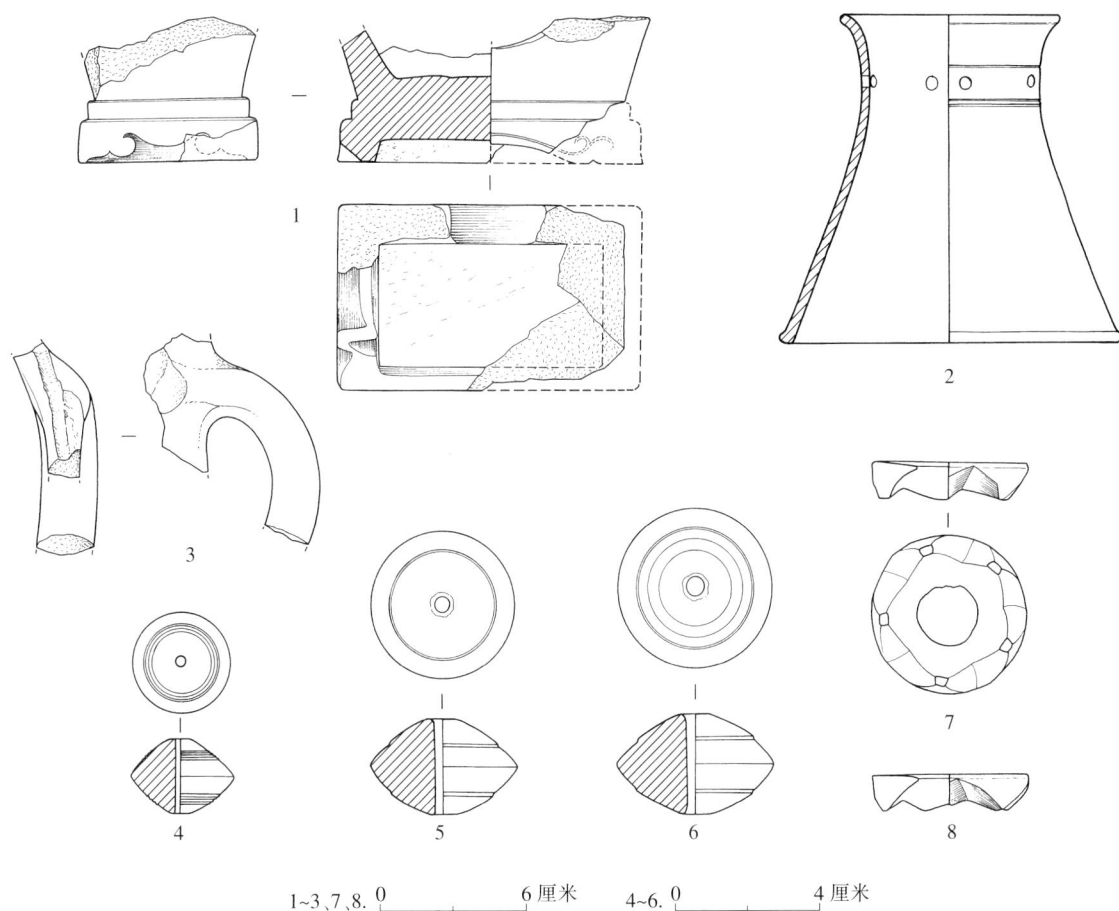

1~3、7、8. 0　　　　　6厘米　　　4~6. 0　　　　4厘米

图一七一　陶器座、器耳、纺轮、支钉

1. A 型陶器座（T4③：11）　　2. B 型陶器座（H7⑧：5）　　3. 陶器耳（T8④：1）　　4~6. 陶纺轮（J1：11、H3：206、T8③：5）　　7、8. 陶支钉（H10：13、J1：10）

标本 T8④：1　泥质红陶。残高 10 厘米（图一七一，3）。

19. 纺轮

6 件。

标本 H3：206　泥质褐陶，器表带黑色陶衣。直径 3.9、高 2.5 厘米（图一七一，5）。

标本 J1：11　泥质灰陶。直径 2.7、高 2 厘米（图一七一，4）。

标本 T8③：5　泥质褐陶，器表带黑色陶衣。直径 4.3、高 2.7 厘米（图一七一，6）。

20. 俑

1 件。

标本 H14：8　泥质红陶。残高 11 厘米（图一七二，1）。

21. 动物模型

2 件。

标本 H3：37　泥质灰陶，器表带黑色陶衣。残高 6.9 厘米（图一七二，2）。

标本 H7③：10　泥质红陶。残长 12.1、残高 11.7 厘米（图一七二，3；彩版八四，3）。

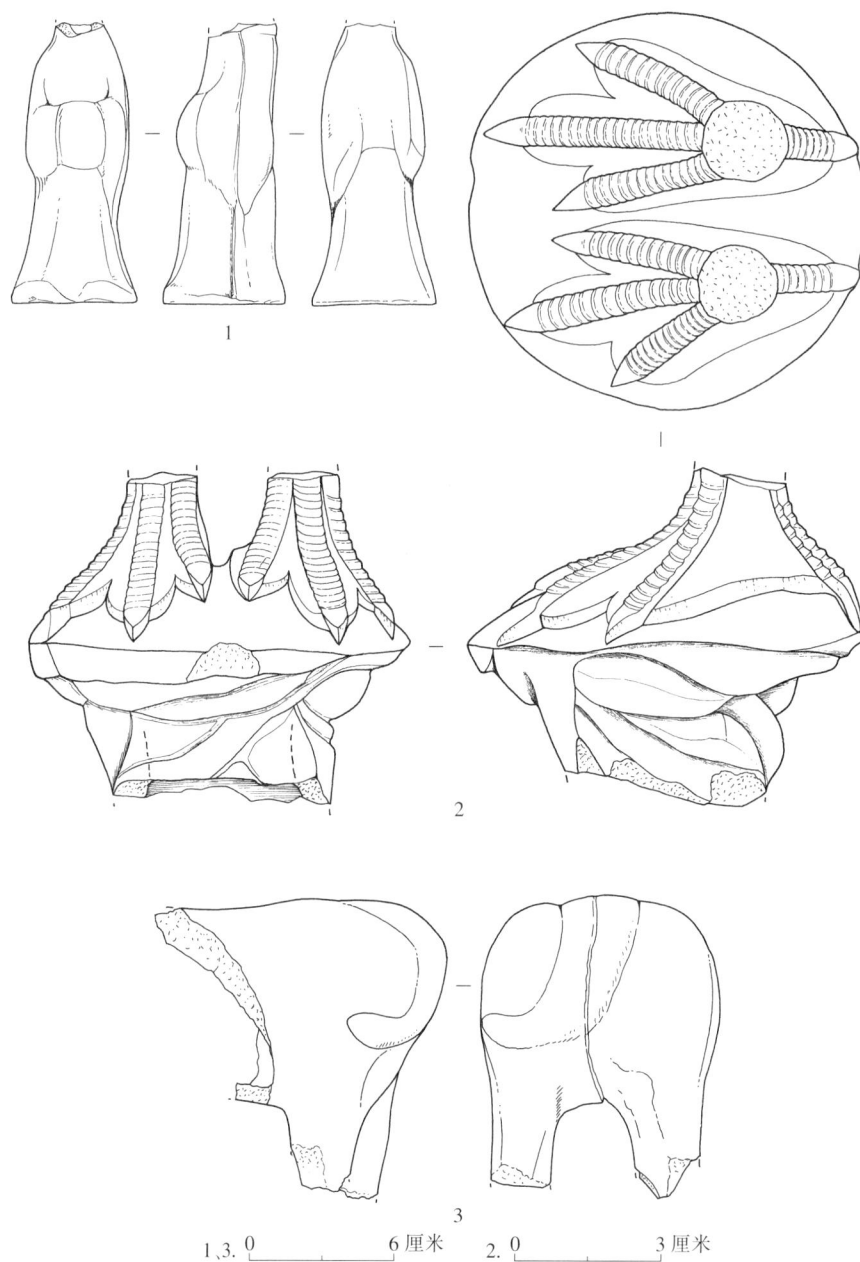

图一七二　陶俑、动物模型
1. 陶俑（H14：8）　2、3. 动物模型（H3：37、H7③：10）

（二）　窑具

数量很少，只发现零星的支钉。

1. 支钉

2 件。器身扁平，带五齿。

标本 H10：13　灰陶。直径6.3、高1.4厘米（图一七一，7）。

标本 J1：10　灰陶。直径6.3、高1.4厘米（图一七一，8）。

第三节　其他材质遗物

其他出土遗物还见有石制品、窑具、建筑构件、金属器等。

一　石制品

数量较多，以打制或磨制的璧、凿、盘状器为主。

1. 璧

20件。分为两型。

A型　18件。璧体直径较大。

标本H7②:4　直径11.3、厚1.2厘米（图一七三，1；彩版八五，1）。

标本H7⑤:6　直径9.6、厚1厘米（图一七三，2）。

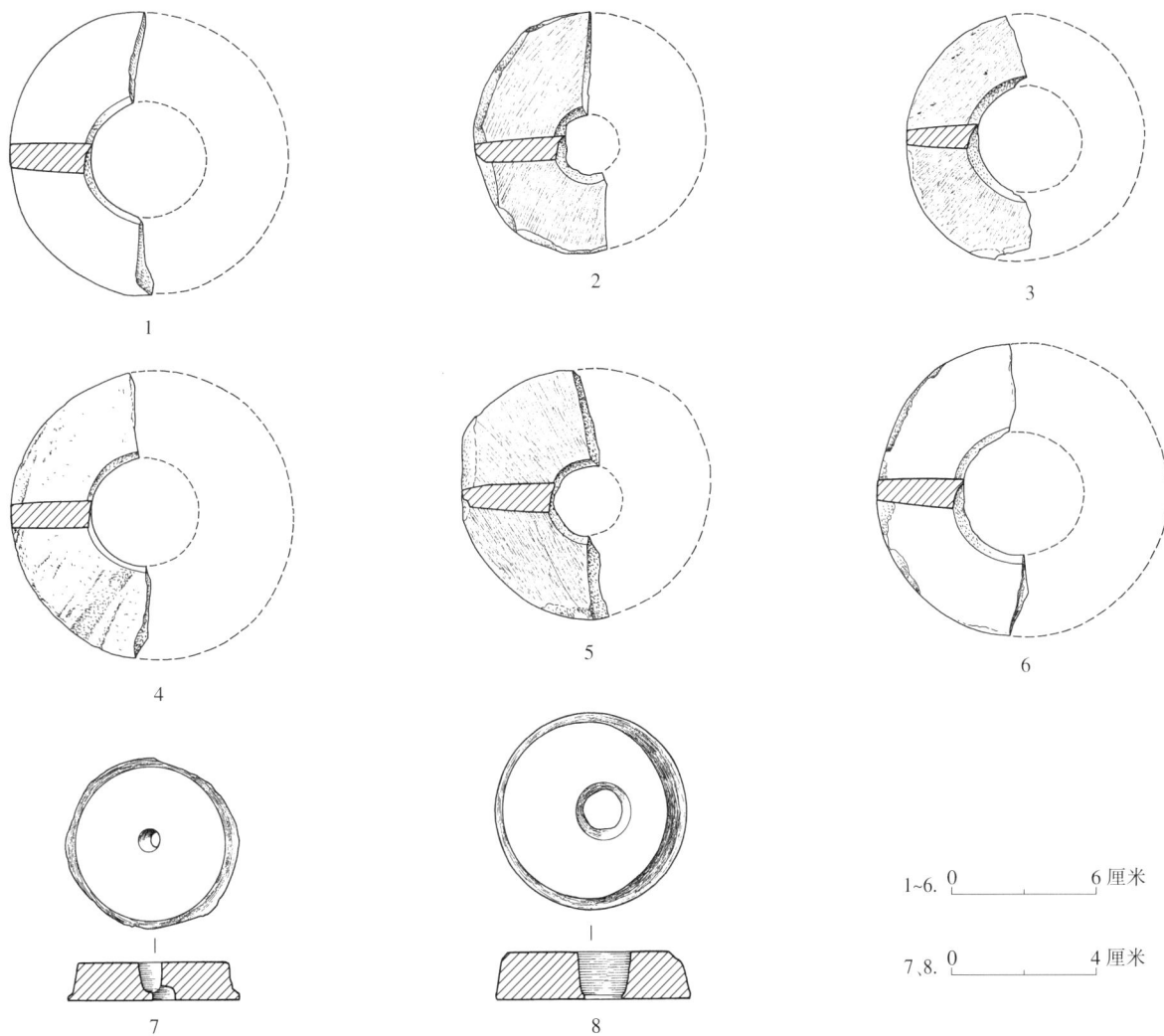

1~6. 0 ————— 6厘米

7、8. 0 ——— 4厘米

图一七三　石璧

1~6. A型（H7②:4、H7⑤:6、H7⑦:46、H7⑦:50、H7⑦:57、H7⑧:1）　7、8. B型（H7⑦:7、H7⑦:43）

标本 H7⑦：46　直径9.9、厚1厘米（图一七三，3）。

标本 H7⑦：50　直径11.4、厚1厘米（图一七三，4）。

标本 H7⑦：57　直径9.9、厚1.1厘米（图一七三，5）。

标本 H7⑧：1　直径11.7、厚1.2厘米（图一七三，6）。

B 型　2件。壁体直径较小。

标本 H7⑦：7　直径4.8、厚1厘米（图一七三，7）。

标本 H7⑦：43　直径5.3、厚1.3厘米（图一七三，8；彩版八五，2）。

2. 凿

8件。分为两型。

A 型　1件。平面呈窄长条形。

标本 H8：19　长13.9、宽3.9、厚2.2厘米（图一七四，1；彩版八五，3）。

B 型　7件。平面呈较矮的梯形。

标本 H7②：3　长7.3、宽2.9、厚0.9厘米（图一七四，2；彩版八五，4）。

标本 H7②：5　残长3.9、宽2.9、厚0.7厘米（图一七四，3）。

标本 H7⑦：5　残长4.8、宽2.6、厚0.7厘米（图一七四，4）。

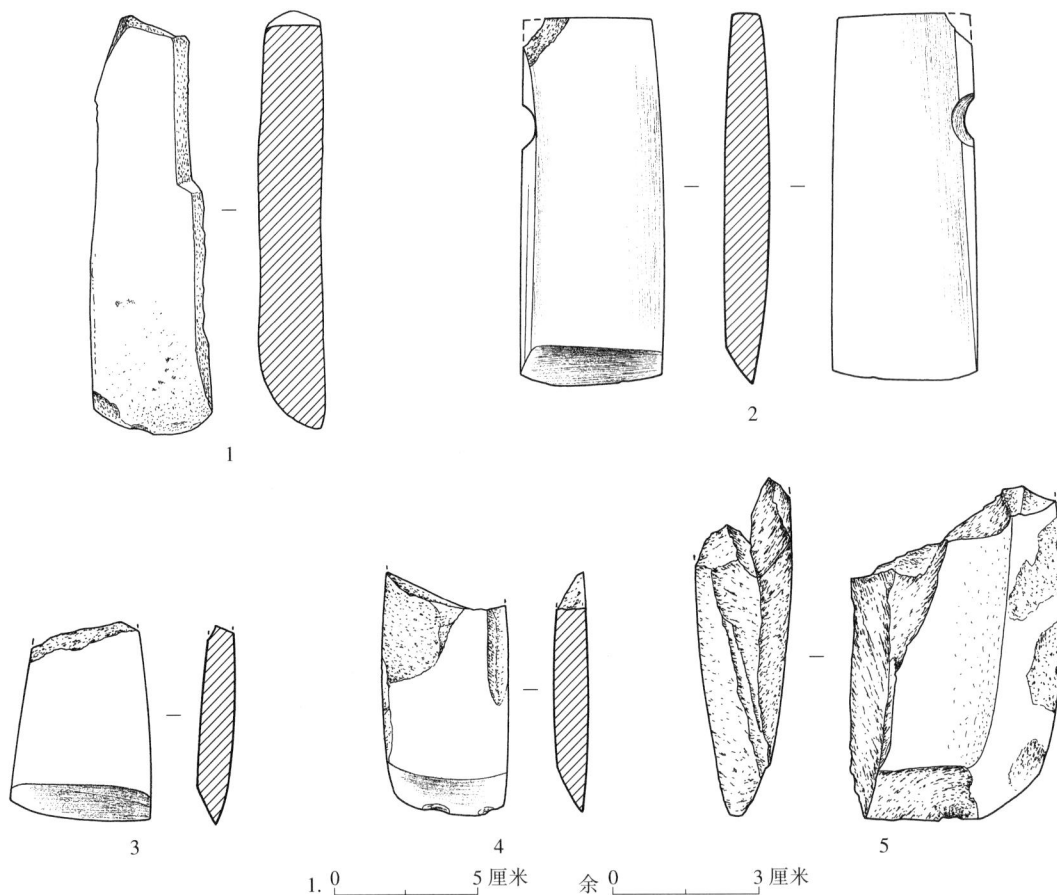

图一七四　石凿
1. A 型（H8：19）　2～5. B 型（H7②：3、H7②：5、H7⑦：5、H7⑦：19）

标本 H7⑦:19　　残长 6.7、宽 4.2、厚 1.9 厘米（图一七四，5；彩版八五，5）。

3. 盘状器

9 件。石质主要为灰色页岩，打制，大小厚薄不一。

标本 H7②:12　　直径 11.6、厚 1.6 厘米（图一七五，1）。

标本 H7④:27　　直径 18.7、厚 2.7 厘米（图一七五，2）。

标本 H8:31　　直径 8.2、厚 0.6 厘米（图一七五，3）。

标本 H8:32　　直径 11.2、厚 1.8 厘米（图一七五，4；彩版八五，6）。

标本 H8:53　　直径 9.3~9.7、厚 1.5 厘米（图一七五，5）。

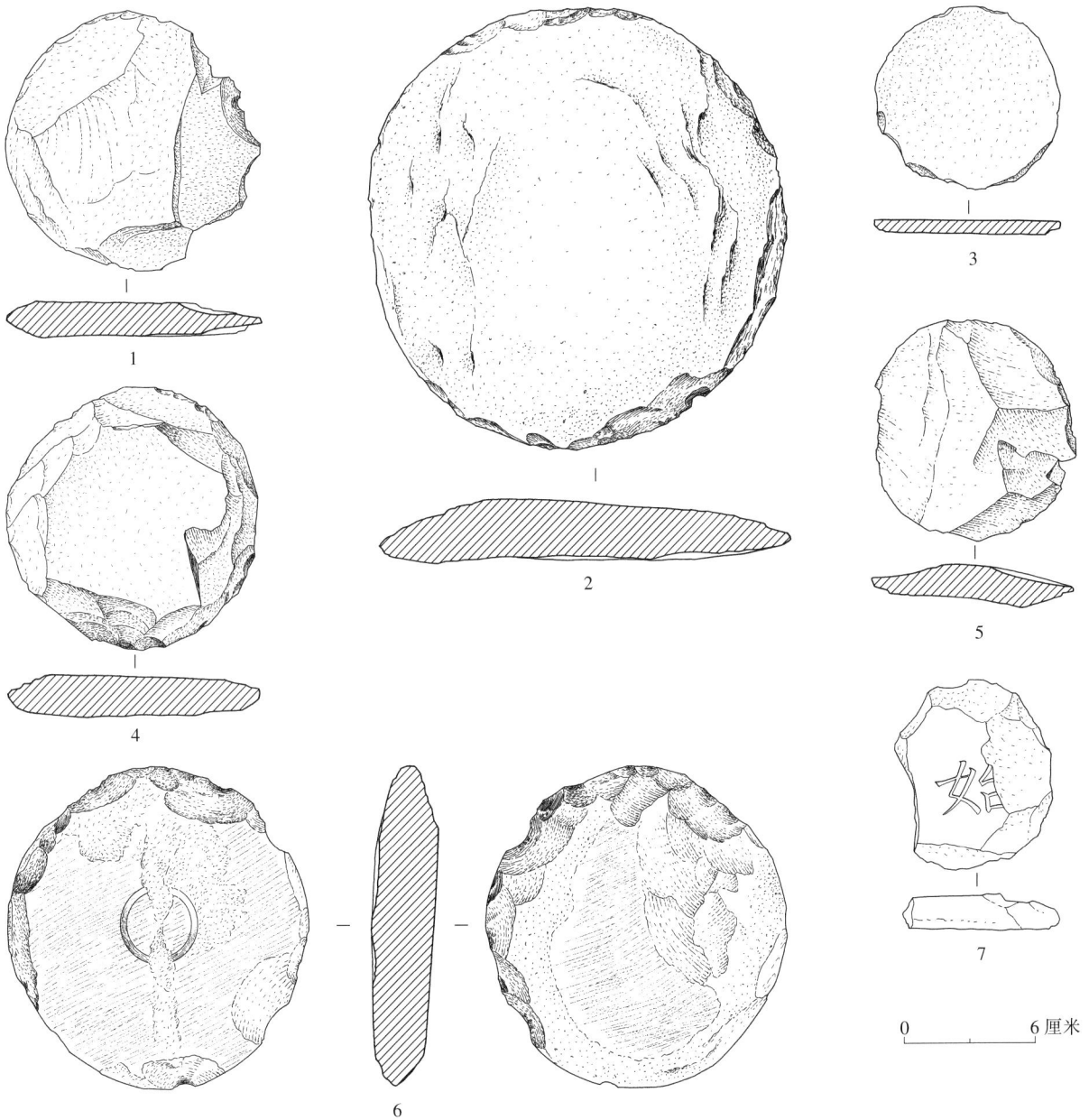

图一七五　石盘状器、碑刻残件

1~6. 石盘状器（H7②:12、H7④:27、H8:31、H8:32、H8:53、T5④:2）　　7. 碑刻残件（H10:43）

标本 T5④：2 直径 13.7、厚 2.8 厘米（图一七五，6）。

4. 碑刻残件

1 件。

标本 H10：43 红砂石质，表面残存一"始"字。厚 1.5 厘米（图一七五，7）。

二 建筑构件

数量较多，可辨瓦当、滴水、筒瓦、板瓦等几类。

1. 瓦当

25 件。整体制作规整，火候较高，几乎都为泥质陶，以灰陶为主，部分瓦当表面有施加黑色陶衣的做法。按当面纹饰的不同，可分为云纹瓦当、莲花纹瓦当、兽面纹瓦当、龙纹瓦当四类。

（1）云纹瓦当

10 件。该类瓦当的当面通常带有较窄的边轮，边轮内侧的主体模印出四组云纹图案，云纹之间用凸棱直线相互隔开，当心大多表现一凸起的圆乳丁。边轮一般要高于当面，与凸起的圆乳丁表面大致等高。按当面构图的差异分为三型。

A 型 3 件。云纹之间以双线界格，云纹卷曲繁复。

标本 H1：1，灰陶。直径 15.5、边轮宽 0.8、厚 1.7 厘米（图一七六，1；彩版八六，1）。

标本 H4：6 灰陶。直径 15、边轮宽 1、厚 1.9 厘米（图一七六，2）。

标本 T1④：8 灰陶。边轮宽 0.9、厚 1.5 厘米（图一七七，1）。

B 型 1 件。云纹之间以三线界格，云纹呈"S"形，卷曲繁复。

标本 T10③：8 灰陶。直径 16.8、边轮宽 0.9、厚 1.6 厘米（图一七七，2）。

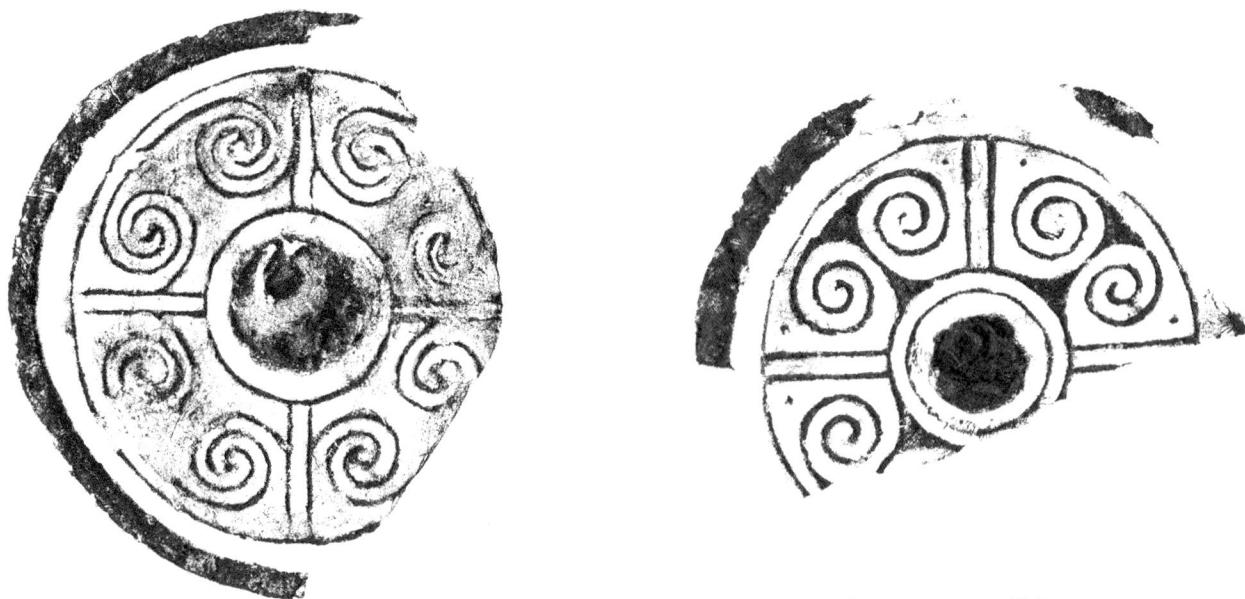

0   4厘米

图一七六 A 型云纹瓦当
1. H1：1 2. H4：6

C 型 6件。边轮与当面云纹图案之间饰一周锯齿纹，云纹之间以三线界格，与文字相组合。

标本 H8:17 灰陶，当面残存"大"字。边轮宽1.2、厚2厘米（图一七七，3）。

图一七七 A、B、C 型云纹瓦当
1. A 型（T1④:8） 2. B 型（T10③:8） 3～7. C 型（H8:17、H8:18、H8:25、H11:15、T3④:1）

　　标本 H8：18　灰陶，当面残存"富昌"二字。边轮宽 1.2、厚 1.9 厘米（图一七七，4；彩版八六，2）。

　　标本 H8：25　灰陶，当面残存"富昌"二字。边轮宽 1.1、厚 2.1 厘米（图一七七，5）。

　　标本 H11：15　灰陶，当面残存"大富"二字。边轮宽 0.9、厚 1.8 厘米（图一七七，6）。

　　标本 T3④：1　灰陶。边轮宽 1.1、厚 1.7 厘米（图一七七，7）。

（2）莲花纹瓦当

2 件。边轮高于当面。按当面构图的差异分为两型。

A 型　1 件。当心表现莲蓬，外绕箭头形莲瓣，莲瓣之间以 T 形纹作间隔，边轮饰一周联珠纹。

　　标本 H3：191　灰陶，带黑色陶衣。边轮宽 1.2、厚 1.9 厘米（图一七八，1）。

B 型　1 件。莲瓣之间无间隔带。

　　标本 T1②：5　灰陶，带黑色陶衣。直径 14.8、边轮宽 1.7、厚 2 厘米（图一七八，2）。

（3）兽面纹瓦当

15 件。当面高于边轮或与之齐平。按当面构图的差异分为六型。

图一七八　莲花纹瓦当
1. A 型（H3：191）　2. B 型（T1②：5）

A 型　8 件。兽面表现浓密的鬃毛，外绕一周凸弦纹，凸弦纹与边轮之间饰一周联珠纹。

标本 H3∶193　灰陶，带黑色陶衣。直径 13.4、边轮宽 1.3、厚 1.9 厘米（图一七九，1）。

标本 H6∶108　灰陶，带黑色陶衣。直径 12.8、边轮宽 1.3、厚 1.7 厘米（图一七九，2）。

标本 H6∶47　灰陶，带黑色陶衣。直径 13.7、边轮宽 1.8、厚 2 厘米（图一七九，3；彩版八六，3）。

标本 H6∶110　灰陶，带黑色陶衣。直径 13.2、边轮宽 1.8、厚 1.9 厘米（图一七九，4）。

图一七九　A 型兽面纹瓦当
1. H3∶193　2. H6∶108　3. H6∶47　4. H6∶110

标本 H6∶113　灰陶，带黑色陶衣。直径 13.9、边轮宽 1.2、厚 2.1 厘米（图一八〇，1；彩版八六，4）。

标本 H9∶1　红陶，绿釉。边轮宽 2、厚 2.5 厘米（图一八〇，2）。

B 型　2 件。当面构图与 A 型接近，兽面简化，联珠纹与边轮之间加饰一周短斜线纹。

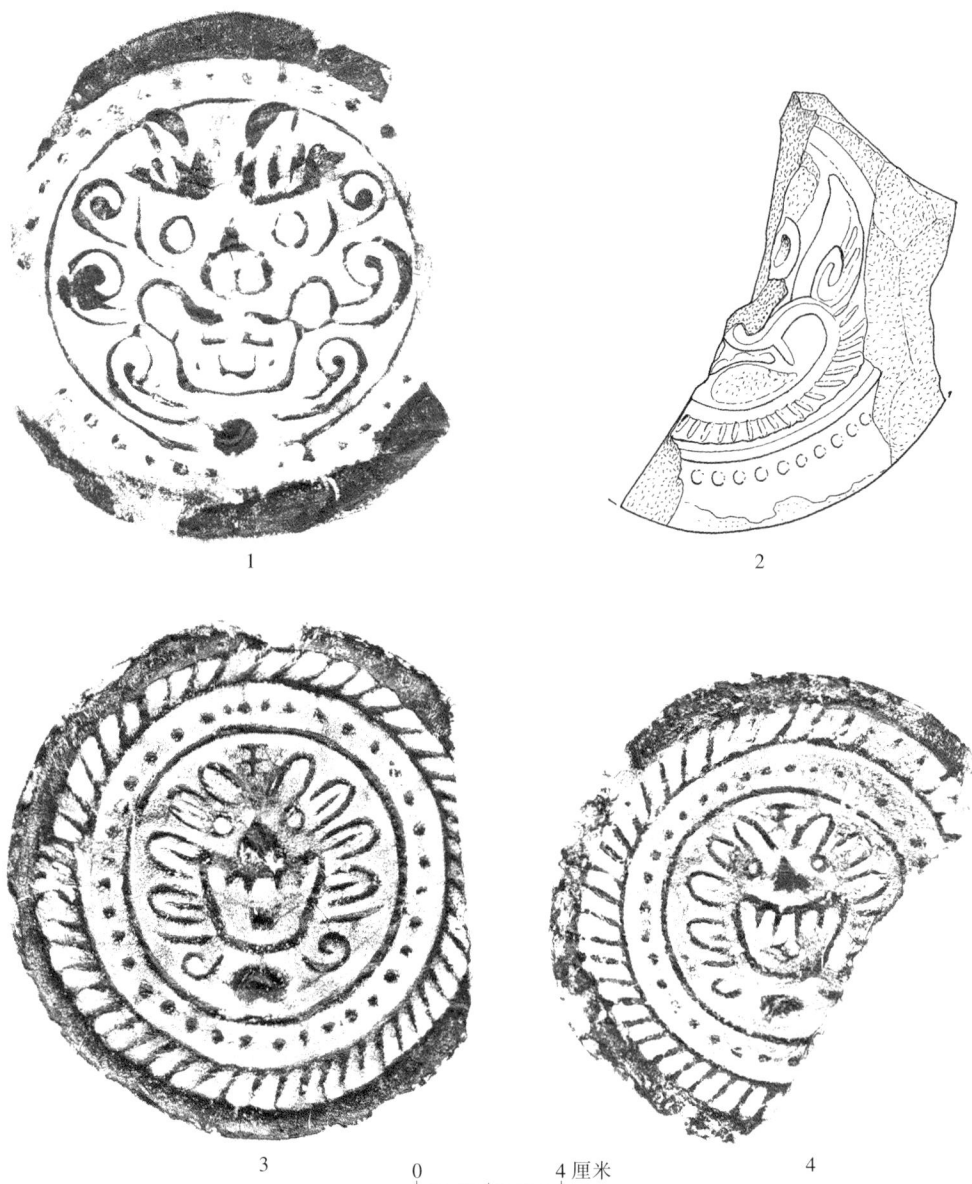

图一八〇　兽面纹瓦当

1、2. A 型（H6：113、H9：1）　3、4. B 型（H3：194、H6：109）

标本 H3：194　灰陶，带黑色陶衣。直径13.9、边轮宽1、厚1.9厘米（图一八〇，3；彩版八七，1）。

标本 H6：109　灰陶，带黑色陶衣。直径12.9、边轮宽1、厚1.8厘米（图一八〇，4）。

C 型　1件。兽面无浓密的鬃毛，与边轮之间饰一周联珠纹。

标本 H6：116　红陶，绿釉。边轮宽1.7、厚2.5厘米（图一八一，1）。

D 型　2件。兽面表现浓密的鬃毛，外绕一周凸弦纹。

标本 H6：111　灰陶，带黑色陶衣。直径12.6、边轮宽1.1、厚2.4厘米（图一八一，2；彩版八七，2）。

E 型　1件。兽面无鬃毛，联珠纹饰于边轮之上。

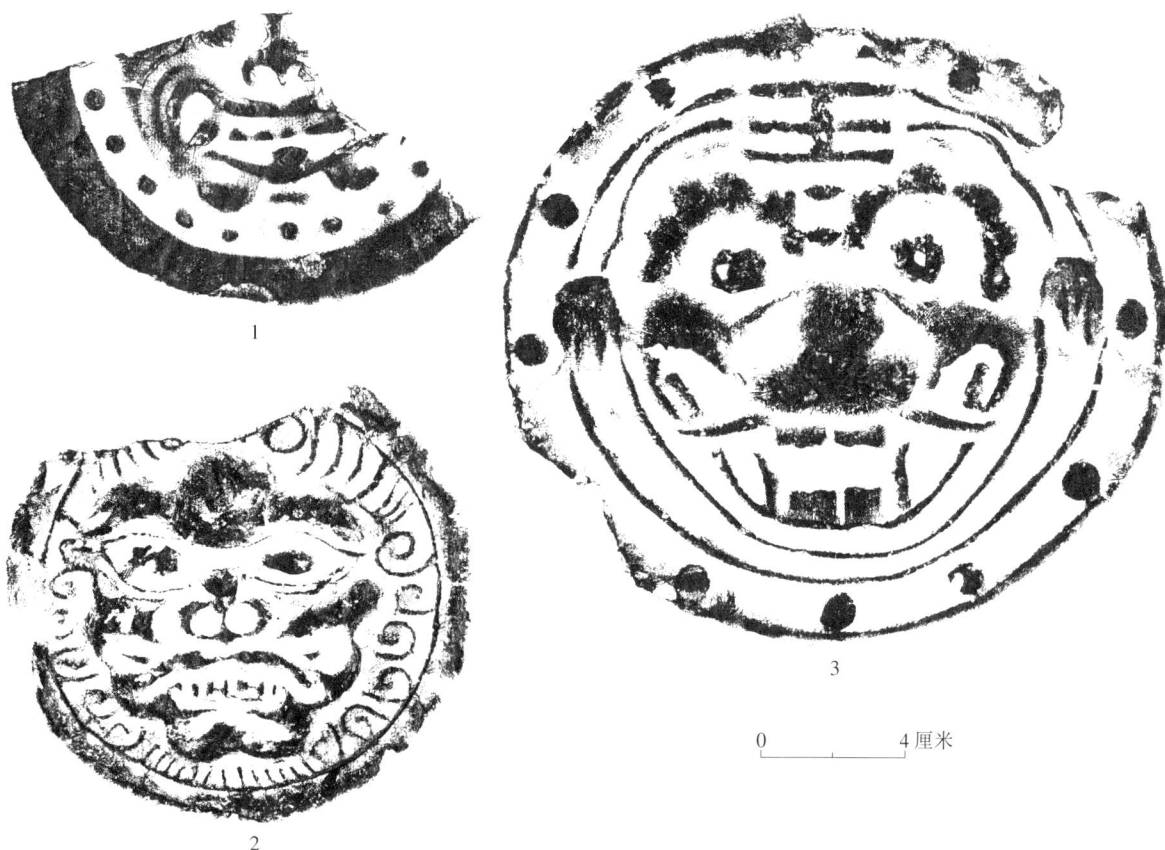

图一八一　兽面纹瓦当
1. C 型（H6∶116）　　2. D 型（H6∶111）　　3. E 型（T4③∶20）

标本 T4③∶20　灰陶。直径18.1、边轮宽1.9、厚2.1厘米（图一八一，3；彩版八七，3）。

（4）龙纹瓦当

1 件。

标本 T8②∶4　灰白胎，绿釉，釉面泛银光。直径17.2、边轮宽1.5、厚2.3厘米（图一八二；彩版八七，4）。

2. 滴水

11 件。整体制作规整，火候较高，几乎都为泥质陶，以灰陶为主，外立面模印花卉、卷草等图案。分为三型。

A 型　2 件。外立面呈较窄的长条形，下接锯齿边。

标本 J1∶6，灰陶。残宽19、残高5.8、厚1.9厘米（图一八三，1；彩版八八，1）。

标本 T10②∶9　灰陶。残宽13.9、残高5.7、厚2.4厘米（图一八三，2）。

B 型　7 件。外立面呈较宽的长条形。

标本 H10∶30　灰陶。残宽10.5、残高9.6、厚1.6厘米（图一八四，1）。

标本 H10∶31　灰陶。残宽10.7、残高8.9、厚1.6厘米（图一八四，2）。

标本 H10∶33　灰陶。残宽12.2、残高8.8、厚1.5厘米（图一八四，3）。

标本 H10∶34　灰陶。残宽9.2、残高12.6、厚1.8厘米（图一八四，4）。

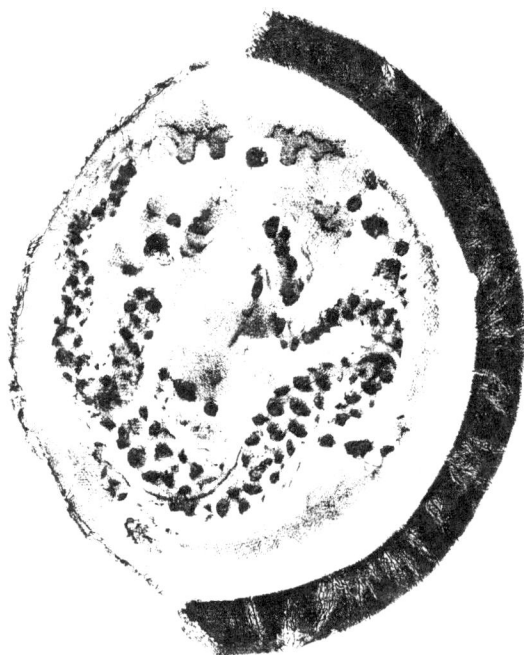

0 　　　　　4厘米

图一八二　龙纹瓦当（T8②：4）

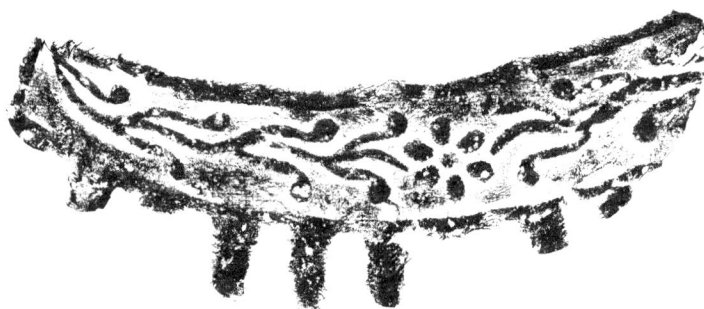

1

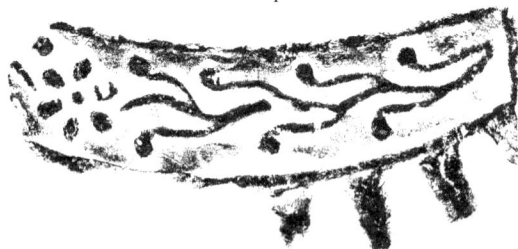

2

0 　　　　　4厘米

图一八三　A型滴水
1. J1：6　2. T10②：9

标本 H10：35　灰陶。残宽9.7、残高8.5、厚1.6厘米（图一八四，5）。

C 型　2件。外立面呈如意云头形。

标本 H11：5　灰陶。残宽13、残高9.2、厚2.5厘米（图一八五，1）。

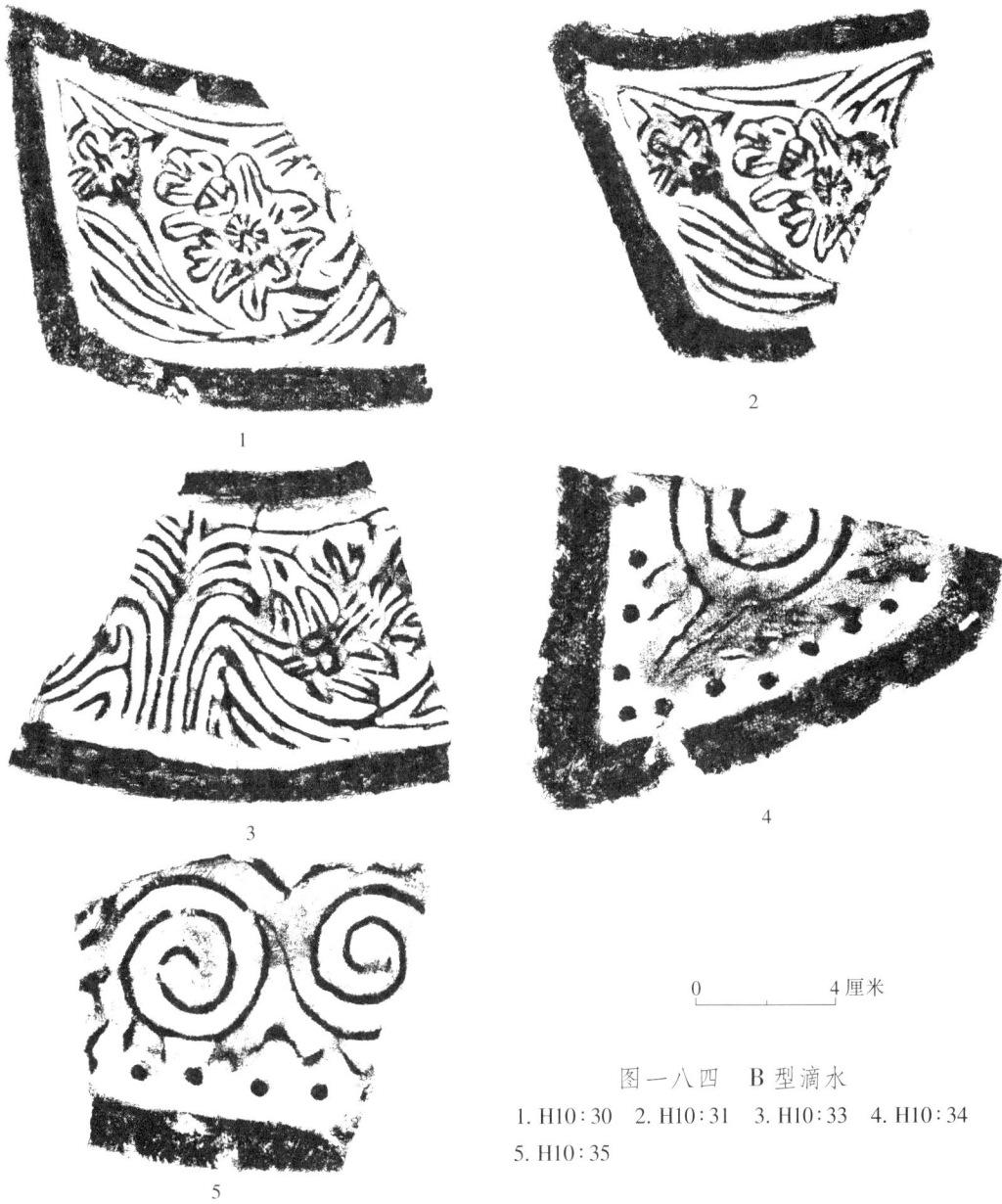

0 _____ 4厘米

图一八四 B型滴水

1. H10∶30 2. H10∶31 3. H10∶33 4. H10∶34
5. H10∶35

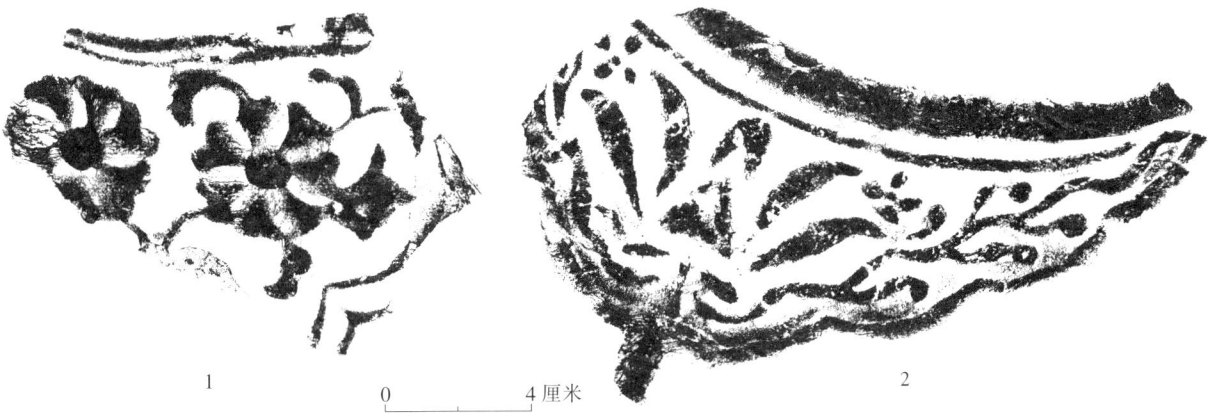

0 _____ 4厘米

图一八五 C型滴水

1. H11∶5 2. T1②∶1

标本 T1②：1　灰陶。残宽18.7、残高10.3、厚2.3厘米（图一八五，2）。

3. 板瓦

2件。内壁有麻布纹，外壁带绳纹。

标本 H8：55　灰陶。厚1.2厘米（图一八六，1）。

标本 T8④：7　灰陶。残长12.8、残宽19.3、厚1.8厘米（图一八六，2）。

4. 筒瓦

17件。

标本 H3：182　红陶，绿釉。残长14.8、厚1.9厘米（图一八六，3）。

标本 H10：41　灰陶，顶面连接禽类足部。残长15、残宽14.3、高12.7、厚1.3～1.8厘米（图一八六，4；彩版八八，2）。

标本 H10：42　红陶，绿釉。残长11、厚5.3厘米（图一八六，5）。

标本 H11：2　红陶，绿釉。残宽13.7、厚1.7～3.2厘米（图一八六，6）。

标本 T1③：29　红陶，黄釉绿彩。残长12.8、宽14.7、厚2.2厘米（图一八六，7）。

5. 残构件

6件。

标本 H3：243　红陶，黄釉绿彩。残高11厘米（图一八七，1）。

标本 H10：39　红陶，绿釉酱、黄彩。腹径18.2、残高13厘米（图一八七，2）。

标本 H10：40　灰陶，表面有雕刻的纹饰。残长20.5、厚2.2厘米（图一八七，3）。

标本 H11：12　红胎，绿釉。厚11.3厘米（图一八七，4）。

三　金属器

可辨铜钱、铜权、铜钩饰、铁器残件等。

1. 铜钱

11枚。可辨五铢和开元通宝两种。

（1）五铢

3枚。分为两型。

A型　2枚。直径较大，五字交股弯曲，朱字头带弧度。

标本 H16：10　直径2.6、穿径0.9厘米（图一八八，1）。

标本 H16：11　磨郭，直径2.4、穿径0.9厘米（图一八八，2）。

B型　1枚。直径较小。

标本 J2：10　直径2.1、穿径0.9厘米（图一八八，3）。

（2）开元通宝

8枚。

标本 H3：71　直径2.5、穿径0.7厘米（图一八八，4）。

标本 H3：227　钱背穿上带掐纹。直径2.5、穿径0.7厘米（图一八八，5）。

标本 H3：228　钱背无纹，直径2.4、穿径0.6厘米（图一八八，6）。

标本 H6：51　直径2.6、穿径0.6厘米（图一八八，7）。

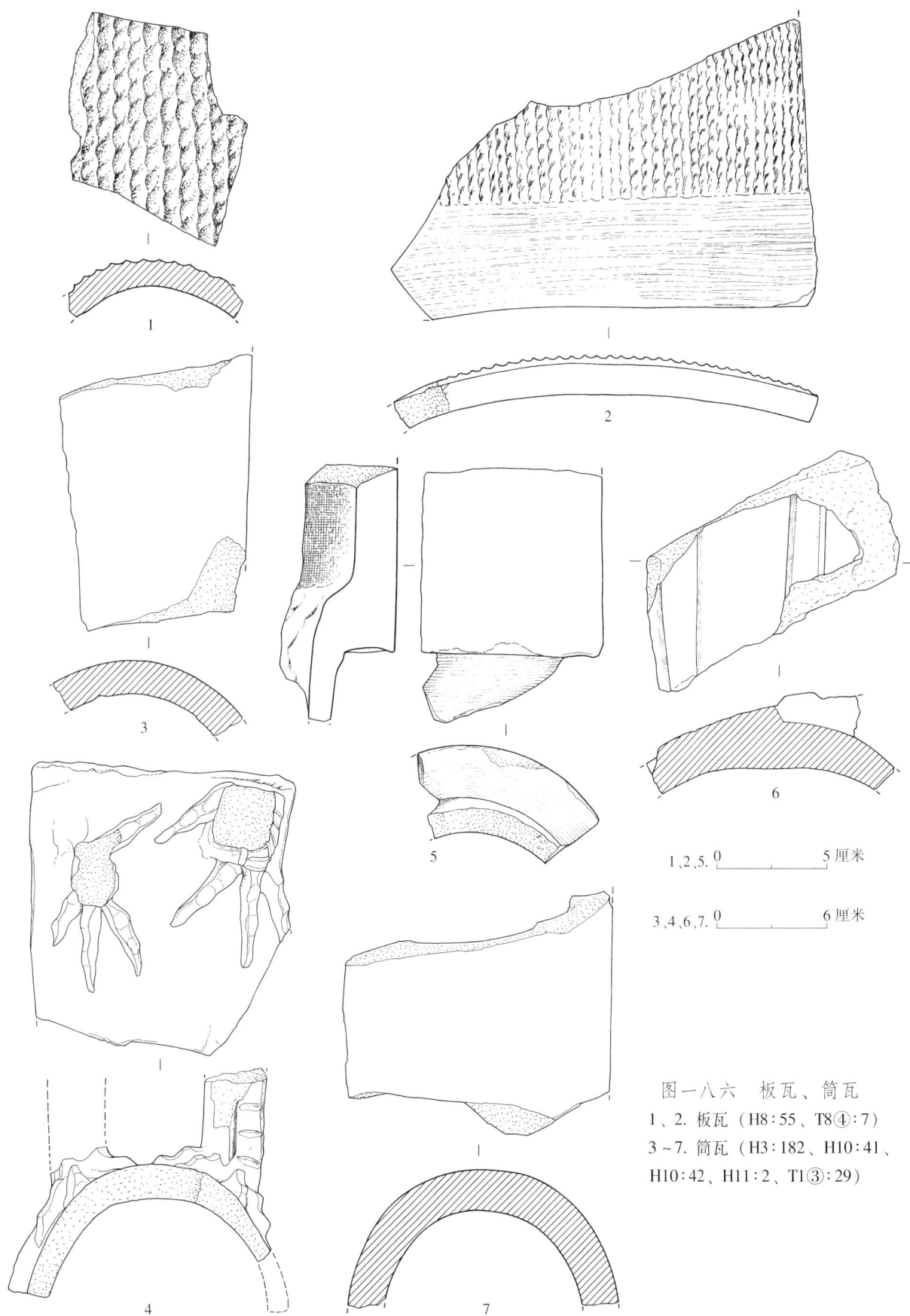

图一八六　板瓦、筒瓦
1、2. 板瓦（H8：55、T8④：7）
3～7. 筒瓦（H3：182、H10：41、
H10：42、H11：2、T1③：29）

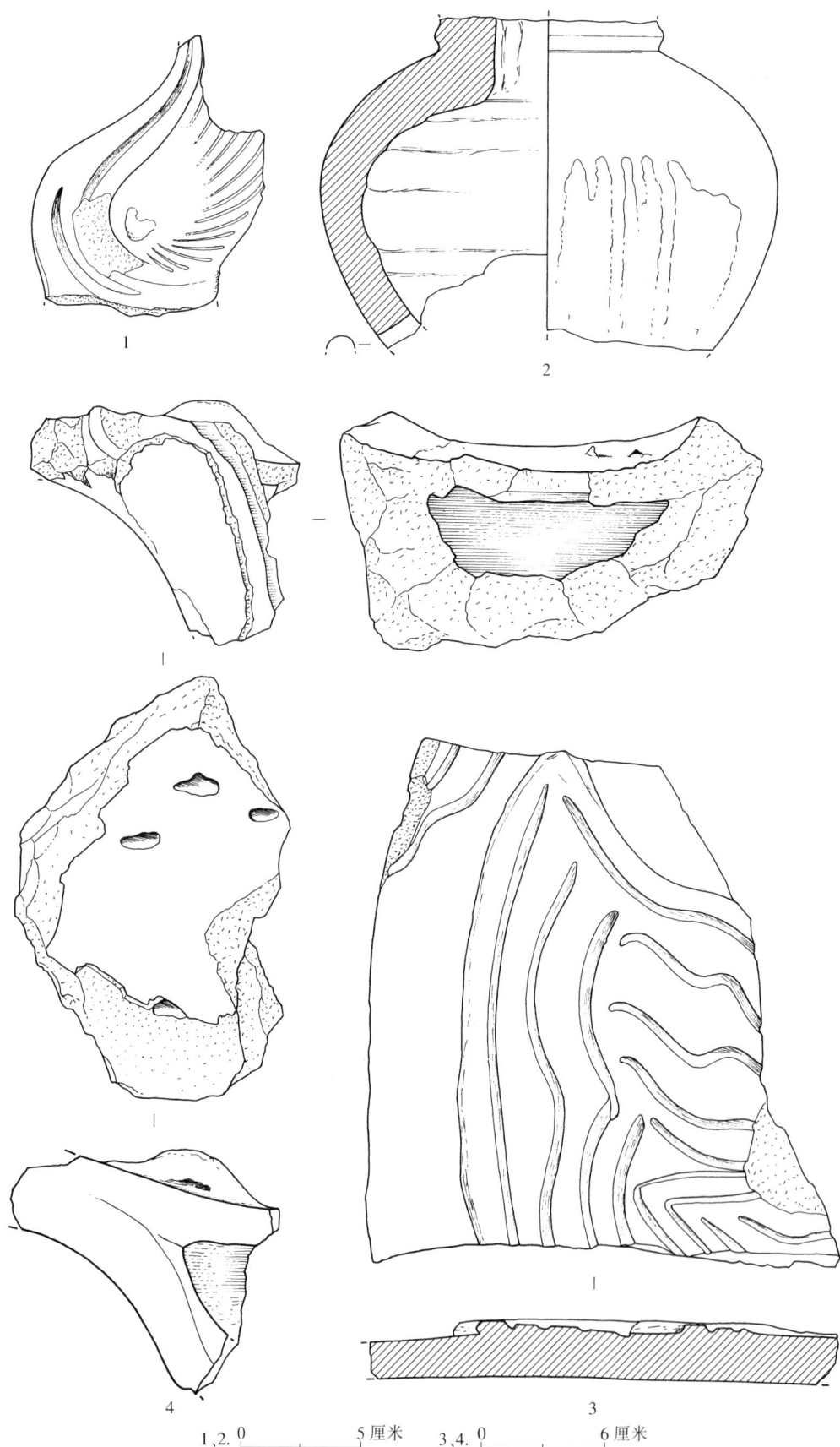

图一八七　残构件

1. H3：243　　2. H10：39　　3. H10：40　　4. H11：12

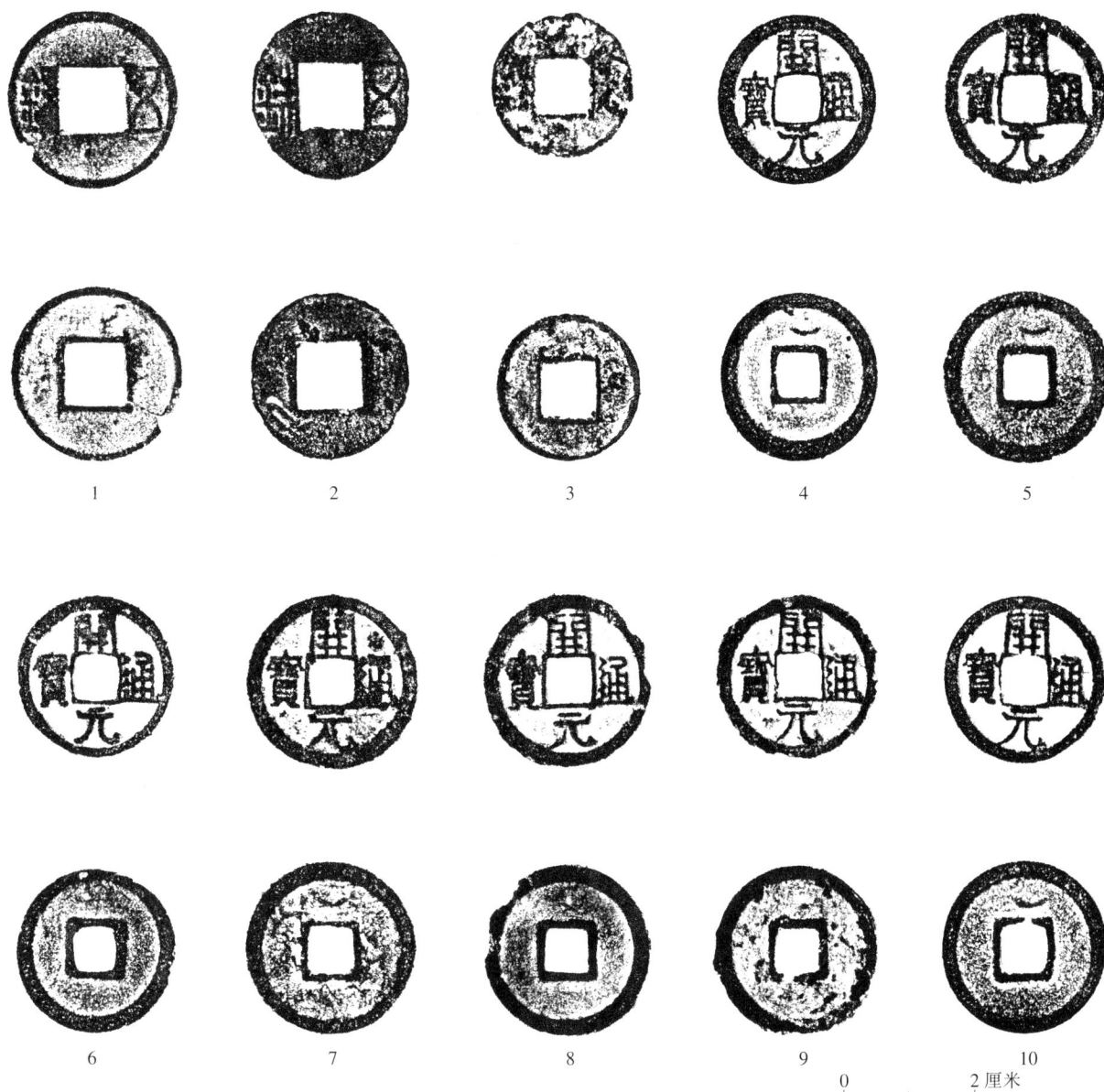

图一八八　铜钱

1、2. A 型五铢（H16：10、H16：11）　　3. B 型五铢（J2：10）　　4～10. 开元通宝（H3：71、H3：227、H3：228、H6：51、H6：64、H6：65、J1：9）

标本 H6：64　直径2.5、穿径0.7厘米（图一八八，8）。

标本 H6：65　直径2.4、穿径0.7厘米（图一八八，9）。

标本 J1：9　钱背穿上带掐纹。直径2.5、穿径0.7厘米（图一八八，10）。

2. 铜权

1件。

标本 J2：7　通体似盉，顶部带穿纽。直径5.5、高4.5厘米（图一八九，1）。

3. 铜钩饰

1件。

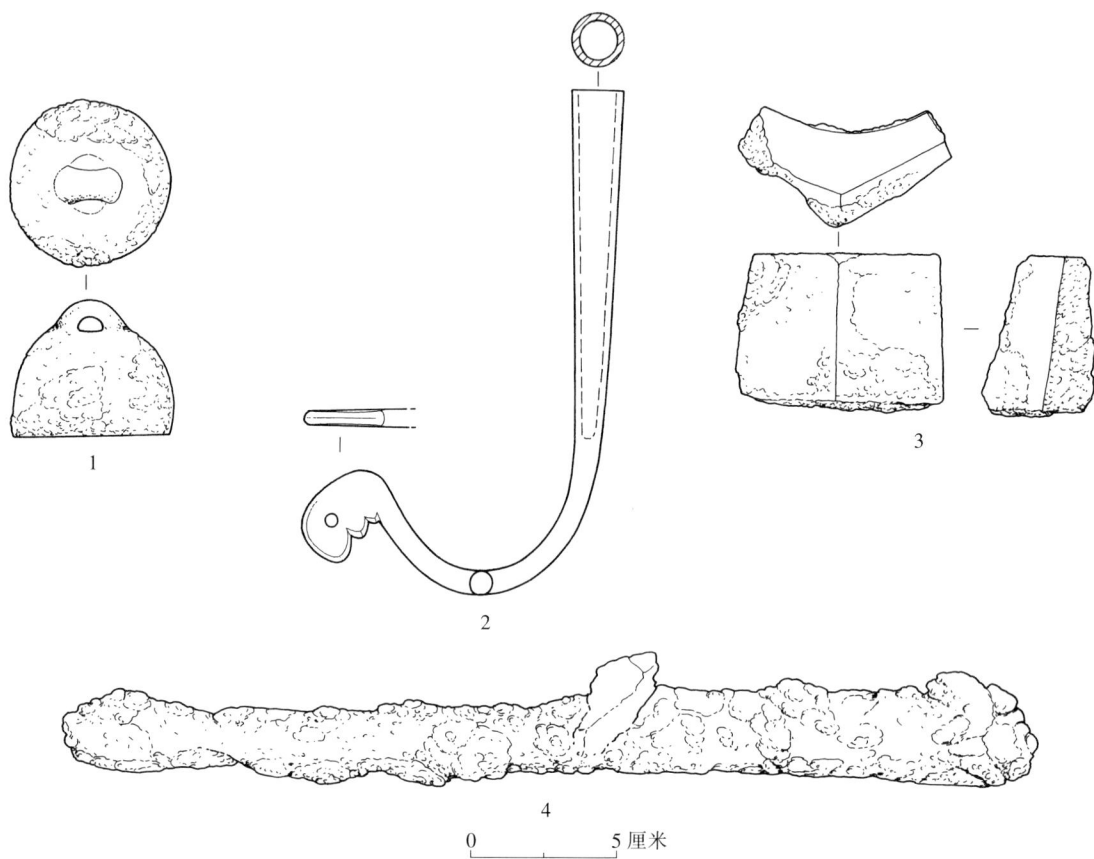

图一八九　铜器、铁器

1. 铜权（J2∶7）　　2. 铜钩饰（J2∶5）　　3、4. 铁器残件（J2∶6、J2∶8）

标本 J2∶5　中空，一端呈如意云头状。长 17 厘米（图一八九，2）。

4. 铁器残件

2 件。

标本 J2∶6　残高 5.2 厘米（图一八九，3）。

标本 J2∶8　通体细长的圆柱状。残长 33.3 厘米（图一八九，4）。

第四章 初步研究

第一节 出土遗迹的年代判定

一 地层年代

第 2 层的出土物中包含了零星的青花瓷碗残片，其形制和胎釉特征与福建武夷山碗厂窑址、广西北流岭峒窑址出土的青花瓷器较为接近，武夷山碗厂窑址的年代约在清代中晚期[1]，北流岭峒窑址的延烧下限在清代晚期至民国[2]。因此，第 2 层的形成年代可定在清代晚期前后。

第 3 层虽然出土了较多唐宋时期的邛窑和琉璃厂窑瓷器，如碗、盏、罐、盆、壶、炉、盒等，以及少量泥质灰陶瓷、盆、灯、杯、罐等标本，但属于地层在形成过程中破坏了年代较早的文化堆积后扰乱带入的遗物。该层年代最晚的出土物以龙泉窑青瓷器为代表，数量零星，包括碗、盏、盘和杯，其中杯的底部带无节的足柄，形制上与成都市西城区供销社窖藏出土的青瓷高足杯相同[3]；盘的内底饰模印的花卉纹，与成都市清安街元代城墙出土的龙泉窑青瓷碗足相同[4]，二者都可归入《四川地区出土龙泉窑青瓷的类型与分期》一文划分的第二期，年代相当于元代中晚期至明初[5]。因此，第 3 层的形成年代可定在明代早期。

第 4 层未见瓷器，出土物以泥质陶器为主。其中 B 型 I 式陶钵的口沿内敛、腹部转折处偏下，上腹壁略带弧度，底部带低矮的饼足，与中江塔梁子 M3 出土的陶钵形制接近，墓葬年代为东汉晚期[6]。成都西郊西窑村 M15 出土的陶钵也带有这种口沿内敛、饼足低矮的特征，唯腹壁圆弧，已看不出明显的折腹痕迹，该墓伴出了"太平百钱"和"直百五铢"钱，应为较明确的蜀汉时期墓葬[7]。A 型陶瓷为敛口，折肩，肩部一周模印网格纹，这类陶器的残片在德阳

---

① 中国国家博物馆水下考古研究中心、福建博物院文物考古研究所、武夷山博物馆：《武夷山古窑址》，科学出版社，2015 年，第 249~263 页。

② 于凤芝：《广西北流、容县青花古窑址初探》，《中国古陶瓷研究》（第十三辑），紫禁城出版社，2007 年，第 334~341 页。

③ 刘平、王黎明：《成都发现一批元代瓷器》，《考古与文物》1985 年 6 期。

④ 成都文物考古研究所：《成都市清安街城墙遗址发掘简报》，《成都考古发现》（2008），科学出版社，2010 年，第 411~435 页。

⑤ 易立：《四川地区出土龙泉窑青瓷的类型与分期》，《四川文物》2013 年 5 期。

⑥ 四川省文物考古研究院、德阳市文物考古研究所、中江县文物保护管理所：《中江塔梁子崖墓》，文物出版社，2008 年，第 85页。

⑦ 成都文物考古研究所：《成都市西郊土坑墓、砖室墓发掘简报》，《成都考古发现》（2001），科学出版社，2003 年，第 99~109页。

绵竹城遗址的北城墙夯土层内有少量发现，与之共存的钱币最晚为"蜀汉五铢"①。因此，第4层的形成年代可定在东汉末至蜀汉时期。

二　遗迹年代

J1 的出土物以瓷器为主。其中琉璃厂窑 A 型瓶的形制与成都龙泉驿区洪河大道南沿线北宋石室墓（M9）出土的酱釉双耳罐相同②，Ba 型瓶的形制与双流县公兴镇双塘村 M1 出土的粗瓷瓶相同，双塘村 M1 的年代约在北宋晚期③。琉璃厂窑 A 型壶的颈部粗壮，流部长而弯曲，形制上与广汉雒城 M1 出土的青灰釉注壶接近，唯后者的腹部略显矮胖。据买地券文字可知，雒城 M1 的年代在北宋元祐年间（1086～1094 年）④。另外，编号 J1：13 的湖田窑青白瓷盏圈足较高，足墙较直，亦与安徽全椒北宋元祐七年（1092 年）墓出土的青白瓷碗相同⑤。因此，J1 的使用年代主要在北宋中晚期，井口又被第 3 层所叠压，可推测其废弃年代应在明代早期以前。

J2 的出土物以泥质陶器为主，未发现瓷器。其中 Ca 型陶罐为方唇，直口，唇部外侧有一道明显的折棱，与成都上汪家拐街遗址第④A 层出土的 I 式小口罐相同，第④A 层同时伴出了"直百五铢""世平百钱"等蜀汉钱币，故地层的形成年代不早于蜀汉时期⑥。编号 J2：2 的一件陶钵残片部带圈足，足墙外缘斜削一刀形成折面，这类陶器也见于德阳绵竹城遗址的北城墙夯土内，同层位共存的钱币最晚为"蜀汉五铢"。因此，J2 的使用年代应主要在蜀汉时期。

H1 和 H4 的出土物只见有泥质陶器，且都出土了 A 型 II 式陶钵，故二者的形成年代接近。A 型 II 式陶钵的腹部转折处居中，上腹部较直，形制上与重庆临江支路 M3 出土的陶钵相同⑦，属于《四川地区西汉土坑墓分期研究》一文划分的第二期第四段，年代相当于西汉中期偏晚的昭、宣时期⑧。编号 H4：3 的 B 型釜与什邡城关 M53 出土的陶釜相同，墓葬年代也属于西汉中期偏晚⑨。因此，H1 和 H4 的形成年代可定在西汉中晚期。

H2 和 H13 的出土物几乎只见有泥质陶器，且都出土了 A 型 II 式陶罐，故二者的形成年代接近。其中与 A 型 II 式陶罐相同的遗物标本在绵阳西山六朝崖墓有零星出土，共存的青瓷器最早可以见到东晋中期以后流行的方桥系鸡首壶，最晚则有南朝中晚期常见的刻划莲花装

---

①　四川省文物考古研究院、德阳市文物考古研究所、旌阳区文物保护管理所：《2004 年四川德阳绵竹城遗址调查与试掘》，《四川文物》2008 年 3 期。

②　成都文物考古研究所、龙泉驿区文物保管所：《成都市龙泉驿区洪河大道南延线唐宋墓葬发掘简报》，《成都考古发现》（2001），科学出版社，2003 年，第 163～177 页。

③　成都文物考古研究所、双流县文物管理所：《双流县公兴镇双塘村北宋砖室墓发掘简报》，《成都考古发现》（2011），科学出版社，2013 年，第 483～487 页。

④　四川省文物考古研究所、广汉县文物管理所：《四川广汉县雒城镇宋墓清理简报》，《考古》1990 年 2 期。

⑤　滁县地区行署文化局、全椒县文化局：《安徽全椒西石北宋墓》，《文物》1988 年 11 期。

⑥　成都市文物考古队、四川大学历史系：《成都市上汪家拐街遗址发掘报告》，《南方民族考古》第五辑，四川科学技术出版社，1993 年，第 325～358 页。

⑦　重庆市博物馆：《重庆临江支路西汉墓》，《考古》1986 年 3 期。

⑧　陈云洪、颜劲松：《四川地区西汉土坑墓分期研究》，《考古学报》2012 年 3 期。

⑨　四川省文物考古研究院、德阳市文物考古研究所、什邡市博物馆：《什邡城关战国秦汉墓地》，文物出版社，2006 年，第 249 页。

饰①。这类陶罐在三台后底山崖墓群也有所发现，墓葬年代集中在南朝中晚期至隋代②。另外，D 型陶罐和陶盏的形制与成都天府广场东北侧古遗址第 6 层出土的盘口壶和 Aa 型盏相同，地层的形成年代约在南朝后期至隋代③。因此，H2 和 H13 的形成年代可定在南朝中晚期至隋代。

H3 和 H6 的出土物面貌具有较强的一致性，主要是佛教造像和瓷器，其中时代特征最晚的瓷器大多具有五代北宋初的风格。如琉璃厂窑 A 型碗与成都保和乡后蜀广政十一年（948 年）张虔钊墓出土的瓷碗相似④；琉璃厂窑 Bb 型罐与成都永陵公园后蜀广政二十六年（963 年）雷氏墓出土的瓷罐相似⑤；琉璃厂窑 Aa 型罐与双流竹林村后蜀广政二十七年（964 年）徐公墓出土的瓷盘口罐相似⑥。另外，编号 H6：68 的邛窑 C 型器盖盖面模印多重莲花纹，与十方堂邛窑五号窑包 B 型 II 式盖面的图案特征完全相同，后者的外壁刻有前蜀"乾德六年"题记⑦。因此，H3 和 H6 的形成年代可定在北宋早期。

H5、H8、H12、H14 和 H15 的出土物面貌具有较强的一致性，以泥质陶器为主。其中 B 型 II 式陶钵的底部带圈足，Ca 型陶罐的方唇外侧有一道明显的折棱，这两类陶器的残片均见于前述之年代为蜀汉时期的 J2。钵的内底有模印的方框花纹，这种做法年代较早的例子见于四川宝兴东汉永建五年（130 年）墓出土的一件灰陶钵⑧，成都土桥曾家包汉墓出土的陶钵内底也带有这种印纹，发掘者认为墓葬年代约在东汉晚期⑨，但若参考墓内出土的青瓷罐、碗、盏的形制，则墓葬年代极有可能要晚到蜀汉。Bb 型陶盆的口沿外卷为方唇，这类陶器的残片见于德阳绵竹城遗址的北城墙夯土层内，与之共存的钱币最晚为"蜀汉五铢"。另外，A 型陶灯是四川地区东汉晚期至蜀汉墓葬中常见的随葬品之一，且形制较为固定，延续时间长，如成都土桥曾家包汉墓、中江塔梁子 M3、崇州五道渠蜀汉墓⑩和西昌南坛村蜀汉建兴五年（227 年）墓⑪等均有出土，甚至晚到成都中海国际社区西晋元康八年（298 年）墓仍有发现⑫。因此，这五座灰坑的形成年代均可定在蜀汉时期或略晚。

H7 的出土物数量多，类型丰富，以十二桥文化早期的夹砂陶器占据绝对比重，如 F 型陶罐、G 型陶罐、H 型陶罐、I 型陶罐、A 型陶杯、B 型陶器柄、陶盉、陶瓶、陶高柄豆等，年代相当于殷墟三、四期的商代晚期⑬。泥质陶器的数量和类型虽然较少，但时代特征明显，如

① 绵阳博物馆：《四川绵阳西山六朝崖墓》，《考古》1990 年第 11 期。

② 四川省文物考古研究院、三台县文物管理所：《绵遂高速公路（三台段）后底山隋代崖墓群发掘简报》，《四川文物》2013 年 5 期；易立：《略论三台后底山崖墓的年代及相关问题》，《南方民族考古》第十辑，科学出版社，2014 年，第 99～110 页。

③ 成都文物考古研究所：《成都天府广场东北侧古遗址发掘报告》，文物出版社，2016 年，第 142 页。

④ 成都市文物管理处：《成都市东郊后蜀张虔钊墓》，《文物》1982 年 3 期。

⑤ 成都文物考古研究所：《2008 年度永陵公园古遗址发掘简报》，《成都考古发现》（2008），科学出版社，2010 年，第 368－410 页。

⑥ 成都文物考古研究所、双流县文物管理所：《成都双流籍田竹林村五代后蜀双室合葬墓》，《成都考古发现》（2004），科学出版社，2006 年，第 323～363 页。

⑦ 陈显双等：《邛窑古陶瓷研究——考古发掘简报》，收入耿宝昌主编：《邛窑古陶瓷研究》，中国科学技术大学出版社，2002 年，第 199 页；李子军：《邛崃市发现纪年铭文印模》，《成都文物》1996 年 1 期。

⑧ 宝兴县文化馆：《夹金山北麓发现汉墓》，《文物》1976 年 11 期。

⑨ 成都市文物管理处：《四川成都曾家包东汉画像砖石墓》，《文物》1981 年 10 期。

⑩ 四川省文物管理委员会、崇庆县文化馆：《四川崇庆县五道渠蜀汉墓》，《文物》1984 年 8 期。

⑪ 凉山州博物馆：《四川凉山西昌发现东汉、蜀汉墓》，《考古》1990 年 5 期。

⑫ 成都文物考古研究所：《中海国际社区晋墓发掘简报》，《成都考古发现》（2004），科学出版社，2006 年，第 116 页。

⑬ 四川省文物考古研究院、成都文物考古研究所：《成都十二桥》，文物出版社，2009 年，第 129～135 页。

Bb 型陶盆、A 型陶灯、C 型陶盘等，主要流行于东汉末至蜀汉。因此，H7 的形成年代也可以确定在蜀汉时期或略晚。

H10 的出土物以瓷器为主。其中琉璃厂窑 A 型 II 式盏的形制与成都东南郊琉璃厂古窑址出土的 B 型灯碟相同，后者的口沿内侧刻划有北宋 "政和四年" 题记[①]。琉璃厂窑 A 型 III 式盏的唇部进一步减薄，与成都石墙村南宋嘉定四年（1211 年）[②]、外化成小区南宋端平二年（1235 年）墓[③]出土的瓷碟相同。琉璃厂窑 C 型炉的筒形腹较矮，沿面较宽，形制上与成都龙泉驿区十陵 M5 出土的黄釉香炉相同，十陵 M5 的年代为南宋中晚期[④]。因此，H10 的形成年代可定在南宋中晚期。

H11 叠压于第 3 层下，出土物中最晚的标本有龙泉窑高足杯和 A 型盏，其形制和胎釉特征与第 3 层出土的龙泉窑青瓷器基本相同，故该灰坑的形成年代应与第 3 层接近，可定在明代早期或略早。

H16 的出土物以泥质陶器为主，也包括少量的瓷器。如琉璃厂窑 A 型 I 式盏为敞口，厚圆唇，腹部较浅，形制上与广汉烟堆子 M3[⑤]、成都清江路 M4[⑥] 和成都西窑村 M21[⑦] 出土的瓷碟相同，烟堆子 M3 和清江路 M4 均为五代墓葬，西窑村 M21 随葬的买地券上残存有 "广政" 年号，明确属于五代后蜀时期的墓葬。因此，H16 的形成年代约在五代末至北宋早期。

综上所述，我们可将下同仁路地点出土的遗迹大致分作六期：第一期以 H1、H4 为代表，年代为西汉中晚期；第二期以 H5、H7、H8、H12、H14、H15 和 J1 为代表，年代为东汉末蜀汉时期；第三期以 H2、H13 为代表，年代为南朝中晚期至隋代；第四期以 H3、H6 和 H16 为代表，年代为五代末至北宋早期；第五期以 H10、J1 为代表，年代为北宋中晚期至南宋；第六期仅有 H11，年代为明代早期。

第二节　造像坑的形成原因与时空背景

下同仁路佛教造像坑的出土地点处于秦汉时期成都的少城附近。秦汉移民万家实蜀，百工技巧，多在少城内，其平时既为县治官署所在，亦为商贾互市之经济中心，一旦有警，又可作大城之屏障。西晋左思所作《蜀都赋》，极言大、少二城内蜀汉宫室壮丽："于是乎金城

---

① 成都文物考古研究所：《成都市琉璃厂古窑址 2010 年试掘报告》，《成都考古发现》（2010），科学出版社，2012 年，第 352～395 页。

② 成都文物考古研究所：《成都市高新区石墙村宋墓发掘简报》，《成都考古发现》（1999），科学出版社，2001 年，第 252～259 页。

③ 成都文物考古研究所：《成都市外化成小区南宋墓发掘简报》，《成都考古发现》（1999），科学出版社，2001 年，第 242～251 页。

④ 成都文物考古研究所、龙泉驿区文物管理所：《成都市龙泉驿区十陵宋墓发掘简报》，《成都考古发现》（2001），科学出版社，2003 年，第 178～193 页。

⑤ 四川省文物考古研究院、德阳市文物考古研究所、广汉市文管所：《2004 年广汉烟堆子晚唐、五代墓地发掘简报》，《四川文物》2005 年 3 期。

⑥ 成都文物考古研究所：《成都西郊清江路唐宋墓葬发掘简报》，《成都考古发现》（2000），科学出版社，2002 年，第 340～358 页。

⑦ 成都文物考古研究所：《成都市西郊土坑墓、砖室墓发掘简报》，《成都考古发现》（2001），科学出版社，2003 年，第 80～109 页。

石郭，兼匝中区。既丽且崇，实号成都。辟二九之通门，画方轨之广涂。营新宫于爽垲，拟承明而起庐。结阳城之延阁，飞观榭乎云中。……亚以少城，接乎其西。市廛所会，万商之渊。列隧百重，罗肆巨千。"① 到了东晋永和三年（347年），晋安西将军桓温伐蜀，李势兵败出降，成汉灭亡。晋军入成都后，对少城展开了大规模的破坏，"夷少城，独存孔明庙"②。孙华先生曾著文指出，少城在东晋被桓温焚毁后，沦为成都城的附郭或西郭，它相对空旷且又靠近大城的地理位置，自然成为寺庙祠观营建的理想地点，成都少城至此由工商业聚集区逐渐转变为宗教文化区③。目前成都市区发现的南朝至唐代佛教造像几乎都集中出土于旧城西部的少城及其附郭带，如万佛寺④、商业街⑤、西安路⑥、宽巷子⑦以及此次的下同仁路地点，充分说明当时该区域的寺院分布密集，唐释道宣（596~667年）撰《续高僧传·释富上传》载益州"城西城北，人稠施多"⑧，可见这里的人口亦十分稠密。除上述几处造像出土点外，文献记载的历史古老的佛寺道观，如圣寿寺、安浦寺（即唐净众寺、明万佛寺）、海安寺、福感寺、金华寺、中兴寺、严真观、玉局观等，也多位于少城或与之毗邻⑨。这些现象应当不是偶然的，它们都属于成都少城的城市功能在汉唐之间从工商业区向宗教文化区转化的历史遗存。

从发掘情况看，坑内的造像大多呈横倒侧卧状，出土位置凌乱不堪，且表面往往有明显的破损或残断痕迹，与之共存的还见有大量破碎的生活日用陶、瓷器。因此，这两个造像坑似并不具备窖藏的性质，而应当属于人为破坏后形成的废弃、掩埋堆积。由于坑内与造像共存的瓷器大多具有五代至北宋早期的时代特征，考虑到瓷器通常都要使用一段时间才废弃，可确定这批造像的掩埋时间下限大致在北宋早期。据史料记载，后蜀灭亡后，北宋政权在四川地区的统治并不稳固，先后爆发了全师雄兵变、王小波与李顺起义、王均之乱等事件，其中又以王小波与李顺起义持续的时间最长、破坏性最强、影响力最为深远。这些动乱多发生于成都周边，对该地区的社会经济造成了严重破坏，包括寺院在内的诸多建筑遭到损毁。如《续资治通鉴长编》载："（淳化五年）李顺引众攻成都，烧西郭门……入据成都，僭号大蜀王，改元曰应运，遣兵四出侵掠……郡邑皆被其害焉。"⑩《益州名画录·序》载："迨淳化甲午岁，盗发二川，焚劫略尽，则墙壁之绘，甚乎剥庐，家秘之宝，散如决水。今可观者，十二三焉。"⑪ 又《图画见闻志·纪艺》载："范琼、陈皓、彭坚三人……分画成都大慈、圣寿、

---

① （梁）萧统编、（唐）李善等注：《六臣注文选》卷四，中华书局，1987年，第91~99页。

② （宋）祝穆撰、祝洙增订：《方舆胜览》卷五十一，中华书局，2003年，第914页。

③ 孙华：《秦汉时期的成都》，《中国古都研究（第十九辑）——中国古都学会2002年年会暨长江上游城市文明起源学术研讨会论文集》，四川大学出版社，2004年，第131页。

④ 刘志远、刘廷壁：《成都万佛寺石刻艺术》，中国古典艺术出版社，1958年。

⑤ 张肖马、雷玉华：《成都市商业街南朝石刻造像》，《文物》2001年10期。

⑥ 成都市文物考古工作队、成都文物考古研究所：《成都市西安路南朝石刻造像清理简报》，《文物》1998年11期。

⑦ 四川博物院、成都文物考古研究所、四川大学博物馆：《四川出土南朝佛教造像》，中华书局，2013年，第173页。

⑧ （唐）道宣撰、郭绍林点校：《续高僧传》卷二十七，中华书局，2014年，第1052页。

⑨ 孙华：《秦汉时期的成都》，《中国古都研究（第十九辑）——中国古都学会2002年年会暨长江上游城市文明起源学术研讨会论文集》，四川大学出版社，2004年，第131页；严耕望：《唐五代时期之成都》，《严耕望史学论文选集》（中），上海古籍出版社，2009年，第765~780页。

⑩ （宋）李焘撰，上海师范大学古籍整理研究所、华东师范大学古籍研究所点校：《续资治通鉴长编》卷三十五，中华书局，1995年，第765页。

⑪ （宋）黄休复：《益州名画录》序，人民美术出版社，1964年，第2页。

圣兴、净众、中兴等五寺墙壁二百余间，各尽所蕴。淳化后两遭兵火，颇有毁废矣。"①《茅亭客话·金相轮》亦载："洎淳化五年狂盗入城，兵火沿焚，福感寺塔相轮坠地，完全俱是铜铁所为，非蛮王金换之者。"② 至淳化五年（994 年）五月，宋军收复成都，此时城内已是"危楼坏屋，比比相望"③。据此推测，这批佛教造像原属的寺院可能在北宋早期遭受了战火的波及，造像坑的形成或与当时成都城内的战乱环境直接相关。

另外，编号 H3:21 的一件佛坐像表面刻有"梁普通五年""海安寺"等文字，对于考察这批造像的寺院归属问题具有极其重要的参考价值。除此次发现的题记内容外，"海安寺"之名还见于梁李膺所著《益州记》一书，其文曰："汉旧州市在桥南，因以名……市桥西二百步得相如旧宅。今海安寺南有琴台故墟。"④ 按汉代市桥在石牛门外郫江之上，石牛门又名市桥门，故址据考证约在今通惠门内、下同仁路口之东。市桥的故址即明清之金花桥，在今西校场东北、下同仁路口附近⑤。关于司马相如宅的方位，《太平寰宇记》引西晋陈寿《益部耆旧传》云："在少城中笮桥下有百许步是也，又有琴台在焉。"⑥ 历史上笮桥的位置比较清楚，《太平寰宇记·益州》载"笮桥，去州西四里。亦名夷里桥，又名笮桥，以竹索为之，因名"⑦，陆游《夜闻浣花江声甚壮》又载"浣花之东当笮桥"⑧，可知其故址在罗城的西南角，万里桥之西、浣花之东。20 世纪 90 年代初成都外南人民路 135 号基建工地清理揭露出两座唐宋时期的大型城门址，发掘者推测即为成都罗城西南面的笮桥门⑨。综上所述，司马相如宅和琴台的方位可以大致确定在今琴台路与西校场之间，梁代海安寺则稍靠北，约在今通惠门路北侧附近。考虑到海安寺的这个地理方位与下同仁路佛教造像坑的发现地点距离较近，推测这批造像中的一部分或与梁代海安寺之间存在某种联系。

第三节　出土造像的基本认识

一　分期与断代

此次发掘出土的造像时代集中在南北朝至唐代，其中南北朝时期的造像占多数。目前对于成都地区南朝造像的分期研究主要有两种观点：一是李裕群的"三期说"⑩，即第一期为齐永明元年至梁普通年间；第二期为梁普通年间至梁益州为西魏所占前；第三期为西魏至北周

① （宋）郭若虚著、俞剑华注释：《图画见闻志》卷二，上海人民美术出版社，1964 年，第 17 页。
② （宋）黄休复撰，李梦生点校：《茅亭客话》卷六，上海古籍出版社，2012 年，第 128 页。
③ （宋）张詠：《益州重修公宇记》，《成都文类》卷二十六，中华书局，2011 年，第 520～521 页。
④ 邓少琴：《梁李膺〈益州记〉辑存》，《邓少琴西南民族史地论集》（下），巴蜀书社，2001 年，第 571～602 页。
⑤ （晋）常璩撰、刘琳校注：《华阳国志校注》（修订版），成都时代出版社，2007 年，第 117 页。
⑥ （宋）乐史撰、王文楚等点校：《太平寰宇记》卷七十二，中华书局，2007 年，第 1468 页。
⑦ 《太平寰宇记》，第 1465 页。
⑧ （宋）陆游著、钱仲联校注：《剑南诗稿校注》卷六，上海古籍出版社，1985 年，第 515 页。
⑨ 成都市博物馆考古队：《成都罗城 1、2 号门址发掘简报》，《南方民族考古》第三辑，四川科学技术出版社，1991 年，第 369～377 页。
⑩ 李裕群：《试论成都地区出土的南朝佛教石造像》，《文物》2000 年 2 期。

时期。另一观点是雷玉华的"三期四段说"①，即第一期自刘宋元嘉到齐建武年间；第二期第一段自齐末到天监年间，第二段为普通年间到太清以前；第三期为梁末太清以后到西魏、北周时期。此外依据佛衣类型，陈悦新将成都地区南朝造像佛衣分为四个阶段②。参考以上学者观点，我们按造像内容、题材及艺术特征等将下同仁路出土造像大体划分为五期（表一）。

表一　成都下同仁路出土造像分期表

分期	时代	纪年造像	其他无纪年造像
第一期	南齐永明年前后		H3：300
第二期	梁天监年间至普通年间	H3：11　天监十五年（516 年）	
第三期	梁普通年间至西魏占领成都以前	H3：21　普通五年（524 年） H3：46　大同二年（536 年） H3：48　中大同二年（547 年） H3：25　天正三年（553 年）	H3：2，H3：18，H3：30，H3：31，H3：34，H3：38，H3：44，H3：47，H3：54，H3：66，H3：69，H3：75，H3：76，H3：86
第四期	西魏占领成都以后至隋	H3：53　北周天和二年（568 年）	H3：5，H3：6，H3：16，H3：19，H3：22，H3：24，H3：26，H3：27，H3：28，H3：29，H3：35，H6：36，H3：39，H3：40，H3：49，H3：55，H3：56，H3：58，H3：63，H3：68，H3：74，H3：80，H3：84，H3：89，H3：90
第五期	唐代		H3：23，H3：1，H6：20，H3：67，H3：87

1. 第一期，南齐永明年间（483～493 年）

此阶段造像仅发现 1 件。H3：300 这件青砂石质的结跏趺坐菩萨像，以浅浮雕手法在石料上加工，图像刻画简单，戴桃形项圈，外披 X 形帛带，左手上握一圆形物，右手于胸前外翻。这些特征和目前已发现的南齐永明元年（483 年）造像③和永明八年（490 年）造像④中的菩萨形象大体相同，只有帛带上绕处底端较这两件略弧，而不是呈锐角转折，在外形上，与成都西安路梁天监三年造像中的菩萨已有明显差别，因此推断下同仁路出土的这件早期菩萨坐像时代约为南齐永明年间稍晚阶段。

2. 第二期，梁天监年间（502～519 年）至普通年间（520～526 年）

这一阶段代表性造像为 H3：11 梁天监十五年（516 年）蔡僧和造释迦背屏式组合造像。对于这一期的造像特征，主要表现在造像所着袈裟等服饰显得宽大飘逸，佛像袈裟自胸腹开始向外散开，下摆外撇明显且衣角尖锐，褒衣博带特征较之后期也更为突出；菩萨头戴平顶花鬘冠取代前期的三叶冠和多重叶冠，披帛交叉于腹前宝珠并下垂后的帛带底部呈圆弧状上绕双臂（在力士身上同样可见）。这一期背屏式组合造像开始逐渐流行，一佛四菩萨组合、复杂的背屏装饰图案出现，题材则以释迦造像为主，兼有净土图像。天监十五年蔡僧和造像正面雕刻释迦像，背面浮雕弥勒菩萨上生兜率天宫场景，发愿文中也明确提到"仰愿亡父母、

① 雷玉华：《四川南北朝造像的分期及渊源诸问题》，收入四川博物院、成都文物考古研究所、四川大学博物馆：《四川出土南朝佛教造像》，中华书局，2013 年，第 213 页。

② 陈悦新：《成都地区南朝石刻造像佛衣的类型》，《文物》2014 年 3 期。四个阶段分别为第一期约萧齐时期（479～502 年），第二期约梁前期（天监元年，502，到中大通年间，529～534 年），第三期约梁后期（大同元年，535，到太清年间，547～549 年），第四期约梁末—北周灭佛（太清年间，547～549 年，到建德三年，574 年）。

③ 四川博物院、成都文物考古研究所、四川大学博物馆：《四川出土南朝佛教造像》，中华书局，2013 年，第 194 页。

④ 成都市文物考古工作队、成都文物考古研究所：《成都市西安路南朝石刻造像清理简报》，《文物》1998 年 11 期。

弟僧珍、妻陈氏、亡兄怀斌、兄弟妹等舍身受身净佛国王下生此中"，即在以释迦主尊的造像中兼顾弥勒净土信仰。在早期的南朝造像中，如汶川南齐永明元年、西安路永明八年、商业街建武二年造像中，主要流行的就是弥勒、无量寿、观音成佛等净土造像；而稍晚的第三期造像中则主要流行释迦像为主尊，因此这件天监十五年造像恰能反映这一阶段造像题材的过渡。

3. 第三期，梁普通年间至梁益州为西魏占领前（553 年）

这一阶段代表性造像为 H3：21 普通五年（524 年）释□□造释迦佛坐像、H3：46 大通二年（528 年）黄砂石质背屏组合造像、H3：48 中大同二年（547 年）背屏组合造像、天正二年（552 年）背屏组合二佛并坐造像。这一阶段的早期造像与第二期有着密切关联，尤其是普通五年释□□造释迦佛坐像（H3：21），其袈裟下摆外撇、衣角尖锐，台座前垂覆袈裟保留明显的"羊肠纹"特征，这些仍是稍早时期造像特征。与第二期造像不同的是，本期造像袈裟下段的外撇集中在膝盖以下，这一变化同样体现在菩萨裙摆上；到了本期中晚段（540 年以后①），垂覆于台座前的佛像袈裟下摆柔顺下垂，几乎不再向外撇，羊肠纹的衣褶趋于简化并缺失动感，下垂衣纹线条开始僵直；菩萨裙摆多采取沿身体下垂或包裹身体，菩萨身躯出现屈膝、扭胯等动态。从这一期开始，菩萨身上的装饰从最初多以花鬘冠、项圈、披帛交叉于宝珠等为简单装饰，到身上的璎珞逐渐出现并越来越华丽，表现出向第四期菩萨复杂繁缛璎珞发展的趋势。

这一期造像的题材以释迦为主，形式有单体立佛、坐佛、背屏式组合造像，参考历年成都地区出土的有纪年造像，可发现背屏式组合造像在这一期呈现爆发态势，主尊仍以释迦为主，一佛四菩萨二力士组合居多，出现释迦多宝二佛并坐的主尊形式，在造像基座前常装饰伎乐群。单体立佛像中出现两种截然不同风格的样式，一种即着汉化了的"褒衣博带式"袈裟佛像（H3：66），另一种为着薄衣贴体，即所谓"曹衣出水"的秣陀罗式袈裟佛像（H3：86）；此外还有样式比较独特的"阿育王"造像（H3：69）。与四川博物院藏北周保定年间阿育王立像相比，下同仁路的阿育王像身体略宽，左臂外有袈裟一角斜出，胸腹前衣纹更为古朴，与西安路发现的太清五年（551 年）阿育王像②更接近，因此将其归入第三期。此外，这阶段还有少量螺髻佛头，如 H3：30、H3：76 等。按，目前成都地区螺髻样式的造像最早者为商业街天监十年（511 年）王叔子造释迦像③，从下同仁路佛像出土情况看，螺髻主要出现似乎在梁后期至北周、隋初这个阶段。此次发现的这两件单体佛头肉髻呈馒头状，较矮，面相长圆，面容清秀，应为梁代造像。

4. 第四期，西魏至北周、隋

北周造像与隋代造像前后的延续性非常强，尤其是北周末年和隋代初期区别不大，因此，我们在这一期中将隋代造像也包括在内。这一阶段代表性造像为 H3：53 北周天和三年（568 年）杨解造观音立像。

---

① 参见重庆三峡博物馆藏大同六年（540 年）背屏式造像，收入四川博物院、成都文物考古研究所、四川大学博物馆：《四川出土南朝佛教造像》，中华书局，2013 年，第 186 页。

② 成都文物考古研究所：《成都市西安路南朝石刻造像清理简报》，《文物》1998 年 11 期。

③ 张肖马、雷玉华：《成都市商业街南朝石刻造像》，《文物》2001 年 10 期。

　　这一阶段与第三期相比，变化非常明显。背屏式造像数量锐减，造像组合上也变得简单，一佛二菩萨出现较多，且坐佛台座前装饰逐渐复杂，以宝瓶出莲台、莲枝、荷叶等为装饰，这种台座的装饰习惯从第三期末天正二年（552 年）造像上已经开始，更早的例子可见四川大学博物馆藏梁太清三年（549 年）释迦双身像台座，可知成都地区这类高台座前装饰宝瓶出莲枝的情况在第三期末已经出现，这种装饰习惯至唐初依然盛行，并一直使用到中唐时期，如广元剑阁初唐造像[①]及安岳卧佛院 61 号龛中唐造像[②]。与此同时，单体像尤其是菩萨像大量出现，且以观音像为主，也有少量的佛坐像、倚坐弥勒菩萨像（H3∶39）、交脚坐弥勒菩萨像（H3∶36）和天王坐像（H3∶16、H3∶56）。

　　如前所述，螺髻佛像在这一期较多出现，H3∶28 佛坐像、H3∶24 背屏式三尊像坐佛、H3∶5 背屏式三尊像坐佛均是螺髻，与前期不同的是，这一期佛像多饰有耳珰。以 H3∶28 佛坐像为例，佛像台座前垂覆袈裟分上下两层，每层边缘基本平齐，下摆基本不外撇，另外两件螺髻佛像袈裟下摆则不垂覆台座前，这些可能反映这一阶段对佛像袈裟下摆的艺术处理进一步弱化。

　　菩萨前期沿用第三期的平顶花鬘冠，而后逐渐以束高髻、戴嵌宝珠、宝相花的璎珞为常见，多饰耳珰（佛像也常见饰有耳珰），璎珞装饰或为穗编，或为宝珠吊坠，无一例外极尽华丽，多数分为内外两层，内层为 X 形交叉腹前，外层或为 U 形垂至足踝，或单肩斜披，这一习惯一直延续到隋初以后才逐渐简化（H3∶24）；部分立式菩萨脚下的莲座莲瓣细长饱满，仰莲瓣尖常超出台座平面，覆莲下垂自然，立体感非常强，且裙摆垂覆脚面大部分，参考天和三年（568 年）杨解造观音像和万佛寺北周天和二年（567 年）倚坐弥勒菩萨，可知为天和年前后成都地区菩萨流行样式。

　　倚坐弥勒菩萨像与万佛寺出土北周天和二年倚坐弥勒菩萨像相比，装饰略简单，裙摆短直，璎珞饰以简单的联珠，推测其时代略晚，可能为北周末到隋初，与 H3∶24 背屏式造像主尊两侧胁侍菩萨的装束及风格更为接近。

　　值得注意的是这一期中出现单尊圆雕交脚坐弥勒菩萨造像，在成都商业街出土建武二年（495 年）观世音成佛像背面浮雕屋形龛，龛内即为交脚坐弥勒菩萨[③]；又，成都西安路出土南齐永明八年造像[④]背面浮雕屋形龛，龛内主尊为交脚坐菩萨装弥勒像，两侧胁侍二菩萨，弥勒头上缯带飘飞及两侧菩萨身披 X 形披帛的表现手法与北朝造像中的菩萨一致，但造像面相圆润饱满，身形厚重，则是南朝造像特征。下同仁路发现的这尊圆雕交脚弥勒菩萨像为成都地区首次发现（编号 H3∶35、H3∶36，彩版三八）[⑤]，菩萨头戴三叶冠，耳侧宝缯贴头下垂，双耳饰桃形耳珰，面相圆润饱满，X 形披帛外饰璎珞珠串，束腰叠涩台座前饰宝瓶出莲枝、

————————

　　① 广元皇泽寺博物馆、成都文物考古研究所：《广元剑阁横梁子摩崖石刻造像调查简报》，《成都考古发现》（2001），科学出版社，2002 年，第 484 ~ 493 页。

　　② 大足石刻研究院、成都文物考古研究所、四川美术学院大足学研究中心、安岳县文物局（秦臻、张雪芬、雷玉华）：《安岳卧佛院造像与刻经》，科学出版社，2015 年，第 80 页及彩版 73。

　　③ 张肖马、雷玉华：《成都市商业街南朝石刻造像》，《文物》2001 年 10 期。

　　④ 成都文物考古研究所：《成都市西安路南朝石刻造像清理简报》，《文物》1998 年 11 期。

　　⑤ H3∶35 和 H3∶36 两件造像出土位置相邻，胸部断面均有破损，二者虽不直接契合，但两块造像断面中部的榫孔大小及位置吻合，我们推测其属同一件造像的两件残块。

莲台等装饰，这些装饰兼具第三期末和第四期初特征，其裙摆垂直下垂的衣纹及帛带外饰璎珞①的做法与陕西西安雁塔区隋正觉寺遗址出土北周天和二年（567 年）观世音菩萨立像②十分相似。综合考虑，我们将这件造像的年代推定在 550~560 年。

5. 第五期，唐代（618~907 年）

唐代造像集中出土于 H6 中，大多数造像保存差，以头部残块为主，多为罗汉头和菩萨头像。在 H3 中发现的少量唐代佛及菩萨像保存较好。此次发现的唐代造像均无纪年，H3：23 菩萨立像、H3：1 菩萨立像以及 H3：67 佛坐像都属于这一时期的代表性造像。菩萨像衣饰贴体下垂，头侧缯带下垂较长，双肩覆数缕发丝，面相方圆，身体略显粗壮，上身常斜披络腋，几乎不再出现三期所用的外层 U 形璎珞，而是以项圈加 X 形璎珞组合装饰。按，龙门石窟中斜披络腋、不再着内衣的菩萨样式出现在调露二年（680 年）万佛寺小龛中③，四川地区戴 X 形联珠纹璎珞、上身斜披的络腋在胸前翻出一角下垂，手持净瓶及柳枝的菩萨造型可参见四川广元观音崖"天宝十载"雕刻的 47 号龛左侧胁侍菩萨④。佛像袈裟包裹身体但不显示身体轮廓，胸腹厚重，袈裟下摆以竖线条为主，仅有少量的"羊肠纹"曲线。台座莲瓣圆弧状略宽，花形饱满，但缺乏生动感；坐佛莲台束腰处为柱状，台座前袈裟三分垂覆，这种台座可参见龙门石窟第 501 龛永淳元年（682 年）主尊及垂拱三年（687 年）之前雕造的第 665 窟主尊。

二　相关认识

（一）　出土南朝造像的渊源

关于成都地区出土南朝造像之渊源，已有学者做过详尽的讨论，即来自于长江下游的佛教中心、南朝政权都城建康（今南京），这一观点最早可见于丁文光文⑤。之后学者陆续从各个角度证实这一推论，尤其是社科院李裕群先生对这一观点的讨论，论述清晰，史料也颇为翔实，因此对这一问题本文不再赘述，仅简略概括李先生观点如下。

1. 成都地区南齐造像风格与题材，即永明年间"秀骨清像"和"张家样"两种不同风格以及崇奉西方无量寿佛净土和观世音菩萨的习惯均来自南京地区。

2. 成都梁代造像出现两种风格截然不同的佛像，即"犍陀罗式（张家样）"和"秣陀罗式"，都来源于南京，其中后者应是从扶南经海路传入建康，再沿长江传至蜀地，与其相类的还包括成都地区发现的阿育王造像、双身像⑥。

成都地区目前所发现的南朝造像，均集中在旧城西部的少城附近，万佛寺、西安路、商业街、宽窄巷子以及此次发现佛像的下同仁路，空间距离非常近。从整理情况看，下同仁路

---

① 帛带外饰璎珞的做法，南朝造像中，较早的资料可见于万佛寺出土梁普通四年（523 年）康胜造背屏式释迦像胁侍菩萨，此外万佛寺出土中大通五年（533 年）上官法光造背屏式释迦像胁侍菩萨以及更晚的万佛寺中大同三年（548 年）比丘□爱造背屏式观世音像中也同样采用了这种装饰。

② 西安市文物保护考古所：《西安文物精华·佛教造像》，世界图书出版西安公司，2010 年，第 55 页。

③ 丁明夷：《龙门石窟唐代造像的分期与类型》，《考古学报》1979 年 4 期。

④ 姚崇新：《广元唐代石窟造像分期研究》，《考古学报》2007 年 4 期。

⑤ 丁文光：《梁中大同元年释迦石像》，《文物》1961 年 12 期。

⑥ 李裕群：《试论成都地区出土的南朝佛教石造像》，《文物》2000 年 2 期。

出土佛像在题材、造像内容、组合以及时代特征等各方面与之前几个地点出土南朝佛像情况大体一致，因此我们认为下同仁路出土的这批南朝造像其渊源同样来自于建康地区，并与北方地区有一定关联；而北周至隋代的菩萨造像，其衣着、服饰、发髻、花冠等，与陕西西安地区同时代造像关系尤为密切，反映这一阶段随着北周政权逐渐控制四川，西北地区的造像风格对成都也产生了明显影响。

（二）　出土造像的题材内容

自清光绪八年（1882 年）以来，成都地区出土了为数不少的南北朝时期造像，造像题材有弥勒、释迦、无量寿佛、释迦多宝、释迦双身、观音、阿育王等。此次下同仁路出土造像中，又发现了不少以往不见的材料，现就部分题材略做简述。

1. 天王造像

佛经中的"天王"主要是指四天王，居住在须弥山第四层，有一山名由犍陀罗，山有四头，四天王及其部众各居其一，各镇护一天下[①]。天王本为古印度神话中的战将，后被引入佛教，以护持佛法。天王形象一般身穿甲胄，面容威严，手持武器。此次下同仁路出土造像中有两件单体圆雕天王像，为以往不见，保存基本完好，分别编号为 H3：16 和 H3：56。均身着铠甲，穿靴，坐于台座上，足部为药叉承托。H3：56，天王托宝塔，内着两当衫，外穿两当铠。两当铠为整块大甲片，材质为皮甲，身甲至腰处，是南北朝时期的铠甲特征。H3：16，天王持长剑，身穿明光甲，明光甲还未使用甲绊束甲，说明其时代下限当在南北朝后期。身着铠甲、脚踩小鬼、托宝塔等元素显示出托宝塔者为毗沙门天王，持长剑者疑似增长天王。结合造像内容及艺术特征等，我们将这两件天王像的年代定在第四期（553～618 年）前段。

资料显示，公元 1 世纪秣菟罗和 2 世纪的犍陀罗常见题材中，四天王作为整体以奉钵图等佛传故事出现。5 世纪初期之前中国所译的佛经中，基本上也是以四天王共同护世或护国为主。[②] 无论是经典上还是文献中所见的毗沙门天王，都还没有展现出很明显的个性。毗沙门天王信仰的流行与于阗有密切关系，作为于阗的保护神而受到供养。英国人斯坦因在热瓦克佛寺遗址中曾发现一尊残损的人物塑像[③]，通过形象对比，有学者认为是毗沙门天王像[④]。而丹丹乌里克遗址中发现的毗沙门天王，可以明确是以四天王组合形式存在[⑤]。

天王像在北方地区出现略早，云冈石窟第 12 窟前室北壁上层明窗西侧有可能是四天王奉钵图的题材[⑥]。目前中国现存最早有明确年代且相互呈平行关系的四天王像，位于敦煌莫高窟第 285 窟主像龛外两侧，年代为公元 538 年左右，四身天王服饰与姿势基本相同。南方地区仅成都地区的背屏式造像中有发现，年代略早于上述北方造像，是目前已公布材料中年代最早者。如川博 1 号梁普通四年（523 年）背屏式造像正面、侧面共四身天王像，左侧天王上身赤裸，下身着裙，右手托举宝塔，左手持物；右侧天王戴护项，似穿铠甲，双手似持物于身前。

① 慈怡编：《佛光大辞典》，佛光出版社，1988 年，第 1673 页。
② 古正美：《从天王传统到佛王传统——中国中世佛教治国意识形态研究》，南周出版社，2003 年，第 462～464 页。
③ Stein A. Ancient *Khotan*. Vol. 2，Clarendon Press，1907：Plate XIV.
④ 霍巍：《从于阗到益州：唐宋时期毗沙门天王图像的流变》，《中国藏学》2016 年 1 期。
⑤ Stein A. Ancient *Khotan*. Vol. 1，Clarendon Press，1907：253－254.
⑥ 李淞：《略论中国早期天王图像及其西方来源》，《长安艺术与宗教文明》，中华书局，2002 年，第 113 页。

侧面天王除手势、持物有所区别外，都戴护项，着铠甲。川博 3 号背屏式造像时代为梁中大通五年（533 年），侧面各有一身天王像。

较北方的四天王造像本身而言，成都地区背屏式造像中的天王像着装、姿势等稍有不同，个别天王还赤裸上身，形象上与唐代的力士像接近。梁天监年间，背屏式组合造像开始逐渐流行起来，造像组合数量明显增多，天王、力士像都被纳入这个系统当中，天王作为一种新的题材出现。四大天王的名称，西晋译经僧基本上就确定了并且流行至初唐时期，到南北朝时期，四天王的译名就显得混乱，至隋唐，随着国土的统一，译名也基本上稳定下来。译名在时代上的特点侧面反映出政治对于佛教传播有着深刻的影响，另一个角度也说明人们对天王图像的认识有限，在图像上容易与力士产生混淆。较北方而言，成都地区在南北朝时期，基本没有经历过战争，政治稳定、经济繁荣，为佛教的发展提供了良好的条件。历来又与西域交流频繁，佛教文化兴盛，是天王图像逐渐定型产生的必要条件，单体圆雕造像开始出现并且受到崇拜①。

根据目前已公布的资料，编号为 H3∶56 的坐像是目前已知最早的单体毗沙门造像。据《益州名画录》记载，唐、五代时期的佛教寺院中，绘制有大量的毗沙门天王像，在民众中获得过极大的信仰。同时，在整个四川地区的唐宋石窟造像中，毗沙门天王也是流行的题材之一。霍巍先生总结出益州地区的毗沙门天王在唐代形象上的一致性特点："均大多呈站立姿势，头上戴有兜鍪，身上穿有铠甲样式的两当甲，下渗为细密的鱼鳞甲，护膝及腿，腰系长剑，手中托塔者出现较多，脚下多踩踏小鬼，小鬼两身或三身。"② 以上特点都可以看出下同仁路出土毗沙门天王的基本特征都被唐宋时期的毗沙门天王像继承了，具有标型器的作用。

2. 弥勒菩萨像

按，在已公布的南朝造像中，南齐和齐梁相交之际主要流行净土信仰造像③，如无量寿佛造像和弥勒造像，南齐永明元年造像、永明八年造像以及建武二年造像都属于净土题材，结合南京栖霞山为数不多的南朝造像，可知此论不谬。在成都出土永明八年和建武二年两件造像背屏背面，均浅浮雕一小龛，龛内造交脚菩萨像一尊，前者正面为弥勒成佛像，后者正面为观音成佛像，二者题记中均含"值遇弥勒龙华三会"的期愿，可知背面交脚菩萨当为上生兜率天宫的弥勒菩萨。按现存资料可知，交脚菩萨像在北方地区出现更早并更为流行，早在十六国时期的北凉高善穆石塔就有出现，稍晚的甘肃张掖金塔寺以及作为北魏造像代表作的云冈石窟、龙门石窟中，此形象的菩萨像更是大量出现，且不少可以判断为表现未来佛的弥勒菩萨造像。

此次下同仁路出土的天监十五年释迦组合造像背面同样有浅浮雕交脚菩萨坐像，与永明、建武两件造像简单的屋形龛表现不同的是，交脚菩萨身处天宫楼阁之内，身侧香花宝树、七宝莲池、天人环绕，场面宏大华丽，参考题记中"造释迦牟尼尊像一区并弥勒、观音、势至

---

① 中国国家博物馆内藏一件单体天王造像，传为万佛寺出土。残高 108、宽 40、厚 26 厘米，头戴冠，冠沿略残，中部凸起饰一颗宝珠。颌下有浓密的胡须。穿紧身铠甲，高领、胸前束披风，腰束带。下着裙。双手残，左臂屈肘于腰侧，右臂微屈垂体侧。双足残。这件天王像不论着装，还是造像特征等都与下同仁路出土的两件天王十分相似，它们可能属于同一时期的作品。

② 霍巍：《从于阗到益州：唐宋时期毗沙门天王图像的流变》，《中国藏学》2016 年 1 期。

③ 李裕群：《试论成都地区出土的南朝佛教石造像》，《文物》2000 年 2 期。

并药侍者"可确认，背面造像为上生兜率天宫的弥勒菩萨，与观音、大势至菩萨组合出现。

值得注意的是，与以往雕刻于组合造像背屏背面不同，下同仁路出土佛教造像中，单尊圆雕的南北朝交脚弥勒菩萨（H3：35、H3：36）首次被发现。如前文所述，这件造像从服饰装饰到艺术造型，与西北地区（尤其是西安地区及古梁州地区）西魏到北周时期交脚菩萨造像更为接近，它在成都地区的突兀出现显然与成都和西北地区佛教文化交流频繁有着密切关联。

H3：300 为一件结跏趺坐的菩萨装像，其时代风格明显早于此次出土的其他造像，前文中我们将其年代约定于齐梁之际。限于学识，目前我们没有找到更多依据可以判断其题材。按这一时期流行净土造像的习惯，我们推测其与弥勒菩萨题材可能存在一定联系，而这一推测尚需更多资料进一步论证。

总而言之，成都下同仁路地点出土的这批南北朝至隋唐时期佛教造像，具有完整的考古发掘信息，部分造像题材前所未见，且文化内涵丰富，时代连续性强，为研究四川地区的佛教发展史和造像艺术提供了难能可贵的重要资料。

附录一　成都市下同仁路城墙遗址发掘简报

成都文物考古研究院

　　成都市下同仁路城墙遗址为成都古城墙（西城墙）的一部分，南北走向，位于下同仁路与实业街交叉路口的西南部停车场内，东距下同仁路17.6米，西距西郊河约103米，北部紧邻实业街（图一）。2012年10月4日～12月19日，为配合成都市实业街旧城改造项目，成都文物考古工作队对项目范围内的古城墙遗址进行了考古勘探工作。目前勘探工作基本完成。现将考古勘探工作情况汇报如下。

图一　遗址位置示意图

一　工作方法与过程

　　勘探前期首先对城墙的现状进行测绘、摄像、拍照等工作，确认其地理坐标为东经104.049°、北纬30.669°，方向为北偏东30°。现存南北最长处45.5米，最宽处23.5米，最高约 6.7 米。城墙顶部及周围覆盖有大量植被、建筑基础和水泥构件等，城墙保存较差。因现代构建防空洞、砖窑厂、水表厂和民居等建筑，对城墙体造成严重破坏。

按照现存城墙表面的结构和保存状况，我们将城墙表面分为九个区域进行测绘记录：顶部为 I 区，覆盖有厂房基础、大量现代垃圾和植被；城墙内侧自南向北依次为 II 区（红砂条石，长 13 米）、III 区（砖墙，长 21 米）、IV 区（红砂条石，长 9 米）；城墙北侧断面为 V 区（条石杂有水泥墙基，长 21.2 米）；外侧自北向南依次为 VI 区（砖墙，长 2.9 米）、VII 区（青灰条石，长 6.1 米）、VIII 区（小石块，长 6.3 米）、IX 区（青灰条石，长 23.5 米），黏合剂均为水泥，推测均为修建水表厂和民居时为了防止城墙垮塌而设立的护坡墙。其中外侧 VI 区的砖系利用明清时期城墙包砖重新垒砌，部分砖上可见纹饰和刻字（图二～图五）。

现场资料收集工作完成后，开始对城墙顶部和四周的晚期水泥地基和现代建渣进行人工清除工作，以便裸露出早期城墙，并将清理出来的各类建筑材料分区存放。拆除现代建筑后城墙南北长约 43.6 米，宽约 20.5 米，高约 5.5 米。在城墙顶部发现有晚期砖窑两座，防空洞一座。1 号砖窑残高 6.2 米，有烟囱五个，等距离分布，用砖规格 23 厘米 × 22 厘米 – 5 厘米（彩版八九）。窑室填土较杂，包含有砖块、石块、植物根须等。2 号砖窑残高 5.5 米，破坏较严重，残留有两个烟囱，填土与 1 号砖窑相同。城墙内近底有一南北向的防空洞（彩版九〇，1），横贯墙体，西侧开有一个进出口，东侧开有四个进出口。通过与成都迎曦下街和新都桂湖内防空洞比较推测，该防空洞应与之同时期修筑，为 20 世纪 60 年代末 70 年代初。防空洞用砖规格为长 45 厘米，宽 22 厘米。

解剖墙体工作与清除表面现代构筑物的工作同步进行。在城墙中部布与城墙垂直的解剖沟，编号 2012CTWTG1（本次发掘遗物均出土于该探沟中，以下简写为"TG1"），以了解城墙墙体的时代与修建方式及保存现状等情况。

二　地层堆积

TG1 南壁地层保存情况较好，介绍如下（图六）。

第 1 层：近现代地层，灰黄土。厚 0～0.55 米。包含有大量建筑构件、水泥块、塑料制品等。堆积西高东低，主要分布在城墙东部。该层下发现砖窑 2 座。

第 2 层：修建防空洞时破坏城墙墙体的回填土，土质疏松。厚 0.3～4.25 米。包含有近现代砖瓦及少量明清瓷片。可分为 5 个亚层：第 2A 层，灰黄土夹杂黄土块，斜坡堆积，厚 0.3～1.1 米，内含明清时期琉璃瓦、瓷碗、瓷杯、瓷罐残片等；第 2B 层，灰土，厚 0.1～0.45 米，内含琉璃构件等；第 2C 层，灰褐色土，主要分布在东部，厚 0.65～1.5 米，仍出土明清时期瓷碗残片、琉璃构件等，该层下有防空洞一座；第 2D 层，灰黄色土，主要分布在东部，厚 0.35～1.4 米，出土遗物同第 2C 层；第 2E 层，深灰色土，厚 0.05～1 米，该层为修建防空洞时的垫土层，部分为城墙垮塌堆积。

第 3 层：唐代地层，灰褐色土，土质较疏松。厚 0～0.7 米，包含有瓦片、砖块、卵石、陶瓷片等。

第 4 层：唐代地层，灰褐色土，土质较硬。厚 0.5～0.65 米。主要分布于东部。推测应为

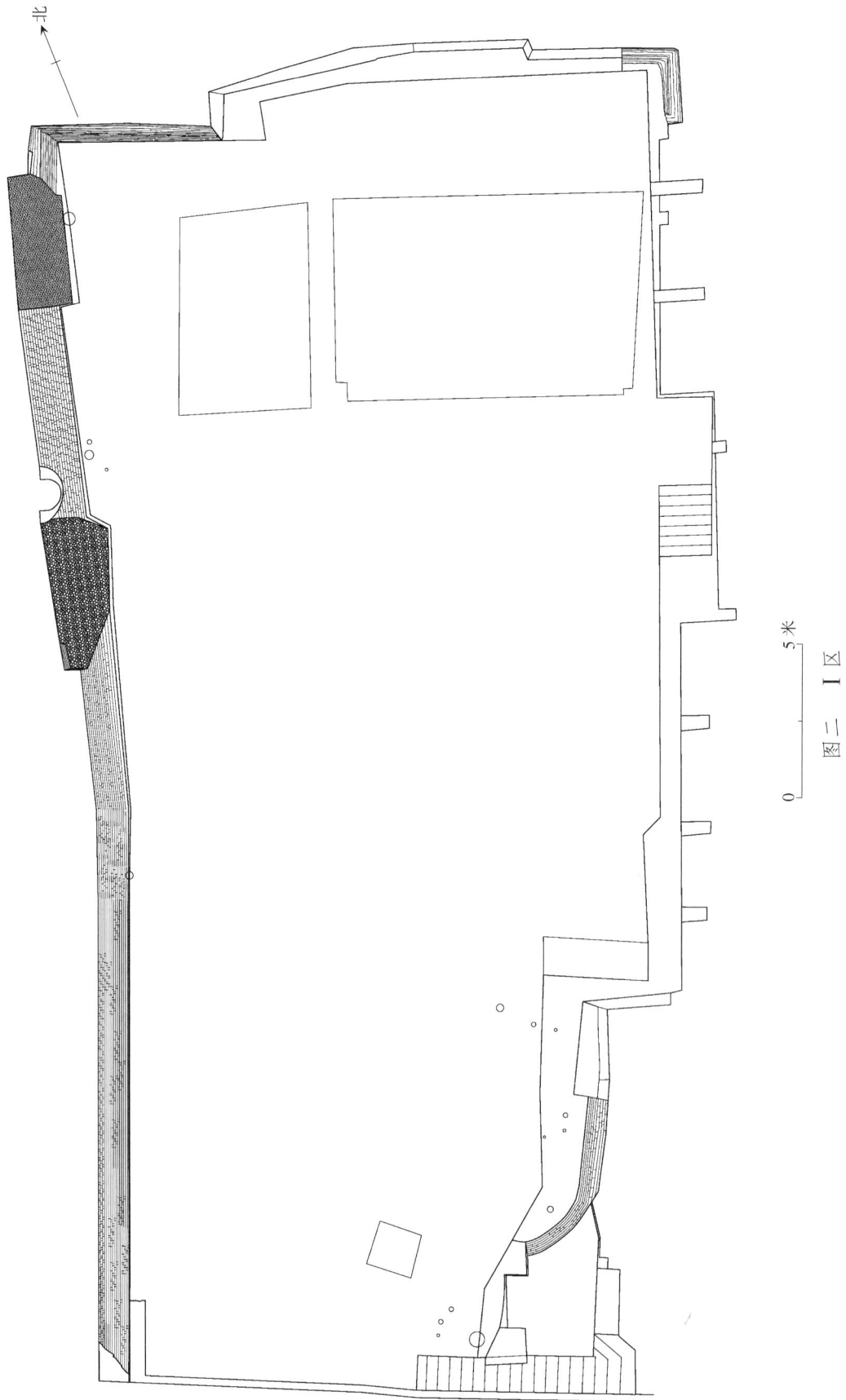

图二　Ⅰ区

0　　　　5 米

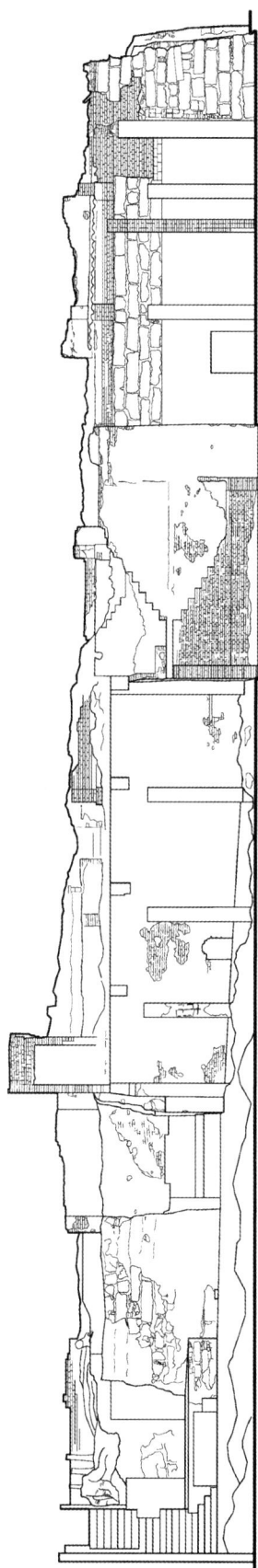

图三　Ⅱ、Ⅲ、Ⅳ区

0 ⸺ 5 米

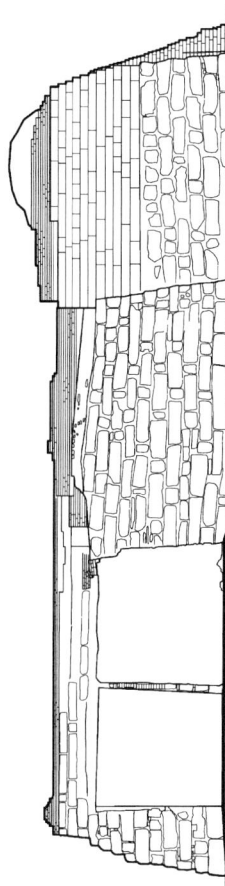

图四　Ⅴ区

0 ⸺ 5 米

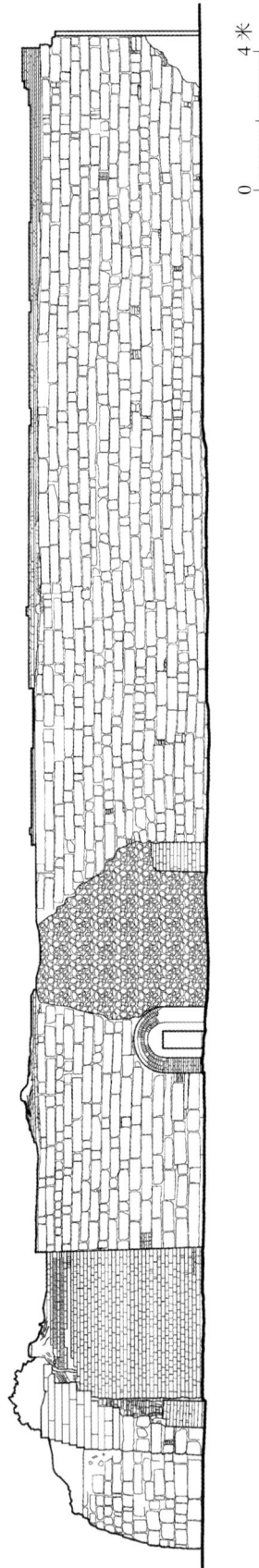

图五　Ⅵ、Ⅶ、Ⅷ、Ⅸ区

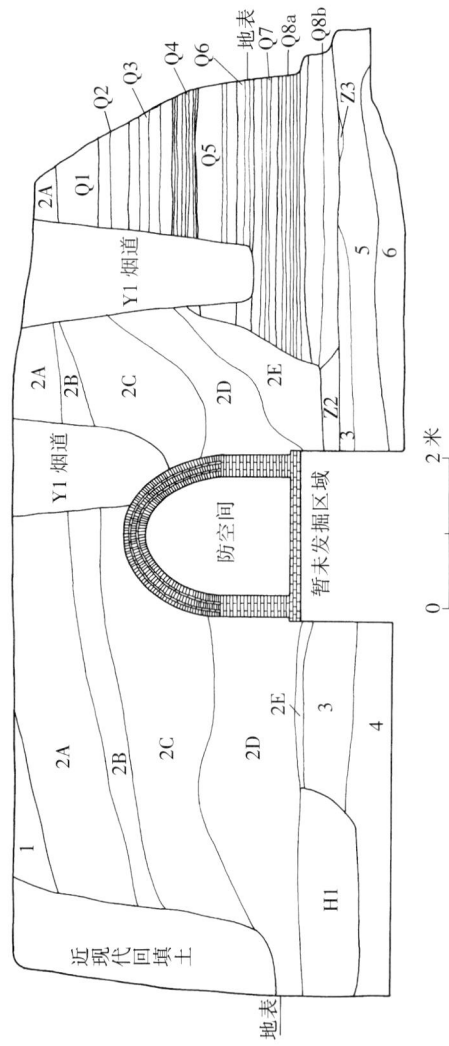

图六　TG1 南壁剖面图

当时的路基踩踏面。包含有残碎的陶瓷片、瓦块、砖块等。

第5层：河道冲积层，土质较疏松，灰黑色土，较纯净。厚0.35~0.55米。包含有少量唐代瓷片、红烧土、砖块等，瓷器可辨器形有罐、钵、盘等，另出土有部分魏晋时期的花纹砖。

第6层：魏晋文化层，灰黄土，土质较疏松。厚0~0.45米。包含有魏晋时期陶片、烧土、灰烬，可辨器形有陶瓮、陶罐、瓦当等，局部有大量红烧土，灰烬主要位于东部。

第6层下为浅黄色生土。

城墙遗迹Q1~Q8均叠压于第2A层下，位于城墙体西侧，发现有唐代、宋代及明清时期夯土墙体。

三　魏晋时期遗存

陶瓮　1件。TG1⑥:13，泥质灰陶。敛口，厚唇，溜肩。口径96、残高12厘米（图七，5）。

陶圆饼　1件。TG1⑥:15，泥质灰陶。素面。直径5.7、厚0.9厘米（图七，4）。

陶器底　1件。TG1⑥:12，泥质灰陶。内部中间模刻方形花卉纹。足径16.2、残高4.8厘米（图七，1）。

花纹砖　2件。泥质灰陶，模制。TG1⑤:82，侧面模刻花叶纹。残长12.8、残宽10.4、厚5.7厘米（图七，2）。TG1⑥:19，两侧面均模刻花叶纹。残长18.2、残宽8.8、厚7厘米（图七，6）。

瓦当　1件。TG1⑥:5，泥质灰陶。残破较甚。当面饰有卷云纹和一周波折纹。残长6.5厘米（图七，3）。

四　唐宋时期遗存

（一）遗　迹

1. 唐代城墙

唐代城墙包括Q8a和Q8b两层。

Q8a层：黄色纯净土夯筑，比较致密。总厚0.35~0.45米。共7个小夯层：第1层，灰土，包含红烧土、青灰土块等；第2层，黄土，包含瓦片；第3层，黄土，有线状灰土；第4层，灰黄土，包含少许灰烬；第5层，灰黄土，含青灰瓦片；第6层，褐土，包含红瓦片、地砖等；第7层，黄土，含红烧土。

Q8b层：城墙的基槽垫土，灰土，较疏松，用泥夹卵石铺筑。包含有大量卵石、砖块和少量唐代瓷片。青灰砖厚4厘米，红砖厚4.5~5厘米。Q8b层下发现有灶3座，分别为Z1、Z2、Z3。

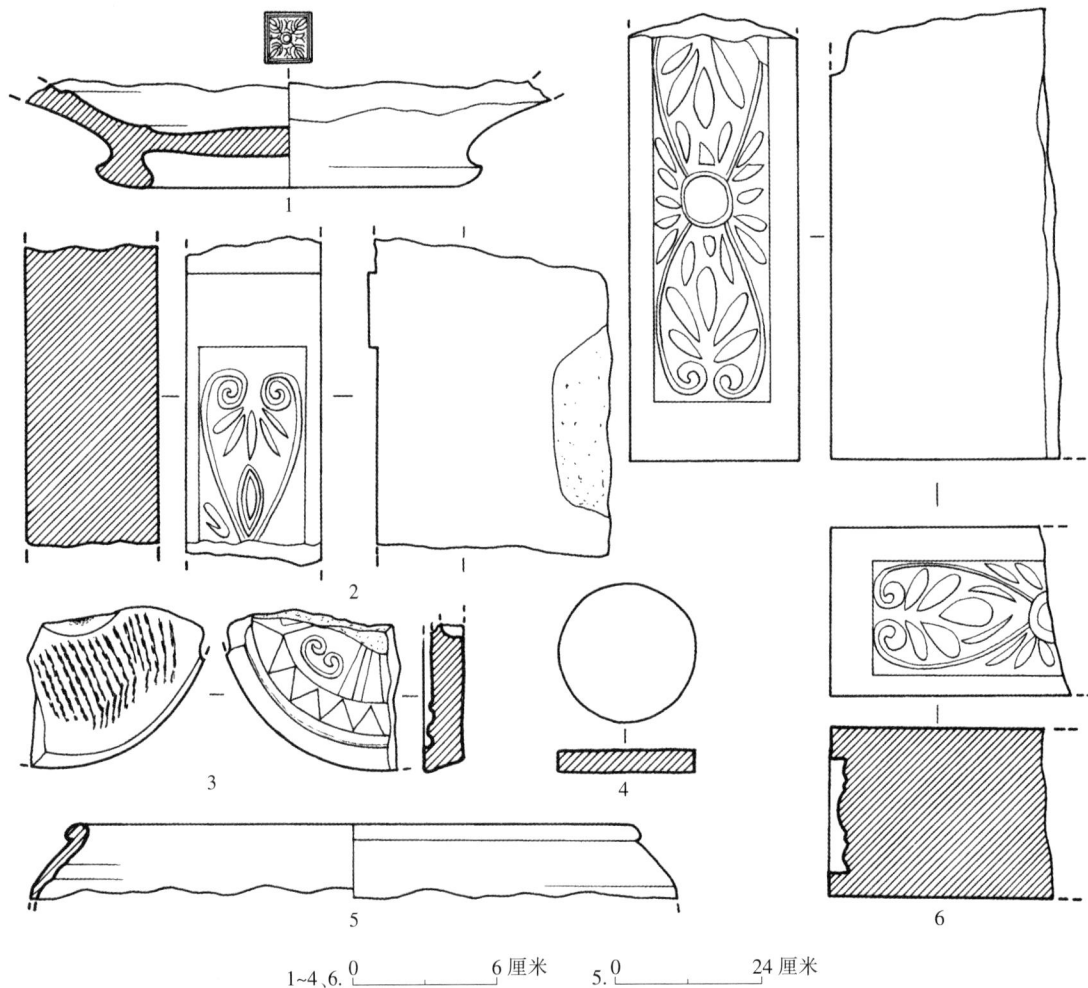

图七　TG1 出土魏晋时期遗物

1. 陶器底（TG1⑥:12）　　2、6. 花纹砖（TG1⑤:82、TG1⑥:19）　　3. 瓦当（TG1⑥:5）　　4. 陶圆饼（TG1⑥:15）
5. 陶瓮（TG1⑥:13）

Z1　开口于 Q8b 层下。平面呈圆形，用残砖垒砌，有一层厚约 3 厘米的烧结面。直径约 1.2 米，残砖厚约 5 厘米（图八）。

Z2　开口于 Q8b 层下。平面呈圆形，被 Z1 打破，用残砖垒砌，有一层厚约 3 厘米的烧结面。直径约 1.32 米，残砖厚约 5 厘米（图八）。

Z3　开口于 Q8b 层之下。平面呈圆形，有一层厚约 4 厘米的烧结面。直径约 1.08 米，残砖厚约 5 厘米。灶内堆积可分为 2 层：第 1 层，灰黑色填土，包含有瓦片和少许卵石；第 2 层为白色草木灰层，较疏松（图九）。

2. 宋代城墙

宋代墙体包括 Q3、Q4、Q5、Q6 和 Q7 五个大的夯层，均位于探沟西侧，被 Y1 烟道打破。水平夯筑，只残存夯土墙体，未见包砖和其他附属设施。现存夯土宽约 3 米，高约 4 米。

Q3 层：厚约 0.86 米。分为 4 个小夯层：第 1、2 层为深褐土，略含沙；第 3、4 层为浅灰黄土，内含瓷片、砖瓦等。夯层厚 0.15～0.2 米，结构紧密。

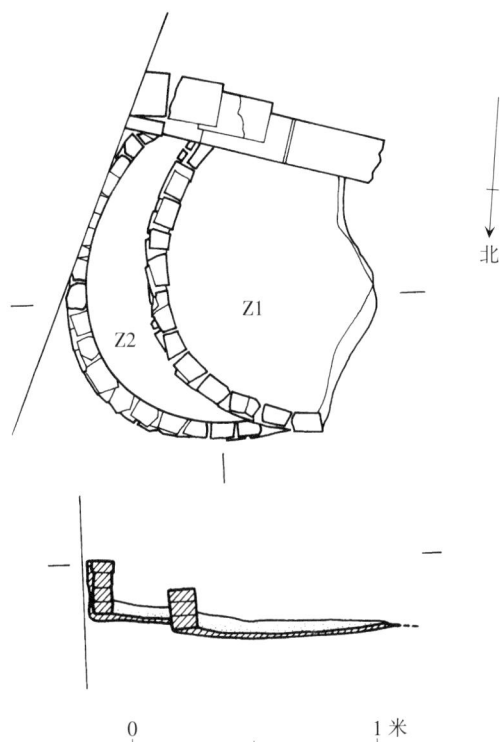

图八　Z1、Z2 平、剖面图

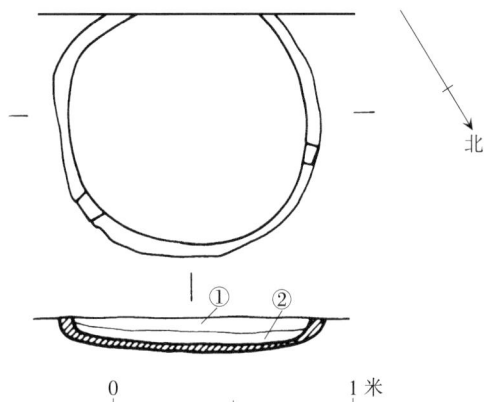

图九　Z3 平、剖面图

Q4 层：叠压于 Q3 层之下。夯层较薄，用黄色土和褐色土间杂夯筑。总厚约 0.35 米。分为 8 个小夯层。

Q5 层：用深褐色土夯筑。总厚 0.55 米。包含有砖瓦、唐宋瓷片等。分为 3 个小夯层。

Q6 层：用青灰色土与深黑土夹杂夯筑，较紧密。总厚 0.2 米。包含有瓷片、瓦等。分为 3 个小夯层。

Q7 层：用深褐色土夯筑。总厚 0.35 米。分为 4 个小夯层：第 1 层，浅黄土，较纯；第 2 层，褐色土，包含灰烬、卵石和砖块等；第 3 层，浅黄土，较纯净，见有直径 0.25 米的穿洞，洞壁不光滑，洞内可见树节痕迹；第 4 层，灰土，较疏松，内含红烧土、灰烬、砖瓦块、卵石等。夯层中发现有 3 个穿洞遗迹（彩版九〇，2），横径 0.14~0.15 米，竖径 0.11~0.12 米，为夯筑墙体时用的横穿。

宋代成都城的增筑和补修见诸历史文献的共计 6 次，本次发现的这五层大的夯层应为不同时期修筑，或可与文献记载相互佐证。

（二）遗物

瓷器盖　1 件。TG1②C：26，红陶，浅黄釉。圆形纽。残高 4.4 厘米（图一〇，2）。

瓷碟　10 件。敞口，浅腹。依据底部特征，分为两型。

A 型　8 件。平底。TG1②C：25，红陶，黄釉，腹部以下有流釉现象。口径 11.6、底径 4、高 2.9 厘米（图一一，1）；TG1Q3：33，灰黄胎，满施酱釉。口径 11、底径 4.8、高 3.5 厘米（图一一，3）；TG1Q8b：41，灰陶，内壁施酱釉，外壁有流釉现象。口径 10.6、底径 4.4、

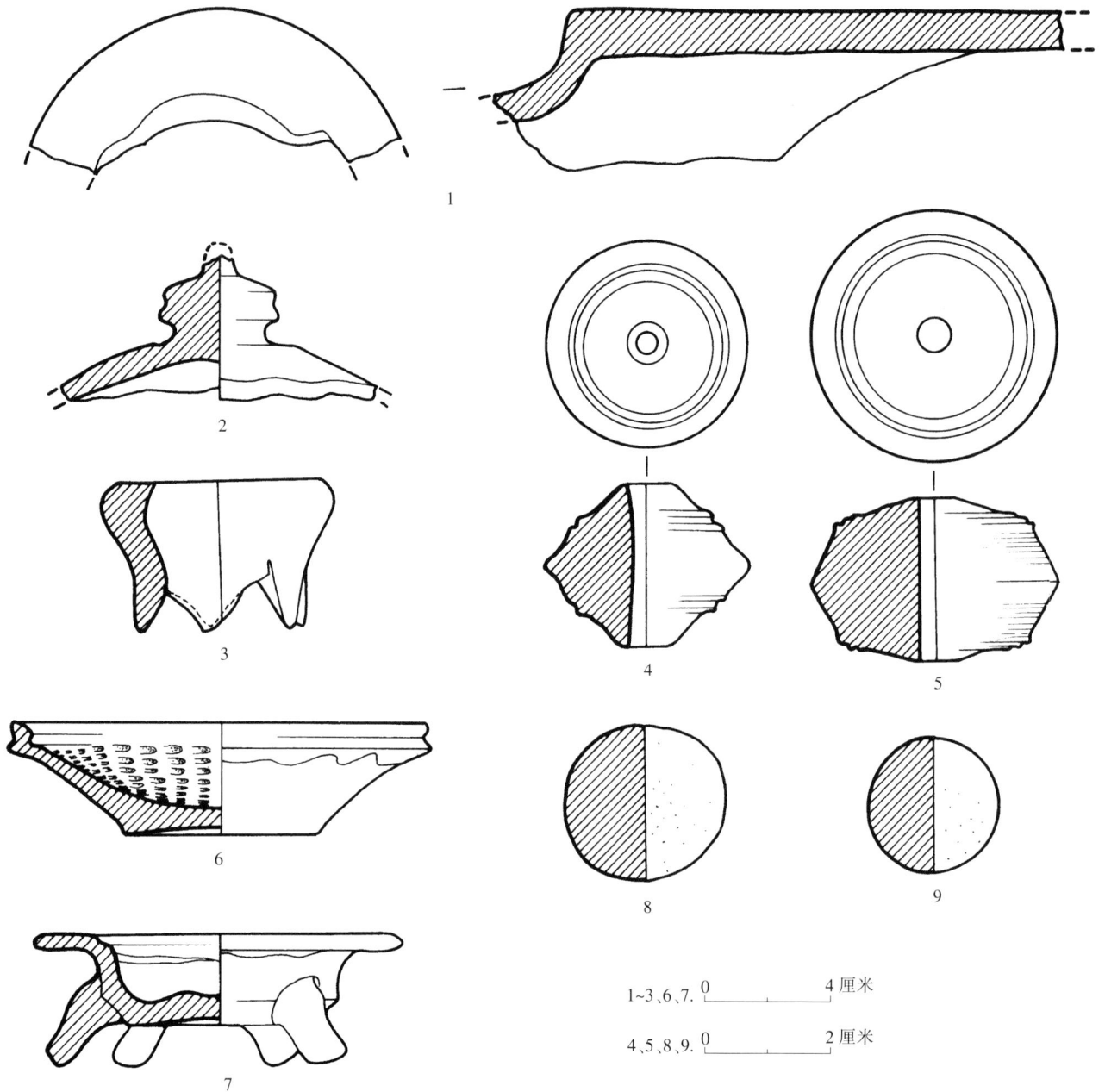

图一〇　TG1 出土唐宋时期遗物

1. 筒瓦（TG1Q6：23）　2. 瓷器盖（TG1②C：26）　3. 瓷支钉（TG1 采：13）　4、5. 陶纺轮（TG1Q6：24、TG1 采：21）
6. 瓷研钵（TG1②C：13）　7. 瓷香炉（TG1 采：29）　8、9. 陶球（TG1Q8b：44、TG1Q7：23）

高 2.7 厘米（图一一，5）；TG1⑤：32，黄胎，满施酱釉。口径 11.8、底径 4.9、高 2.8 厘米（图一一，2）；TG1⑤：49，灰陶，满施酱釉。口径 11、底径 4.7、高 3 厘米（图一一，7）；TG1 采：14，红陶，腹部以上施酱釉。口径 11.8、底径 4.4、高 3 厘米（图一一，8）；TG1 采：17，灰陶，内壁施酱黄釉。口径 9.4、底径 3.6、高 3 厘米（图一一，4）；TG1 采：18，灰陶，内壁施黄釉。口径 11、底径 4.6、高 3.6 厘米（图一一，6）。

　　B 型　2 件。饼足。TG1②C：29，灰陶，内壁施绿釉，外壁不施釉。口径 11.8、底径 7.3、高 3.1 厘米（图一二，1）；TG1Q6：11，灰陶，内壁施酱黄釉，外壁有流釉现象。口径 10.8、

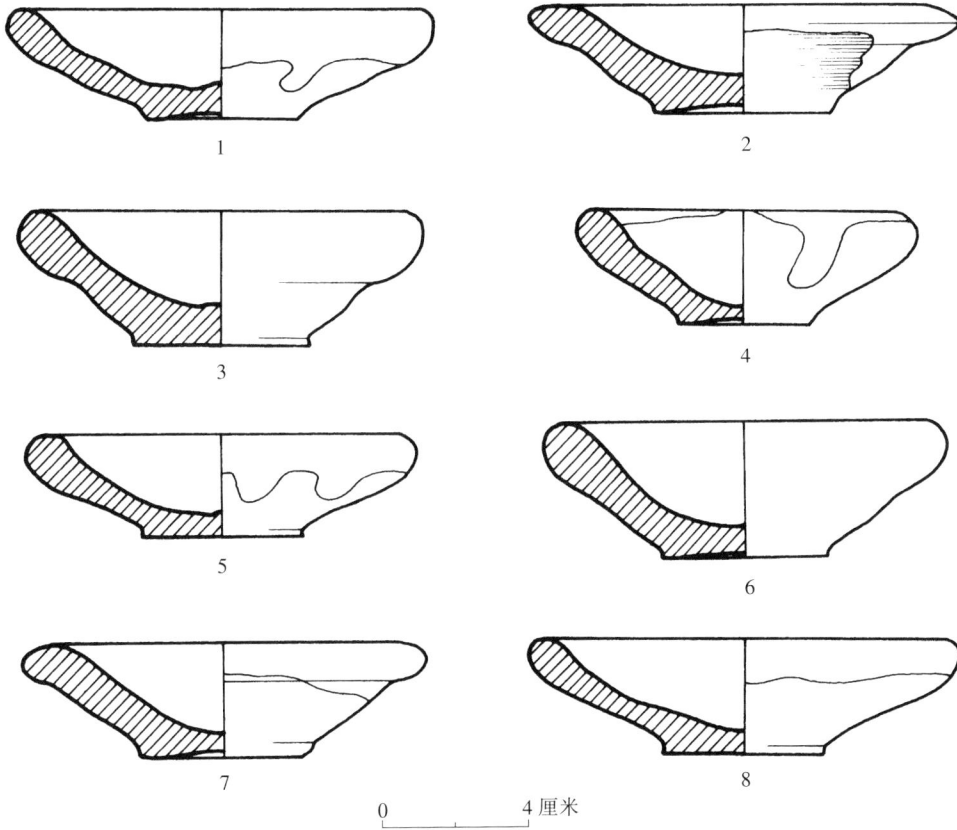

图一一　TG1 出土唐宋时期 A 型瓷碟

1. TG1②C：25　2. TG1⑤：32　3. TG1Q3：33　4. TG1 采：17　5. TG1Q8b：41　6. TG1 采：18　7. TG1⑤：49　8. TG1 采：14

底径 4.1、高 3.3 厘米（图一二，2）。

　　瓷水洗　1 件。TG1Q7：7，红陶，腹部以上施黄釉，以下施褐釉。口微侈，折腹。肩部用黄、绿斑彩装饰。口径 19.4、残高 5.2 厘米（图一二，3）。

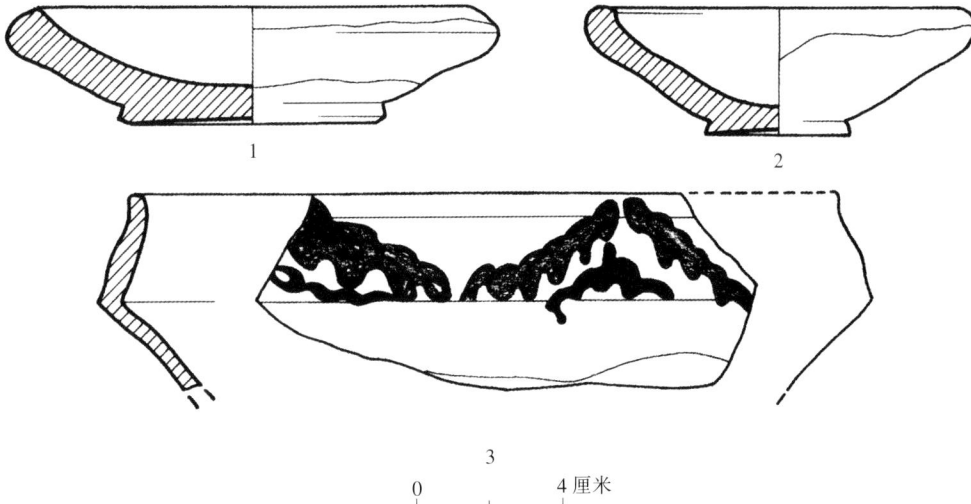

图一二　TG1 出土唐宋时期瓷器

1、2. B 型瓷碟（TG1②C：29、TG1Q6：11）　　3. 瓷水洗（TG1Q7：7）

瓷碗　9 件。腹较深。依据底部的不同，分为两型。

A 型　3 件。圈足。TG1②A：2，红陶，内壁和腹部以上分别施酱釉和黄釉。敞口。口径 15.8、足径 5.8、高 4.9 厘米（图一三，2）；TG1②A：28，红陶。残存足部，底部模印"＋" 字纹。足径 7.2、残高 2.2 厘米（图一三，1）；TG1 采：6，红陶，满施黄釉。敛口。口径 15.6、足径 8.6、高 5.8 厘米（图一三，3）。

B 型　6 件。敞口，饼足。TG1②A：13，灰陶，通体施釉，内壁为黄釉。口径 11.6、底径 5.2、高 3 厘米（图一三，7）；TG1⑤：1，黄胎，内壁和腹部以上施青黄釉。口径 14.4、底径 6.8、高 4.2 厘米（图一三，8）；TG1Q8b：24，红陶，内壁和腹部以上施褐黄釉。口径 13.9、底径 5.9、高 4.7 厘米（图一三，6）；TG1 采：1，红陶，内壁和腹部以上施褐釉，腹部以下有流釉现象。口径 13.6、底径 5.4、高 4.5 厘米（图一三，4）；TG1 采：4，红陶，通体施黄釉。口径 15、底径 7.8、高 5.8 厘米（图一三，5）；TG1 采：7，红陶，通体施釉，内壁为黄釉。口径 18.2、底径 9.2、高 6 厘米（图一三，9）。

瓷盘口形器　2 件。TG1②C：32，灰白胎，通体施青釉。宽折沿，圆唇，浅腹。口径 20、残高 4.8 厘米（图一四，3）；TG1Q8b：19，灰褐陶，通体施釉。折沿，厚唇。口径 22、残高 4 厘米（图一四，1）。

瓷罐　1 件。TG1②C：38，红陶，口部施黄釉，下部施褐釉。侈口，圆唇，溜肩。颈部饰一周褐釉正三角形纹。口径 9.6、残高 3.2 厘米（图一四，2）。

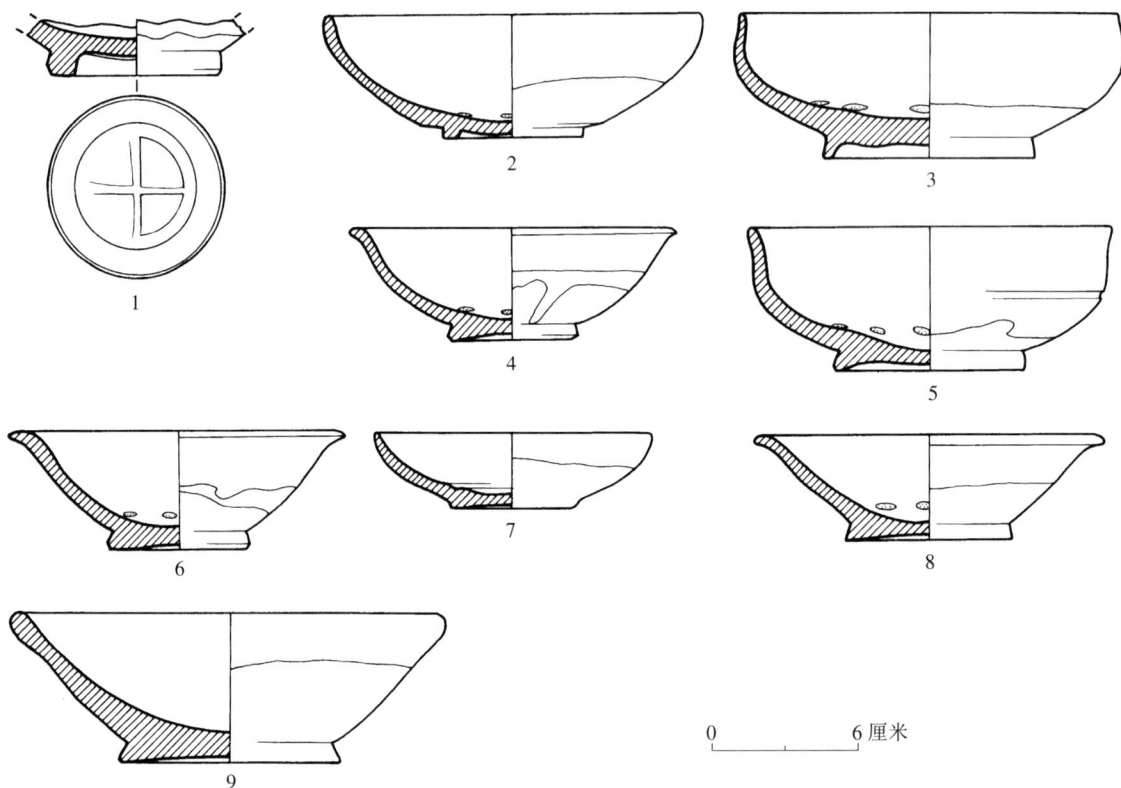

图一三　TG1 出土唐宋时期瓷碗

1～3. A 型（TG1②A：28、TG1②A：2、TG1 采：6）　4～9. B 型（TG1 采：1、TG1 采：4、TG1Q8b：24、TG1②A：13、TG1⑤：1、TG1 采：7）

瓷双耳杯形器　1件。TG1采：3，褐陶，口沿及肩部施酱釉，有流釉现象。侈口，尖圆唇，折腹，饼足。腹部有两耳。口径15.4、底径6.4、高6厘米（图一四，4）。

瓷灯盏　1件。TG1②A：6，灰陶，通体施釉。口沿处向外伸出一捏塑流，腹极浅，平底。口径11.6、底径3.6、高3.8厘米（图一四，5）。

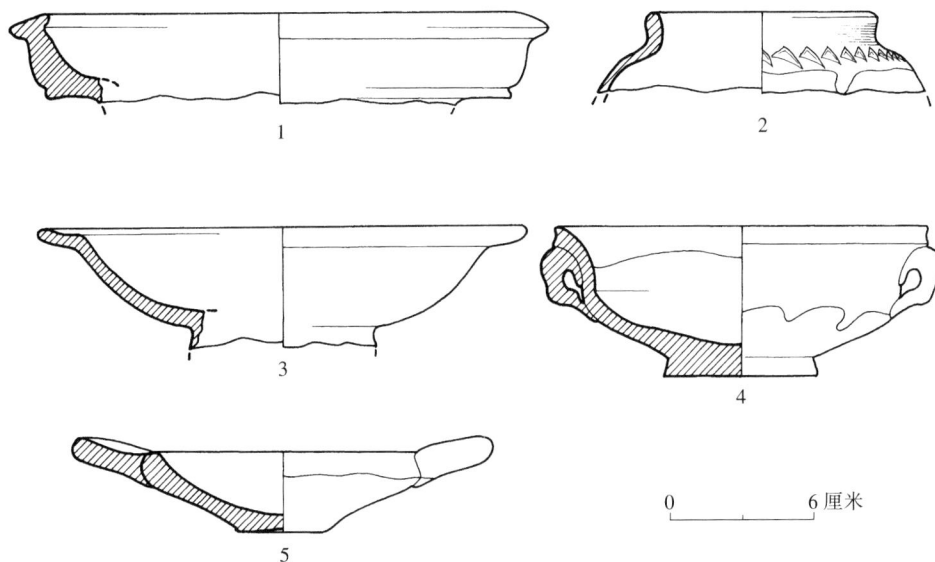

图一四　TG1出土唐宋时期瓷器

1、3. 瓷盘口形器（TG1Q8b：19，TG1②C：32）　2. 瓷罐（TG1②C：38）

4. 瓷双耳杯形器（TG1采：3）　5. 瓷灯盏（TG1②A：6）

瓷香炉　1件。TG1采：29，红陶，酱釉。敞口，大平沿，腹部折收，底有四足。口径11.8、高4厘米（图一〇，7）。

瓷研钵　1件。TG1②C：13，红陶，酱黄釉。口微侈，尖圆唇，斜腹，平底。口径13.2、底径6.3、高3.4厘米（图一〇，6）。

瓷支钉　1件。TG1采：13，灰褐陶，酱釉。有5枚齿钉。最大径7.4、高4.6厘米（图一〇，3）。

筒瓦　1件。TG1Q6：23，泥质灰陶。素面。残长18、残高4.8厘米（图一〇，1）。

陶纺轮　2件。泥质灰陶。TG1Q6：24，纺锤形。直径3.2、厚2.5厘米（图一〇，4）；TG1采：21，多边形。直径3.9、厚2.5厘米（图一〇，5）。

陶球　2件。圆形。TG1Q7：23，泥质灰陶。直径2.1厘米（图一〇，9）；TG1Q8b：44，泥质红陶。直径2.5厘米（图一〇，8）。

野猪獠牙　1件。TG1④：12，保存较好。残长12.2、宽2.1厘米（图一五，1）。

动物牙齿　1件。TG1Q8b：43，宽3、高5.1厘米（图一五，2）。

石盘状器　1件。TG1Q6：13，正面有一圈圆环纹，使用痕迹明显。残直径7~7.4、厚1.2厘米（图一五，3）。该石器虽出土于城墙中，但非宋代遗物，其时代应为新石器或商周时期。盖因修筑城墙取土时破坏早期地层所致。

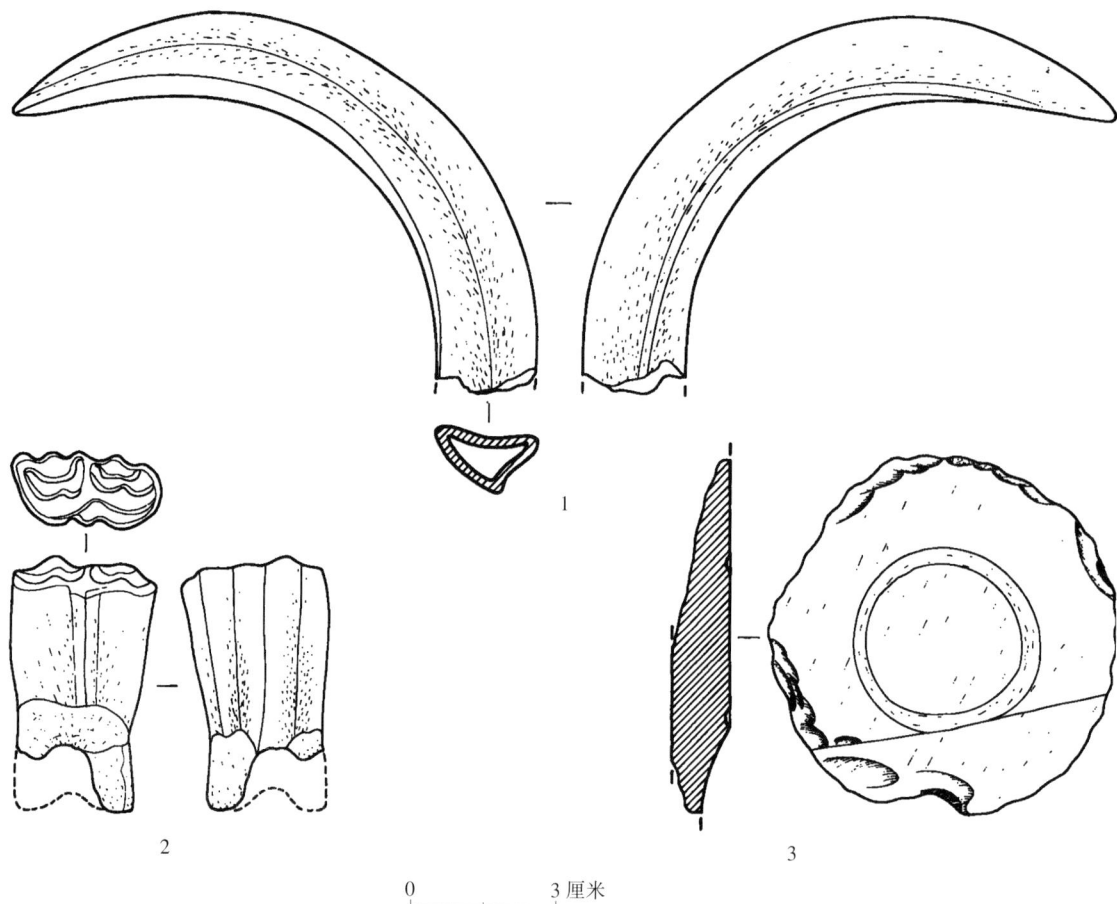

图一五　TG1 出土遗物

1. 野猪獠牙（TG1④：12）　　2. 动物牙齿（TG1Q8b：43）　　3. 石盘状石器（TG1Q6：13）

五　明清时期遗存

（一）遗迹

明清时期墙体是在宋代墙体上部增筑。被 Y1 烟道打破。包括 Q1 层和 Q2 层。

Q1 层：灰黄土，土质较疏松。残存宽度约 1.2 米，厚约 0.6 米，夹杂有较多砖块和瓦片，堆筑。保存状况较差。

Q2 层：残存宽度约 1.45 米，厚 0.4 米。可分为 2 小层：上层为褐土层，下层为黄土较纯，夯筑较紧密，包含有砖块、瓷片等。

（二）遗物

绿釉陶器　3 件。TG1②A：43，饰数道弧线纹，可能为建筑构件。残长 17、残宽 11.6、厚 2.4 厘米（图一六，2）；TG1②C：3，可能为建筑构件。残长 16.7、残宽 12.4、残高 14.4 厘米（图一六，1）；TG1Q1：3，山羊头陶俑，推测为建筑顶部装饰。残宽 5.2、残高 9.6 厘米（图一六，4）。

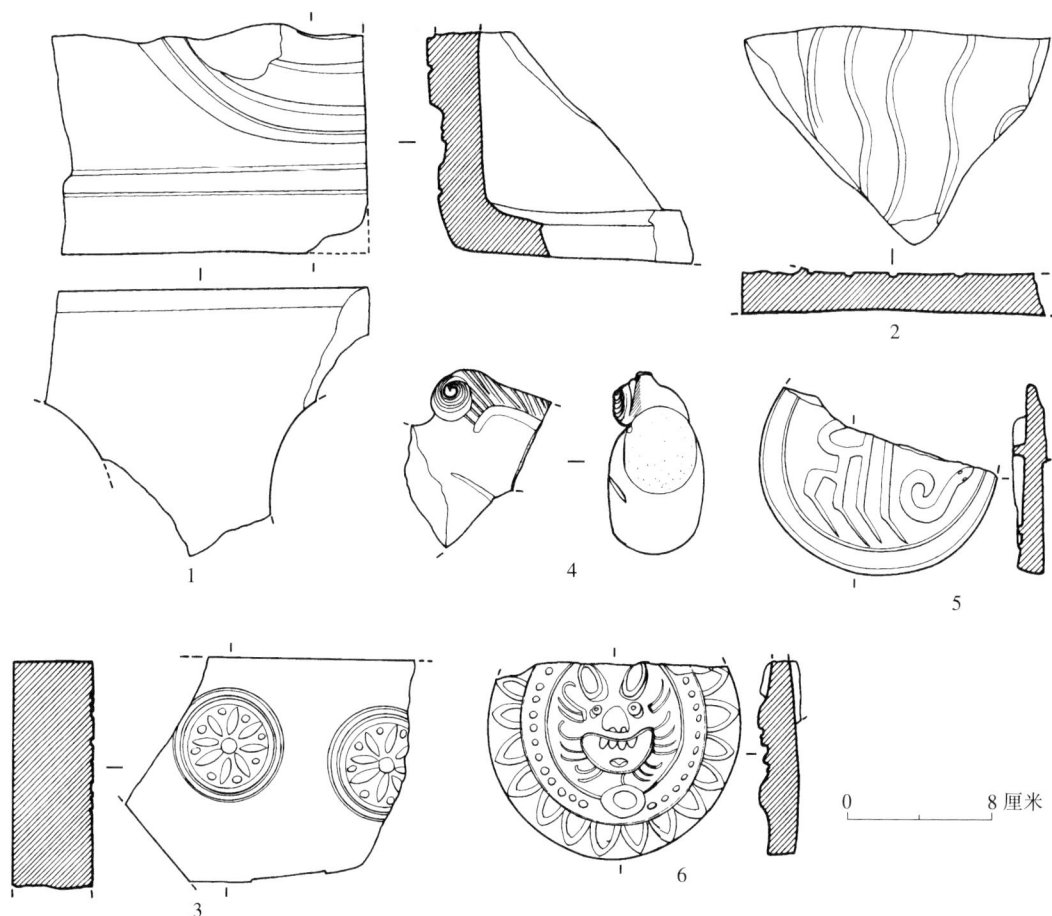

图一六　TG1 出土明清时期遗物

1、2、4. 绿釉陶器（TG1②C：3、TG1②A：43、TG1Q1：3）　3. 砖（TG1②C：5）　5、6. 瓦当（TG1 采：10、TG1 采：5）

砖　1 件。TG1②C：5，泥质灰陶，模制。中心为花瓣纹，外围有一周联珠纹，最外层为同心圆纹。残长 15、残宽 12、厚 4.5 厘米（图一六，3）。

瓦当　2 件。泥质灰陶。TG1 采：5，正面中心为一兽面，外围饰一周联珠纹，最外围为一周莲瓣纹。直径 14、厚 2 厘米（图一六，6）；TG1 采：10，正面装饰动物题材纹样。直径 13.2、厚 2 厘米（图一六，5）。

六　小　结

通过下同仁路城墙遗址的考古勘探工作，对该段城墙的修筑和保存情况等有了初步了解。该段城墙保存情况很差，其顶部有 1.2 米厚的现代房屋基础及建渣堆积，墙体西侧、北侧、东侧均为现代砌筑的护壁及水泥墙体（局部使用旧城墙砖并用水泥黏合砌为护壁）；城墙上部现存两座现代砖窑，城墙东部为现代修建的防空洞，此两组构筑物对古城墙破坏极其严重。残存的古城墙位于墙体的西部，从残存墙体的夯筑方式及出土的遗物，可以初步判断最早构筑墙体年代为唐代，宋和明清时期又在此基础上向上增筑。据文献记载，成都唐代晚期城墙应为唐乾符三年（876 年）高骈所筑罗城。从发掘情况来看，保存较差，仅残存数层夯土

（Q8a 层）和基槽垫土（Q8b 层），基槽垫土为泥夹卵石层，夯土则用黄色纯净土夯筑，每层厚 0.05~0.06 米。宋代墙体保存较差，残存宽度约 3 米，高约 4 米，包括 Q3~Q7。明清时期在宋代墙体上部增筑墙体，残存高度约 1 米，宽约 1.45 米，包括 Q1 和 Q2，古城墙的东侧部分均在后期修建防空洞时被挖掉。

目前成都古城墙遗址发现较多，此段墙体为成都古城墙的组成部分，与 1994 年和 2002 年发掘的位于通锦桥、上同仁路、中同仁路的城墙同属西城墙的一段。另外还有南城墙发现罗城 1、2 号门址，东城墙发掘天仙桥街、清安街等。此次城墙的勘探工作，为研究成都古城墙不同时期的变迁过程、位置和堆筑情况等提供了新的实物资料。由于现代工业生产、军事活动等方面的影响，下同仁路城墙遭受严重破坏，保存情况很差，残存的墙体仅能反映出少量的历史信息，其考古研究及历史研究价值远不及其他段古城墙考古工地的收获。

领队：谢　涛

发掘：杨　洋　李　平　倪林忠　谢　常

测绘：王亚龙　赵元祥

绘图：逯德军

执笔：杨　洋

（原载于《成都考古发现（2012）》，科学出版社，2014 年。编入本报告略有改动）

附录二　成都市下同仁路出土佛像表面装饰用料检测分析报告

杨　盛

（成都文物考古研究院）

2014年8月至12月，为配合成都文旅集团的商业项目建设，成都文物考古研究所对位于成都市青羊区下同仁路126号的原成都市水表厂厂区进行了考古勘探和发掘工作，获得了一批汉代至明代成都城市考古的新资料。其中编号H3和H6的两个灰坑出土了大量南北朝至隋唐时期的佛教造像，种类有单体佛像、菩萨像、天王像、阿育王像、背屏式组合造像等，为近年来成都城市考古和佛教考古工作中的重要发现。该批佛教造像的表面装饰以金箔和彩色颜料为主，对这些装饰用料取样进行科学检测分析，可以充分了解古代石刻表面装饰工艺等相关信息，也可以用于制定更加科学合理的石刻保护修复方案。

一　表面金箔检测分析

利用73号造像表面脱落金箔残片制作标本，进行微观结构观察和成分分析。分析设备采用JEOL JSM－7500F型扫描电镜及INCA大面积电制冷能谱仪（X－Max），分析条件：加速电压为20kv，使用背散射探头。测试依据为GB/T17359－1988。观察分析时对样品选取的微区进行面扫描，获得样品显微照片及成分结果如下（见图一、表一）。

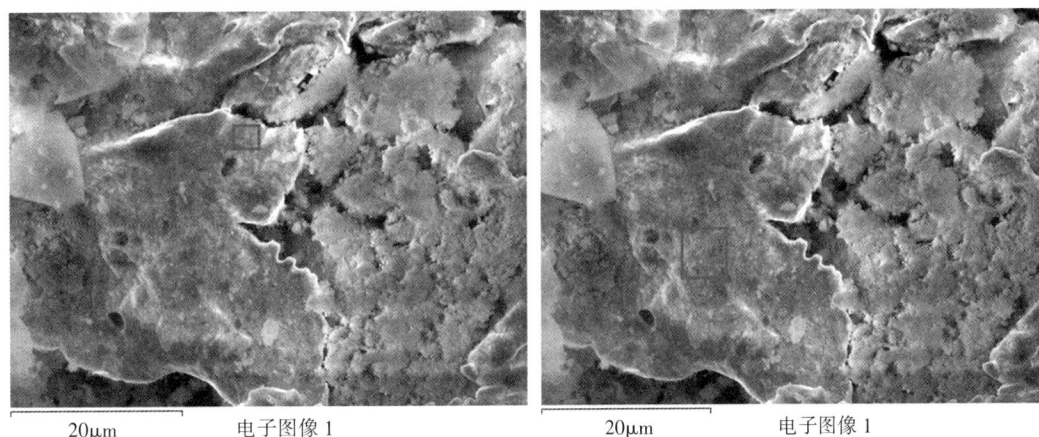

20μm　　　电子图像1　　　　　　　　20μm　　　电子图像1

图一　金箔显微照片，左侧为J-1，右侧为J-2

表一　样品的化学成分

（单位：质量分数%）

编号	C （碳）	O （氧）	Al （铝）	As （砷）	Au （金）	Ca （钙）	Fe （铁）	Si （硅）	Pb （铅）
J－1	13.41	9.86	0.37	－0.01	76.37	0.00	0.00	0.00	0.00
J－2	9.37	17.39	0.00	0.00	59.77	0.89	0.65	0.00	11.93

二　表面彩色颜料检测分析

对 73 号造像表面白色颜料和 49 号造像表面红色颜料分别取样，分析设备采用 JEOL JSM－7500F 型扫描电镜及 INCA 大面积电制冷能谱仪（X－Max），分析条件：加速电压为 20kv，使用背散射探头。测试依据为 GB/T17359－1988。观察分析时对样品选取的微区进行面扫描，获得样品成分结果如下（见图二，表二、三）。

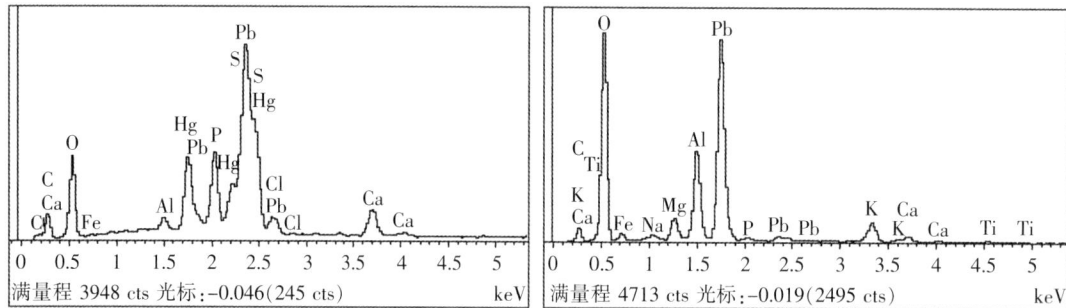

图二　左侧为红色颜料成分结果，右侧为白色颜料成分结果

表二　红色颜料化学成分

（单位：质量分数%）

样品	C （碳）	O （氧）	Al （铝）	P （磷）	S （硫）	Cl （氯）	Fe （铁）	Hg （汞）	Pb （铅）	可能物相
红色颜料	14.99	29.18	0.90	5.10	1.54	1.34	0.69	9.52	33.66	HgS Pb_3O_4

表三　白色颜料化学成分

（单位：质量分数%）

样品	C （碳）	O （氧）	Al （铝）	Ti （钛）	Na （钠）	Mg （镁）	Fe （铁）	Ca （汞）	Pb （铅）	K （钾）	P （磷）	可能物相
白色颜料	10.59	66.79	10.62	0.29	0.67	2.65	3.08	0.82	1.24	2.56	0.69	$Pb_3(OH)_4CO_3$

三　初步分析小结

此次发现的石刻造像表面多有红、白颜料，部分部位仍有金箔残留，金箔在中国古代是备受推崇的装饰用料，饰金工艺是彰显佛和菩萨诸多相好之一"身金色相"的重要技术基础，也是佛教艺术中重要的视觉符号。从古代文献中，可以找到不少用金装饰的工艺记录。例如在宋代《营造法式》中，对彩画用金的方式一共提到 5 种，即"间金""抢金""贴金""明金"和"金漆"，其中详细地记载了"贴金"的步骤、原料和功能[①]。在《营造法式》中，"贴金"主要有四个步骤："刷胶""上粉""贴金"和"出褾"。首先，刷一遍"鳔胶水"，即"衬地"；干透后，依次刷"白铅粉""土朱铅粉"各五遍。每次都要等干透后再刷，"白铅粉"和"土朱铅粉"统称"衬金粉"；然后"用熟薄胶水贴金"，用丝绵按压，使金箔粘牢；最后，用光滑的硬物（玉或玛瑙或生狗牙）碾砑，使其有光泽。

本次检测分析结果表明，该批石刻造像表面的金箔含金量可达到 76.37%，排除表面污染物的干扰，真实含金量可能更高。红色颜料中含有铅、汞和硫的成分，可能物相为朱砂（HgS）或铅丹（Pb_3O_4），白色颜料中铅含量较高，可能物相为铅白（$Pb_3(OH)_4CO_3$），两种颜料中的碳和氧成分不低，初步分析认为来源于胶结物。这些分析结果，符合《营造法式》记载的古代"贴金"工艺的用料和作法，是这些文字的生动再现。

---

① 梁思成：《梁思成全集》（第七卷），中国建筑工业出版社，2001 年，第 265 页。

后 记

2014 年 8 月至 12 月，为配合成都文旅集团商业用地的开发建设，经报国家文物局批准，成都文物考古研究院对成都市青羊区下同仁路 126 号（原成都市水表厂）地块开展了发掘工作。发掘领队为张雪芬，现场执行领队为易立，发掘人员有易立、张雪芬、江滔，田野发掘技工有高潘、李平、李继超，考古测绘人员有白铁勇、钱素芳，文保技术人员有杨盛、杨颖东。

报告的陶瓷器修复工作由何祖平、郑兴华等完成，石刻文物保护及修复由成都文物考古研究院文保中心承担，遗迹底图由高潘、卢引科、李平绘制，遗迹与器物线图由寇小石、卢引科、曾雯、钟亚莉绘制，拓片由严彬、戴福尧制作，发掘现场照片由易立、江滔拍摄，器物照片由江滔、张雪芬、易立拍摄。报告书稿由张雪芬、易立、江滔执笔完成。英文摘要由王音翻译。

发掘过程中，成都文物考古研究院王毅院长、江章华副院长多次前往工地现场给予具体工作指导，成都文物考古研究院蒋成副院长、刘雨茂研究员、雷玉华研究员、黄晓枫研究员、谢涛副研究员，成都博物馆李明斌馆长、陈云洪副馆长，成都市文广新局文保处颜劲松处长等领导和同仁也曾提出许多宝贵意见和建议。

在本报告的立项、整理和编写过程中，得到四川省文物局、成都市文广新局、成都文物考古研究院相关领导和同仁的支持与帮助。

本报告的出版得到文物出版社的大力支持。

在此，对以上诸位领导、同仁及相关单位的关心和帮助一并致以诚挚谢意！

在本报告出版之前，已在《考古》2016 年第 6 期发表了《成都市下同仁路遗址南朝至唐代佛教造像坑》，遗址的原始资料如有抵牾之处以本报告为准。由于时间紧迫、编者水平有限，报告中难免存在一些疏漏和错误，敬请专家、学者批评指正。

编 者

ABSTRACT

The site of Xiatongren Road is located at No. 126 Xiatongren Road, Qingyang District, Chengdu City. At the eastern part of the site a portion of the city wall is reserved on the ground, which is identified as part of the west outer city wall of Chengdu built from the late Tang Dynasty according to archaeological exploration work carried out in 2012.

From September to December, 2014, to cooperate with capital construction of the city, we conducted archaeological exploration and excavation work on the site, with a total area of about 500 m? exposed as well as 13 pits and 2 water wells unearthed. Among the relics unearthed, 2 pits numbered H3 and H6 are relatively more important, for a number of Buddhist statues dating back from the Southern Dynasties to the Tang Dynasty were found inside them. The majority of the statues belonged to the Southern Dynasties and the Northern Zhou Dynasty, while a minority were of Sui and Tang Dynasties. There are 5 statues with clear date, which respectively belonged to the 15th year of Tianjian Period of Liang Dynasty (516 A. D.), the 5th year of Putong Period (524 A. D.), the 2nd year of Zhongdatong Period (547 A. D.), the 3rd year of Tianzheng Period (553 A. D.), and the 3rd year of Tianhe Period of Northern Zhou Dynasty (568 A. D.). The statues are made from red sandstones, and the types include standing Buddha, sitting Buddha, standing Bodhisattva, leaning Bodhisattva, sitting Bodhisattva with legs crossed, Heavenly King, Asoka, Shakya and Prabhutaratna sitting together, as well as one Buddha with two disciples, four Bodhisattvas and two Dharmapalas. The Southern Dynasties ones are to some extents similar with other Southern Dynasties statues unearthed before at Wanfo (Ten Thousand Buddhas) Temple, Xi'an Road, Commercial Street and Kuanxiangzi (the Wide Alley) of Chengdu, while ones of Northern Zhou and Sui Dynasties add to the quantity of statues belonging to this period in Sichuan region. According to the excavation situation, most of the statues were lying on side in the pits, the positions of which were disturbed, and signs of damage were often obvious on the surface. Coexisting remains were a large number of daily – use pottery and porcelain fragments. Since traces of later repair can be seen on damaged parts of the statues, and a few sections still retain adhesive materials used in repair, the 2 pits therefore were not hoards but accumulation of waste and deposit formed after man – made destruction. In the light of analysis of the coexisting porcelain, the burying time of these statues should be no later than the early Northern Song Dynasty.

Statues unearthed in this excavation are of accurate location and stratigraphic relationship. Some of the statue types are unprecedented and ones belonging to the end of the 6th Century and the early 7th Century are of a relatively larger number, which means that these statues own rich connotation and strong continuity. Such findings not only greatly enrich the academic understanding of Buddhist statuary in Chengdu, but also have important significance to the study of the history of Chengdu as well as Buddhist art. In addition, ancient signs of repair and adhesive materials retained on statues provide new data for us to grasp the ancient repair technique of stone carving.

彩版

1. 发掘区现场

2. 发掘区现场

彩版一　发掘区现场

1. 发掘区现场

2. 现场发掘工作

彩版二　发掘区现场

1. 现场发掘工作

2. 现场发掘工作

彩版三　现场发掘工作

1. 现场发掘工作

2. 现场发掘工作

彩版四　现场发掘工作

1. H3局部

2. H3局部

1. H1

2. H2局部

彩版六　H1、H2

1. H7局部

2. H7局部

彩版七　H7

1. H7局部

2. H7坑内堆积局部

彩版八　H7局部和坑内堆积局部

1. J1

2. J2

彩版九　J1、J2

1. 坐佛H3：21正面

2. 坐佛H3：21背面

3. 坐佛H3：75

1. 坐佛H3：34正面

2. 坐佛H3：34背面

3. 坐佛H3：34左侧面

彩版一一 坐佛（H3：34）

1. 坐佛H3：31正面　　　　　　　　　　2. 坐佛H3：31背面

1. 坐佛H3：93

2. 坐佛H3：67正面

3. 坐佛H3：67背面

彩版一三　坐佛

1. 坐佛H3：28正面   2. 坐佛H3：28背面

1. 坐佛H3：28左侧面　　　　　　　2. 坐佛H3：28右侧面

3. 坐佛H3：28断面修补痕迹

彩版一五　坐佛（H3：28）

1. 立佛H3：66正面

2. 立佛H3：66背面

3. 立佛H3：66断面粘接材料

彩版一六　立佛（H3：66）

1. 立佛H3：38正面

2. 立佛H3：38背面

1. 立佛H3：86正面　　　　　　　　　　　　2. 立佛H3：86背面

1. 立佛H3：69正面   2. 立佛H3：69背面

1. 佛头H3：76正面

2. 佛头H3：76右侧面

3. 佛头H3：30正面

4. 佛头H3：30左侧面

彩版二〇　佛头

1. 佛头 H3：47

2. 佛头 H3：58

3. 佛头 H6：32

4. 佛头 H3：61

1. 佛像残段H3：79

2. 佛像残段H6：66正面

3. 佛像残段H6：66背面

彩版二二　佛像残段

1. 佛像残段H3：65

2. 佛像残段H6：37正面

3. 佛像残段H6：37背面

彩版二三　佛像残段

1. 佛像残段H6：31

2. 佛像残段H6：57

3. 佛像残段H3：54

4. 佛像残段H3：32

彩版二四　佛像残段

1. 菩萨立像H3∶49正面

2. 菩萨立像H3∶49背面

彩版二五　菩萨立像（H3∶49）

1. 菩萨立像H3：55

2. 菩萨立像H6：63

1. 菩萨立像H3：53正面

2. 菩萨立像H3：53背面

彩版二七　菩萨立像（H3：53）

1. 菩萨立像H3：27正面

2. 菩萨立像H3：27背面

彩版二八　菩萨立像（H3：27）

1. 菩萨立像H3：27左侧面

2. 菩萨立像H3：27右侧面

彩版二九　菩萨立像（H3：27）

1. 菩萨立像H3：84　　　　　　　2. 菩萨立像H3：89正面　　　　　　3. 菩萨立像H3：89背面

彩版三〇　菩萨立像

1 菩萨立像 H3：90 正面

2. 菩萨立像 H3：90 背面

彩版三一　菩萨立像（H3：90）

彩版三二　菩萨立像（H3：68）正面

1. 菩萨立像H6：45

2. 菩萨结跏趺坐像H3：300

彩版三七　菩萨立像、结跏趺坐像

彩版三八　菩萨交脚坐像（H3：35、H3：36）

1. 菩萨交脚坐像H3：36正面

2. 菩萨交脚坐像H3：36背面

3. 菩萨交脚坐像H3：36断面残损痕迹

彩版三九　菩萨交脚坐像（H3：36）

1. 菩萨倚坐像H3：39正面

2. 菩萨倚坐像H3：39背面

3. 菩萨倚坐像H3：39左侧面

4. 菩萨倚坐像H3：39断面修复痕迹

彩版四〇　菩萨倚坐像（H3：39）

1. 菩萨头像H3：35

2. 菩萨头像H3：35断面修复痕迹

3. 菩萨头像H6：23正面

4. 菩萨头像H6：23左侧面

彩版四一　菩萨头像

1. 菩萨头像H3：80

2. 菩萨头像H6：33

3. 菩萨头像H3：19正面

4. 菩萨头像H3：19左侧面

彩版四二　菩萨头像

1. 菩萨头像H6：20正面

2. 菩萨头像H6：20背面

3. 菩萨头像H6：5

4. 菩萨头像H6：22

彩版四三　菩萨头像

1. 菩萨头像H3：87正面

2. 菩萨头像H3：87左侧面

3. 菩萨像残段H6：34正面

4. 菩萨像残段H6：34背面

5. 菩萨像残块H3：60

6. 菩萨手残块H6：62

彩版四四　菩萨头像、菩萨像残段

1. 天王坐像H3：16正面

2. 天王坐像H3：16左侧面

3. 天王头像H6：4

4. 武士头像H6：58

彩版四五　天王坐像、头像、武士头像

1. 天王坐像H3：56正面　　　　　　　　2. 天王坐像H3：56背面

彩版四六　天王坐像（H3：56）

1. 天王坐像H3：56左侧面

2. 天王坐像H3：56托塔局部

彩版四七　天王坐像（H3：56）

彩版四八　背屏式组合造像（H3：11）正面

1. 背屏式组合造像H3：11背面

2. 背屏式组合造像H3：11左侧面

3. 背屏式组合造像H3：11右侧面

彩版四九　背屏式组合造像（H3：11）

1. 背屏式组合造像H3：46正面

2. 背屏式组合造像H3：46背面

彩版五〇　背屏式组合造像（H3：46）

1. 背屏式组合造像H3：46左侧面

2. 背屏式组合造像H3：46右侧面

3. 背屏式组合造像H3：46断面修复痕迹

彩版五一　背屏式组合造像（H3：46）

1. 背屏式组合造像H3：2正面

2. 背屏式组合造像H3：2侧面

彩版五二　背屏式组合造像（H3：2）

彩版五三　背屏式组合造像（H3：25）正面

1. 背屏式组合造像H3：25背面

2. 背屏式组合造像H3：25左侧面

3. 背屏式组合造像H3：25右侧面

彩版五四　背屏式组合造像（H3：25）

1. 背屏式组合造像H3：48正面

2. 背屏式组合造像H3：48背面

3. 背屏式组合造像H3：48左侧面

4. 背屏式组合造像H3：48右侧面

彩版五五　背屏式组合造像（H3：48）

彩版五六　背屏式组合造像（H3：5）正面

1. 背屏式组合造像H3：5背面

2. 背屏式组合造像H3：13正面

3. 背屏式组合造像H3：13背面

彩版五七　背屏式组合造像

彩版五八　背屏式组合造像（H3∶24）正面

1. 背屏式组合造像H3：24背面

2. 背屏式组合造像H3：24左侧面

3. 背屏式组合造像残块H6：36

彩版五九　背屏式组合造像

1. 罗汉像残段H6：43

2. 罗汉头H6：1

3. 罗汉头H6：2

4. 罗汉头H6：3

5. 罗汉头H6：6

6. 罗汉头H6：7

彩版六〇　罗汉像残段、罗汉头

1. 罗汉头H6：8

2. 罗汉头H6：9

3. 罗汉头H6：10

4. 罗汉头H6：11

5. 罗汉头H6：12

6. 罗汉头H6：13

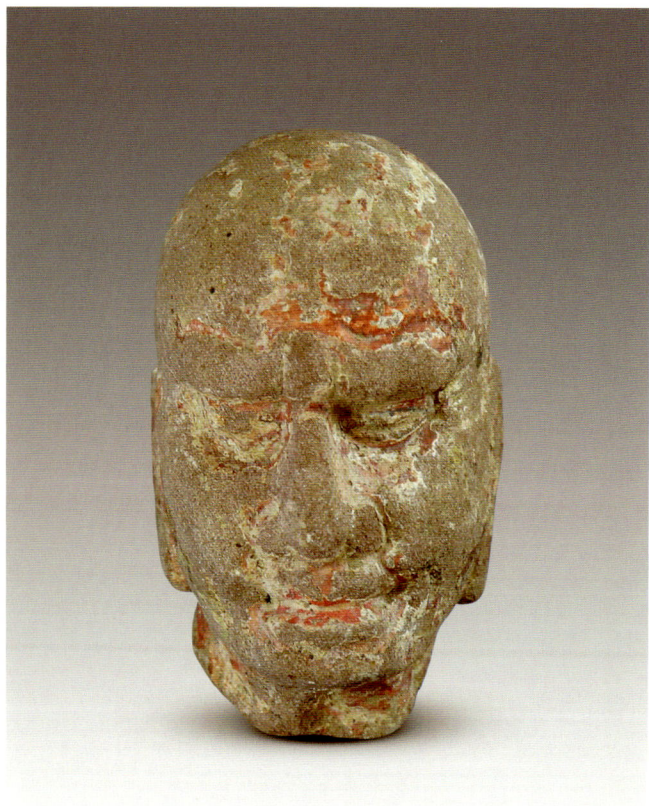

1. 罗汉头 H6：14

2. 罗汉头 H6：15

3. 罗汉头 H6：16

4. 罗汉头 H6：17

1. 罗汉头H6：18

2. 罗汉头H6：19

3. 罗汉头H6：21

4. 罗汉头H6：25

5. 罗汉头H6：44

彩版六三　罗汉头

1. 背屏残块H3：26正面

2. 背屏残块H3：26背面

3. 身光残块H3：18

彩版六四　背屏、身光残块

1. 头光残块H3：6

2. 头光残块H3：4

3. 头光残块H3：7

4. 头光残块H3：17

彩版六五　头光残块

1. 像座H3：22

2. 像座残件H3：3

3. 像座残件H3：3側面

彩版六六　像座

1. 像座残件H3：12

2. 像座残件H3：20

3. 像座残件H3：63正面

4. 像座残件H3：63背面

彩版六七　像座残件

1. 像座残件H3：83正面

2. 像座残件H3：83背面

3. 像座残件H3：77

彩版六八　像座残件

1. 像座残块H3：81

2. 莲座残块H3：8

3. 莲座残块H3：8侧面

彩版六九　像座残件

1. 基座残件H3：45正面

2. 基座残件H3：45背面

彩版七〇　基座残件（H3：45）

1. 基座残块H6：35

2. 基座残块H6：55

3. 基座残块H6：56

4. 蟠龙基座残段H3：51

彩版七一　基座残件

1. 宝瓶出莲造像残块H3：41

2. 造像残块H3：82

3. 华盖残块H6：40

4. 建筑残块H6：30

5. 建筑构件残块H6：54

彩版七二　造像、华盖、建筑构件残块

1. 花草形装饰残块H3：301

2. 云纹装饰残块H6：61

3. 华盖残块H6：39

4. 华盖残块H6：42

5. 手臂残块H6：50

6. 佛手残块H6：38侧面

彩版七三　装饰、华盖、手臂、佛手残块

1. 狮子残件H11：16

2. 建筑构件残块H6：26

3. 建筑构件残块H6：28

彩版七四　狮子、建筑构件残块

1. 华盖残块H6：29

2. 建筑构件残块H6：41

3. 华盖残块H6：60

4. 建筑构件残块H6：49

5. 建筑构件残块H6：59

彩版七五　华盖、建筑构件残块

1. 琉璃厂窑Da型碗（H3：137）

3. 琉璃厂窑Ba型瓶（J1：7）

2. 琉璃厂窑A型炉（H6：85）

彩版七六　琉璃厂窑瓷碗、炉、瓶

1. 琉璃厂窑A型瓶（J1：1）　　　　　　　　2. 琉璃厂窑A型瓶（J1：2）

1. 琉璃厂窑A型壶（J1：3）

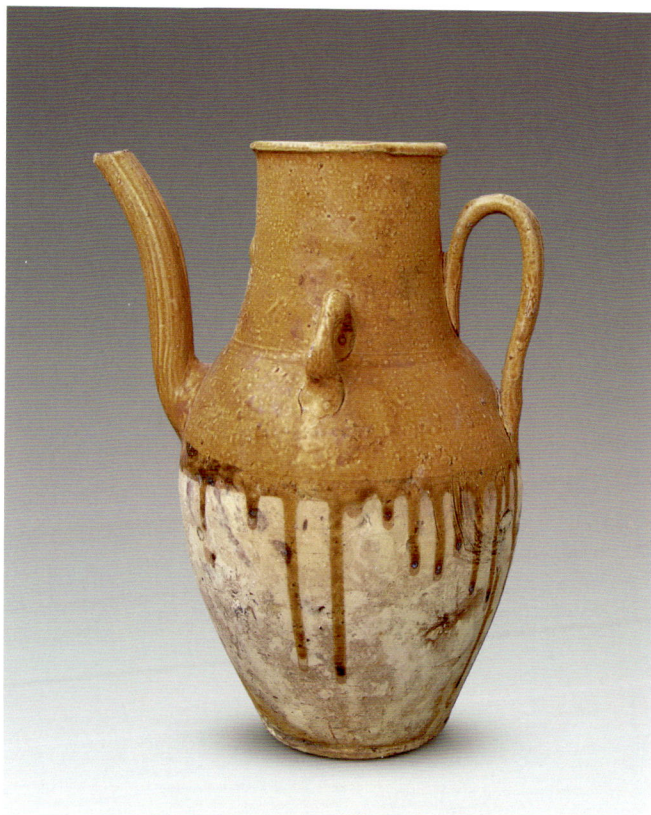

2. 琉璃厂窑A型壶（J1：4）

3. 琉璃厂窑B型壶（H3：214）

4. 琉璃厂窑D型炉（H3：244）

彩版七八　琉璃厂窑瓷壶、炉

1. 邛窑A型钵（H3：43）

2. 邛窑A型壶（H3：78）

3. 邛窑Ba型壶（H3：177）

4. 邛窑Ba型罐（H3：220）

彩版七九　邛窑瓷钵、壶、罐

1. 邛窑盒（H3：178）

2. 邛窑A型炉（H3：42）

3. 邛窑供果（H3：33）

4. 邛窑供果（H3：85）

彩版八〇　邛窑瓷盒、炉、供果

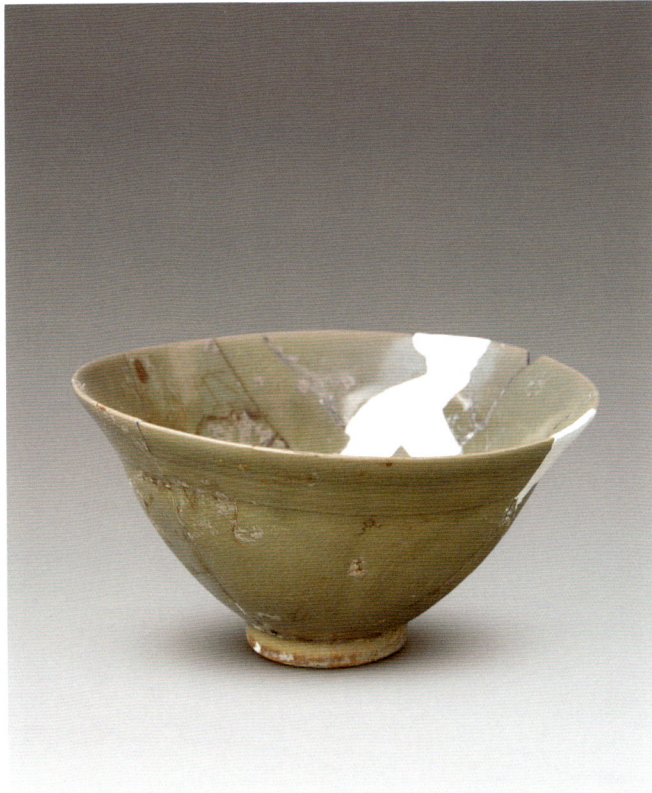

1. 耀州窑碗（J1：18）　　　　　　　　2. A型Ⅱ式陶钵（H1：4）

3. B型Ⅰ式陶钵（H8：16）　　　　　　　4. C型陶钵（H8：15）

1. A型Ⅰ式陶罐（H3：92）

3. Bb型陶罐（H5：12）

2. Bb型陶罐（H5：13）

4. F型陶罐（H7②：10）

5. F型陶罐（H7③：28）

彩版八二　陶罐

1. G型陶罐（H7⑤：20）

2. H型陶罐（H7②：17）

3. B型陶灯（H8：9）

4. A型豆柄（H7④：25）

5. B型豆柄（H7②：51）

彩版八三　陶罐、陶灯、豆柄

1. 陶瓶（H7⑦：4）

2. B型陶器座（H7⑧：5）

3. 动物模型（H7③：10）

彩版八四　陶瓶、陶器座、动物模型

1. A型石璧（H7②：4）

2. B型石璧（H7⑦：43）

3. A型石凿（H8：19）

4. B型石凿（H7②：3）

5. B型石凿（H7⑦：19）

6. 石盘状器（H8：32）

彩版八五　石璧、石凿、石盘状器

1. A型云纹瓦当（H1：1）

2. C型云纹瓦当（H8：18）

3. A型兽面纹瓦当（H6：47）

4. A型兽面纹瓦当（H6：113）

彩版八六　云纹瓦当、兽面纹瓦当

1. B型兽面纹瓦当（H3：194）

2. D型兽面纹瓦当（H6：111）

3. E型兽面纹瓦当（T4③：20）

4. 龙纹瓦当（T8②：4）

彩版八七　兽面纹、龙纹瓦当

1. A型滴水（J1：6）

2. 筒瓦（H10：41）

彩版八八　滴水、筒瓦

1.1号砖窑

2.1号砖窑窑门

彩版八九　成都市下同仁路城墙顶部砖窑

1. 防空洞外侧

2. Q7层穿洞遗迹

彩版九〇　成都市下同仁路城墙内部防空洞及Q7层穿洞遗迹